प्रस्तावना

आज अर्थशास्त्र आधे से अधिक गणितीय मॉडलों, साध्यों समीकरणों तथा सूत्रों में बंध गया है। पूर्व में केवल सांख्यिकी का ही प्रयोग अर्थशास्त्री ऐच्छिक रूप से करते थे, परंतु आज सांख्यिकी अर्थशास्त्र हेतु अनिवार्य हो गया है। इसके अतिरिक्त, अर्थमिति भी विकास मॉडलों में पूर्ण विकसित हो रही है। प्रावैगिक रूप में 'आगत–निर्गत' विश्लेषण से लेकर अर्थशास्त्र ने 'कूटोपाय सिद्धांत' तथा 'तकनीकी प्रवाह' तक निकाल डाला है। आर्थिक सिद्धांतों को स्पष्ट करने हेतु गणितीय साधन का प्रयोग सब अर्थशास्त्री कर रहे हैं। 'रैखिक प्रोग्रामन' तथा 'विभेदीकरण प्रक्रिया' के अंतर्गत अर्थशास्त्री गणितीय (विशेष बीजगणितीय सूत्रों से) दृश्य प्रभावों के साथ-साथ अदृश्य आर्थिक प्रभावों को भी दिखाने का प्रयत्न कर रहे हैं।

प्रस्तुत पुस्तक *'अर्थशास्त्र में प्रारंभिक गणितीय विधियाँ-I'* (बी.ई.सी.सी.–102) गणितीय विश्लेषण में प्रयुक्त विधियों को समझने में सहायता करने वाली मूल संकल्पनाओं के एक सांक्षिप्त पुनरावलोकन के साथ-साथ गणितीय संबंधी प्रारंभिक तकनीकों को प्रस्तुत करती है।

प्रस्तुत पुस्तक की विषय-सामग्री के विस्तृत एवं जटिल उपबंधों को तर्कपूर्ण एवं संप्रभावी ढंग से संक्षेप में प्रस्तुत किया गया है। पुस्तक की भाषा उपयुक्त, सरल एवं प्रवाहपूर्ण रखने का प्रयत्न किया गया है। पुस्तक के प्रत्येक अध्याय के प्रारंभ में अध्याय की भूमिका दी गई है जिससे छात्रों को अध्याय को समझने में सरलता होगी।

हमारी पुस्तक की सबसे बड़ी और महत्त्वपूर्ण विशेषता यही है कि इसके अंतर्गत आपको सैम्पल तथा गेस पेपर दिए जाते हैं जो आपकी परीक्षा को न केवल सरल बनाते हैं बल्कि आपको परीक्षा में अच्छे अंक प्राप्त करने में भी सहायक होते हैं। पुस्तक में प्रश्न पत्रों के प्रारूप को आपके सामने बिल्कुल उसी प्रकार प्रस्तुत किया गया है जैसा आपके सामने परीक्षा केंद्र में प्रस्तुत होता है, जो आपको अपने आप में एक अलग प्रकार का आत्मविश्वास बढ़ाने में सहायक होगा।

आगामी संस्करण में आपके सुझावों को यथास्थान साभार सम्मिलित किया जाएगा। अतः अपने सुझाव निःसंकोच हमें हमारी **Email : feedback@gullybaba.com** पर या सीधे प्रकाशन के पते पर लिखें और हमें अपने सुझावों से अनुग्रहित करें।

प्रकाशक (GPH) अपने कार्यरत सहायकों व लेखकों का सहृदय आभार प्रकट करता है, जिनके सहयोग और प्रयासों के कारण ही इस पुस्तक का प्रकाशन संभव हो पाया है।

हम आपकी सफलता की कामना करते हैं।

Topics Covered

अध्याय–1 : प्राथमिक संकल्पनाएँ (Preliminaries)

1. समुच्चय तथा समुच्चयों पर संक्रियाएँ (Sets and Set Operations)
2. संबंध एवं फलन (Relations and Functions)
3. तर्कशास्त्र (Logic)

अध्याय–2 : एक स्वतंत्र चर के फलन (Functions of one Independent Variable)

4. फलनों के आधारभूत प्रकार (Elementary Types of Functions)
5. वैश्लेषिक ज्यामिति (Analytical Geometry)
6. अनुक्रम तथा श्रेणियाँ (Sequences and Series)

अध्याय–3 : अवकलन गणित (Differentiation)

7. सीमाएँ (Limits)

अर्थशास्त्र में प्रारंभिक गणितीय विधियाँ-I

(MATHEMATICAL METHODS FOR ECONOMICS-I)

बी.ई.सी.सी.-102

For

Bachelor of Arts (Honours)[Economics]

नए पाठ्यक्रम पर आधारित

CHOICE BASED CREDIT SYSTEM (CBCS)

Useful For

Delhi University (DU), IGNOU, Berhampur University (Odisha), University of Kashmir, Sambalpur University (Odisha), University of Kalyani (West Bengal), Gurukula Kangri Vishwavidyalaya (Uttarakhand), Himachal Pradesh University, Cooch Behar Panchanan Barma University (West Bengal), Ranchi University, and other Indian Universities

Closer to Nature We use Recycled Paper

GPH BOOK ®

गुल्लीबाबा पब्लिशिंग हाउस प्रा. लि.

आई.एस.ओ. 9001 एवं आई.एस.ओ. 14001 प्रमाणित कं.

Published by:
GullyBaba Publishing House Pvt. Ltd.

Regd. Office:	**Branch Office:**
2525/193, 1st Floor, Onkar Nagar-A, Tri Nagar, Delhi-110035 (From Kanhaiya Nagar Metro Station Towards Old Bus Stand) 011-27387998, 27384836, 27385249 +919350849407	1A/2A, 20, Hari Sadan, Ansari Road, Daryaganj, New Delhi-110002 Ph. 011-45794768

E-mail: hello@gullybaba.com, **Website:**GullyBaba.com

New Edition

ISBN: 978-81-945773-7-9

Author: Gullybaba.com Panel
Copyright© with Publisher

All rights are reserved. No part of this publication may be reproduced or stored in a retrieval system or transmitted in any form or by any means; electronic, mechanical, photocopying, recording or otherwise, without the written permission of the copyright holder.

Disclaimer: Although the author and publisher have made every effort to ensure that the information in this book is correct, the author and publisher do not assume and hereby disclaim any liability to any party for any loss, damage, or disruption caused by errors or omissions, whether such errors or omissions result from negligence, accident, or any other cause.

If you find any kind of error, please let us know and get reward and or the new book free of cost.

The book is based on IGNOU syllabus. This is only a sample. The book/author/publisher does not impose any guarantee or claim for full marks or to be passed in exam. You are advised only to understand the contents with the help of this book and answer in your words.

All disputes with respect to this publication shall be subject to the jurisdiction of the Courts, Tribunals and Forums of New Delhi, India only.

HOME DELIVERY of GPH Books

You can get GPH books by VPP/COD/Speed Post/Courier.
You can order books by Email/SMS/WhatsApp/Call.
For more details, visit gullybaba.com/faq-books.html
Our packaging department usually dispatches the books within 2 days after receiving your order and it takes nearly 5-6 days in postal/courier services to reach your destination.

Note: Selling this book on any online platform like Amazon, Flipkart, Shopclues, Rediff, etc. without prior written permission of the publisher is prohibited and hence any sales by the SELLER will be termed as ILLEGAL SALE of GPH Books which will attract strict legal action against the offender.

8. सांतत्व
(Continuity)
9. प्रथम-कोटि अवकलज
(First-order Derivatives)
10. उच्च-कोटि अवकलज
(Higher-order Derivatives)

अध्याय–4 एक चर अभीष्टीकरण (Single-Variable Optimisation)

11. अवतल तथा उत्तल फलन
(Concave and Convex Functions)
12. अभीष्टीकरण की विधियाँ
(Optimisation Methods)

अध्याय–5 समाकलन (Integration)

13. अनिश्चित समाकलन
(Indefinite Integrals)
14. निश्चित समाकलन
(Definite Integrals)

अध्याय–6 अन्तर समीकरण (Difference Equations)

15. रैखिक अंतर समीकरण
(Linear Difference Equations)
16. अरैखिक अंतर समीकरण
(Non-linear Difference Equations)

विषय-सूची

1.	प्राथमिक संकल्पनाएँ (Preliminaries)	1
2.	एक स्वतंत्र चर के फलन (Functions of One Independent Variable)	33
3.	अवकलन गणित (Differentiation)	79
4.	एक चर अभीष्टीकरण (Single-Variable Optimisation)	119
5.	समाकलन (Integration)	147
6.	अंतर समीकरण (Difference Equations)	195

प्रश्न पत्र

(1)	सैम्पल पेपर - I (हल सहित)	225
(2)	सैम्पल पेपर - II (हल सहित)	229
(3)	गेस पेपर-I	230
(4)	गेस पेपर-II	232
(5)	फरवरी, 2021 (हल सहित)	235

अध्याय
1

प्राथमिक संकल्पनाएँ
(Preliminaries)

भूमिका

अर्थशास्त्र से संबंधित समस्याओं को हल करने के लिए गणितीय ज्ञान एवं तकनीक ने सदैव ही महत्त्वपूर्ण योगदान दिया है। समुच्चय, संबंध और फलन की संकल्पनाएँ गणित की प्रत्येक शाखा के अध्ययन में मौलिक बीजगणित के अध्ययन में यह संकल्पना आवश्यक है। तर्कशास्त्र को गणित की भाषा भी कहा जाता है। यह गणित की भाषा में कथनों की वैधता को निर्धारित करने की विधियों पर केंद्रित है। प्रस्तुत अध्याय में हम समुच्चय, संबंध, फलन, तर्कशास्त्र, विभिन्न समीकरणों का सर्वनिष्ठ हल प्राप्त करने की विधियों तथा उनके आर्थिक अनुप्रयोगों की चर्चा करेंगे।

1.1. समुच्चय की अवधारणा–

समुच्चय की परिभाषा–किन्हीं वस्तुओं के सुपरिभाषित समूह को समुच्चय कहा जाता है। उदाहरण के लिए दिल्ली विश्वविद्यालय के विद्यार्थियों का समूह, भारत के पर्वतों के समूह आदि को हम समुच्चय कहेंगे। एक समुच्चय में शामिल वस्तुओं को समुच्चय का सदस्य या अवयव (element) कहा जाता है। समुच्चय के अवयव पदार्थ भी हो सकते हैं तथा विचार भी। प्राकृत संख्याओं का समूह समुच्चय कहलाता है और इस समुच्चय में शामिल संख्याओं को इसका सदस्य कहा जाता है।

$S = \{1, 2, 3, ...x\}$

जहाँ 1, 2, 3, ... ये सभी इस समुच्चय के सदस्य हैं अर्थात् $1 \in S, 2 \in S$ ... यहाँ $\in$ (Epsilon) चिह्न का अर्थ है (belongs to) 'से संबंध रखता' है।

सेट निश्चित पात्रों का सही तरह से परिभाषित समुच्चय अथवा वर्ग है (पात्रों का किसी भी प्रकार से एक जैसा होना आवश्यक नहीं है) जैसे कि 5 संख्याएँ, 6 वर्णमाला के वर्ण, भारत की नदियाँ, इस पुस्तक के पृष्ठ इत्यादि। सेट इस तरह परिभाषित होना चाहिए कि यह स्पष्ट हो कि पात्र इससे संबंधित है अथवा नहीं।

(1) सेट में पात्र समान हों।

(2) उनमें यह पहचानना संभव होना चाहिए कि वे पात्र सेट में हैं या वे सेट में नहीं हैं।

सदस्य (Elements)–हम समुच्चय को प्रायः बड़े अक्षरों से प्रदर्शित करते हैं जैसे A, B, C, ...X, Y, Z आदि और समुच्चय के सदस्यों को छोटे अक्षरों a, b, c, ...आदि द्वारा प्रदर्शित किया जाता है जैसे $A = [a, e, i, o, u]$ = स्वरों का समुच्चय (set of vowels) $a \in A$.

परिमित और अपरिमित समुच्चय (Finite and Infinite Sets)–जिस समुच्चय में सदस्यों की संख्या निश्चित हो अर्थात् गिनी जा सके उसे परिमित समुच्चय कहते हैं और जिस समुच्चय में सदस्यों की संख्या अनंत हो उसे अपरिमित समुच्चय कहा जाता है जैसे आकाश गंगा में तारों की संख्या अनंत है, इसे गिना नहीं जा सकता।

रिक्त समुच्चय (Null or Empty Set)–वह समुच्चय जिसका कोई भी सदस्य न हो उसे हम रिक्त समुच्चय कहते हैं जैसे आम के पेड़ पर आलू का उगना संभव नहीं है। 25 वर्ष से अधिक आयु का कोई भी विद्यार्थी +2 कक्षा का सदस्य नहीं है, अतः यह समुच्चय रिक्त समुच्चय है। इस समुच्चय को ϕ अक्षर द्वारा प्रदर्शित किया जाता है।

गणन संख्या (Cardinal Number of a Set)–एक समुच्चय के सदस्यों की संख्या सदैव गिनी जा सकती है और इसे n(A) द्वारा प्रदर्शित किया जाता है। एक समुच्चय में यदि n सदस्य हैं तब इसे n(A) द्वारा प्रदर्शित किया जाता है। यदि किसी समुच्चय में केवल एक ही सदस्य हो तो उसे इकाई समुच्चय कहा जाता है।

(1) सभी प्राकृतिक संख्याओं के सेट को N के द्वारा संकेतित किया जाता है।

$N = \{1, 2, 3, 4, 5 ....\}$

(2) सभी अंकों के सेट को I अथवा Z द्वारा संकेतित किया जाता है।
I (अथवा Z) = $\{0, \pm 1, \pm 2, \pm 3, ...\}$

(3) सभी परिमेय संख्याओं अर्थात् सभी धनात्मक तथा ऋणात्मक संख्याओं तथा भिन्नों के सेट को Q द्वारा संकेतित किया जाता है।

(4) सभी वास्तविक संख्याओं अर्थात् सभी परिमेय अथवा अपरिमेय संख्याएँ R द्वारा।

(5) सभी मिश्र संख्याओं अर्थात् सभी वास्तविक के अतिरिक्त सभी अवास्तविक संख्याओं के सेट को C द्वारा संकेतित किया जाता है।

समुच्चय का निरूपण (Specifying a set)—किसी समुच्चय को निरूपित करने की दो विधियाँ हैं—(1) रोस्टर या सारणीबद्ध रूप (2) समुच्चय निर्माण रूप

(1) रोस्टर रूप में, समुच्चय के सभी अवयवों को सूचीबद्ध किया जाता है, अवयवों को, एक दूसरे से, अर्ध–विराम द्वारा पृथक किया जाता है और उन सभी को एक मझले कोष्ठक के भीतर लिखते हैं। उदाहरणार्थ, 7 से कम सभी सम धन पूर्णांकों के समुच्चय का वर्णन रोस्टर रूप में $\{2, 4, 6\}$ द्वारा किया जाता है। किसी समुच्चय को रोस्टर रूप में प्रदर्शित करने के कुछ और उदाहरण नीचे दिए हैं—

(क) संख्या 42 को विभाजित करने वाली सभी प्राकृत संख्याओं का समुच्चय $\{1, 2, 3, 6, 7, 14, 21, 42\}$ है।

(ख) अंग्रेजी वर्णमाला के सभी स्वरों का समुच्चय $\{a, e, i, o, u\}$ है।

(ग) विषम प्राकृत संख्याओं का समुच्चय $\{1, 3, 5,...\}$ है। अंत के बिंदु, जिनकी संख्या तीन होती है, यह बतलाते हैं कि इन विषम संख्याओं की सूची अंतहीन है।

(2) समुच्चय निर्माण रूप में, किसी समुच्चय के सभी अवयवों में एक सर्वनिष्ठ गुणधर्म होता है जो समुच्चय से बाहर के किसी अवयव में नहीं होता है। उदाहरणार्थ समुच्चय $\{a, e, i, o, u\}$ के सभी अवयवों में एक सर्वनिष्ठ गुणधर्म है कि इनमें से प्रत्येक अवयव अंग्रेजी वर्णमाला का एक स्वर है और इस गुणधर्म वाला कोई अन्य अक्षर नहीं है।

इस समुच्चय को V से निरूपित करते हुए हम लिखते हैं कि,
V = $\{x : x$ अंग्रेजी वर्णमाला का एक स्वर है$\}$।

1.2. उपसमुच्चय, अधिसमुच्चय तथा घात समुच्चय (Subsets, Supersets and Power Sets)–

उप–समुच्चय (Sub-set)—यदि एक समुच्चय A का प्रत्येक सदस्य समुच्चय B, के अतिरिक्त सदस्यों के साथ, का भी सदस्य हो तब उस स्थिति में A समुच्चय B का उपसमुच्चय कहलाता है और इस संबंध को $A \subseteq B$ द्वारा प्रदर्शित किया जाता है। A समुच्चय वास्तव में B में शामिल है, इसी कारण A को B का उप–समुच्चय कहते हैं। समुच्चय (a, b, c) के समुच्चय (a), (b), (a, b), (b, c), (c, a) ये सभी उपसमुच्चय हैं।

उप-समुच्चयों के गुण—

- शून्य समुच्चय हर एक समुच्चय का उप-समुच्चय है।
- हर एक समुच्चय अपने आप का उप-समुच्चय है।
- यदि $A \subseteq B$ तथा $B \subseteq C$, तब $A \subseteq C$.

अधिसमुच्चय (Supersets)—यदि दो समुच्चय A और B इस प्रकार हैं कि $A \subseteq B$ तथा B में कम-से-कम एक अवयव ऐसा है जो A में नहीं है, तो A को B का उचित समसमुच्चय और B को A का अधिसमुच्चय कहते हैं।

अथवा

यदि दो समुच्चय A और B इस प्रकार हैं कि

$A \subseteq B$ और $A \pm B$

तो A को B का उचित उपसमुच्चय तथा B को A का अधिसमुच्चय कहते हैं।

उदाहरण—यदि A = {1, 2, 3} तथा {–3, –2, –1, 0, 1, 2, 3} हो, तो $A \subset B$ और $B \supset A$ ।

घात समुच्चय (Power Sets)—समुच्चय A के सभी उपसमुच्चयों को A का घात समुच्चय कहते हैं जिसे प्रतीक P(A) से निरूपित करते हैं।

जैसे— $X \in P(A) \Leftrightarrow x \subseteq A$

समष्टीय या सार्वत्रिक समुच्चय (Universal Set)—यदि किसी निश्चित संदर्भ में दिए हुए समस्त समुच्चय एक निश्चित समुच्चय के उपसमुच्चय हैं तो उस निश्चित समुच्चय को समष्टीय समुच्चय अथवा सार्वत्रिक समुच्चय कहते हैं।

समष्टीय समुच्चय को प्रतीक U से प्रदर्शित करते हैं।

{a, b, c, d, ... x, y, z}, स्वरों के समुच्चय

{a, e, i, o, u} के लिए समष्टीय समुच्चय माना जा सकता है।

प्रत्येक समुच्चय समष्टीय समुच्चय का उपसमुच्चय होता है।

1.3. समुच्चयों पर संक्रियाएँ (Operations on Sets)—समुच्चयों पर मुख्यतः दो संक्रियाएँ की जा सकती हैं। ये हैं—समुच्चय सम्मिलन तथा समुच्चयों की उभयनिष्ठता।

1.3.1 समुच्चयों का सम्मिलन (Union of Sets)—दो दिए हुए समुच्चय A और B का सम्मिलन समुच्चय C है, जिसमें वे सभी अवयव हैं जो या तो A में या B में हैं। प्रतीकात्मक रूप में हम लिखते हैं कि

$C = A \cup B = \{x \mid x \in A$ या $x \in B\}$

चित्र 1.1

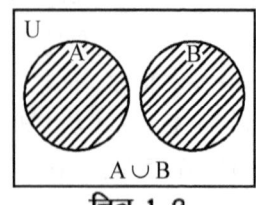

चित्र 1.2

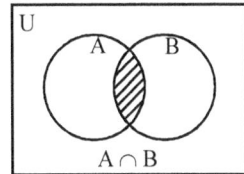

चित्र 1.3

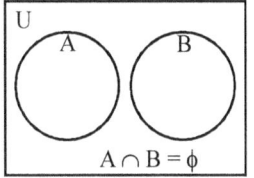

चित्र 1.4

सम्मिलन की संक्रिया के कुछ गुणधर्म—

(1) $A \cup B = B \cup A$

(2) $(A \cup B) \cup C = A \cup (B \cup C)$

(3) $A \cup \phi = A$

(4) $A \cup A = A$

(5) $U \cup A = U$

1.3.2 समुच्चयों का सर्वनिष्ठ (Intersection of Sets)—दो समुच्चयों A और B का सर्वनिष्ठ उन सभी अवयवों का समुच्चय है जो A और B दोनों में हों। प्रतीकात्मक रूप में हम लिखते हैं कि $A \cap B = \{x : x \in A$ और $x \in B\}$.

यदि $A \cap B = \phi$, तो A और B असंयुक्त समुच्चय (Disjoint sets) कहलाते हैं।

सर्वनिष्ठ संक्रिया के कुछ गुणधर्म—

(1) $A \cap B = B \cap A$

(2) $(A \cap B) \cap C = A \cap (B \cap C)$

(3) $\phi \cap A = \phi ; U \cap A = A$

(4) $A \cap A = A$

(5) $A \cap (B \cup C) = (A \cap B) \cup (A \cap C)$

(6) $A \cup (B \cap C) = (A \cup B) \cap (A \cup C)$

1.3.3 समुच्चयों का अंतर (Difference of Sets)—प्रतीक $A - B$ द्वारा निरूपित समुच्चयों A और B का अंतर, उन अवयवों का समुच्चय है, जो A में हैं किंतु B में नहीं हैं। इसे हम इस प्रकार लिखते हैं—

$A - B = \{x : x \in A$ और $x \notin B\}$

साथ ही $B - A = \{x : x \in B$ और $x \notin A\}$

समुच्चय का पूरक (Complement of a Set)—मान लीजिए कि U एक सार्वत्रिक समुच्चय है और A, U का एक उप-समुच्चय है, तो A का पूरक समुच्चय, U के उन अवयवों का समुच्चय है जो A के अवयव नहीं है। प्रतीकात्मक रूप में हम लिखते हैं कि—

$A' = \{x : x \in U$ और $x \notin A\}$ । साथ ही $A' = U - A$

पूरक समुच्चयों के कुछ गुणधर्म (Some Properties of complement of sets)–

(1) पूरक नियम (Law of Complements)–

(क) $A \cup A' = U$

(ख) $A \cap A' = \phi$

(2) डि–मॉर्गेन का नियम (De Morgan's Law)–

(क) $(A \cup B)' = A' \cap B'$

(ख) $(A \cap B)' = A' \cap B'$

(3) $(A')' = A$

(4) $U' = \phi$ तथा $\phi' = U$

1.3.4 समुच्चय का विभक्तिकरण (Partition of a Set)–किसी दिए हुए समुच्चय U का विभक्तीकरण, उसके परस्पर असंयुक्त उपसमुच्चयों का ऐसा संग्रह है जिनका सम्मिलन U हो। मान लीजिए $X_i, i = 1, 2, ..., n$, U के n उपसमुच्चय हैं जो निम्नलिखित गुणों को संतुष्ट करते हैं–

(1) $X_i \cap X_j = \varnothing, i, j = 1, 2, ..., n, \ i \neq j$

अर्थात् कोई भी दो भिन्न समुच्चय X_i और X_j परस्पर असंयुक्त हैं, तथा

(2) $X_1 \cup X_2 \cup X_3 \cup ... \cup X_n = U$

अर्थात् $X_1, X_2, X_3, ..., X_n$ के सम्मिलन से हमें समुच्चय U प्राप्त होता है।

ध्यान देने योग्य बिंदु यह है कि यदि $X_1, X_2, X_3, ..., X_n$ U के विभक्तीकरण है और U का प्रत्येक अवयव एक और केवल एक X_i में होगा। आइए, हम इस उपसमुच्चय समूह को S द्वारा व्यक्त करें तो इनका सम्मिलन $U_{i=1}^{n} X_i$ द्वारा दिखाया जा सकता है।

किसी समुच्चय U के विभक्तीकरण को हम निम्न रूप में भी लिख सकते हैं–

उदाहरण–समुच्चय U = {1, 2, 3, 4, 5, 6} के लिए $X_1 = \{1,2\}$, $X_2 = \{3,5,6\}$, $X_3 = \{4\}$ एक विभक्तीकरण है क्योंकि

$X_1 \cap X_2 = X_2 \cap X_3 = X_1 \cap X_3 = \varnothing$ है,

तथा $X_1 \cup X_2 \cup X_3 = \cup$ है

व्यावहारिक उदाहरणों में हम देख सकते हैं कि–

(1) किसी देश के राज्यों का समूह देश का एक विभक्तीकरण है।

(2) किसी महाद्वीप के अंतर्गत आने वाले देशों का समूह, उस महाद्वीप का एक विभक्तीकरण है।

टिप्पणी–एक समुच्चय $\cup$ के अनेक विभक्तीकरण हो सकते हैं।

1.4. क्रमित युग्म तथा कार्तिक गुणन (Ordered Pairs and Cartersean Products)–हम दो दिए हुए समुच्चयों से एक रोचक समुच्चय प्राप्त कर सकते हैं –

उनका कार्तीय गुणनफल, जो फ्रांसीसी दार्शनिक और गणितज्ञ रने देकार्त (1596-1650) के नाम पर रखा गया है। उन्होंने ही कार्तीय निर्देश-तंत्र का आविष्कार किया था।

मान लीजिए A और B दो समुच्चय हैं। युग्म (a, b) लीजिए जिसमें पहला अवयव A से है और दूसरा अवयव B से है। तब (a, b) को क्रमित युग्म (ordered pair) कहते हैं। क्रमित युग्म में, अवयवों के क्रम का काफी महत्त्व होता है। इस तरह (a, b) और (b, a) अलग-अलग क्रमित युग्म हैं।

दो क्रमित युग्म (a, b) और (c, d) समान कहलाते हैं, यदि a = c और b = d

क्रमित युग्मों की सहायता से निम्नलिखित परिभाषा इस प्रकार है—

परिभाषा—समुच्चयों A और B का कार्तीय गुणनफल A × B सभी संभव क्रमित युग्मों (a, b) का समुच्चय होता है, जहाँ $a \in A, b \in B$।

अर्थात् $A \times B = \{(a,b) | a \in A \text{ और } b \in B\}$

उदाहरण के लिए, यदि A = {1, 2, 3}, B = {4, 6}. तो
A × B = {(1, 4), (1, 6), (2, 4), (2, 6), (3, 4), (3, 6)} और
B × A = {(4, 1), (4, 2), (4, 3), (6, 1), (6, 2), (6, 3)}.
हम देख सकते हैं कि (1, 4) ∈ A × B, परंतु (1, 4) ∉ B × A.
अत: A × B ≠ B × A.

अनेक समुच्चयों के कार्तीय गुणनफल—मान लीजिए $A_1, A_2, ..., A_n$, n समुच्चय हैं। इनका कार्तीय गुणनफल समुच्चय होगा—

$A_1 \times A_2 \times .... \times A_n = \{(x_1, x_2, ... x_n) | x_i \in A_i \forall_i = 1, 2, ..., n\}$

उदाहरण के लिए, यदि R वास्तविक संख्याओं का समुच्चय हो, तो

$R \times R = \{(a_1, a_2) | a_1 \in R, a_2 \in R\}$

$R \times R \times R = \{(a_1, a_2, a_3) | a_i \in R \forall_i = 1, 2, 3\}$ आदि।

प्राय: R × R के लिए R^2, और R × R × .... × R (n बार) के लिए R^n लिखा जाता है।

1.5. संबंध (Relation)—गणित में, किसी समुच्चय (S) पर संबंध (R) का अर्थ है समुच्चय (S) के अवयवों में परस्पर संबंध। यदि इस संबंध द्वारा a ∈ S संबंधित हो b ∈ S से, तो हम लिखते हैं a R b या (a, b) ∈ R. दूसरे संकेतन से हम देखते हैं कि R ⊆ S × S, और ठीक इसी प्रकार से, हम किसी समुच्चय S पर एक (युग्मक) संबंध परिभाषित करते हैं।

परिभाषा—समुच्चय S पर एक संबंध R, S × S का एक उपसमुच्चय होता है।

उदाहरण के लिए, यदि N सभी प्राकृतिक संख्याओं का समुच्चय हो और संबंध (R) हो "का गुणज है", तो 15 R 5, परंतु 5 R 15 नहीं। अर्थात् (15, 5) ∈ R, परंतु (15, 5) ∉ R.
यहाँ R ⊆ N × N और, यदि Q सभी परिमेय संख्याओं का समुच्चय हो और संबंध R हो "से बड़ा है", तो 3 R 2 (क्योंकि 3 > 2)। वास्तव में, प्रत्येक संख्या n के लिए n R (n − 1).

1.5.1 संबंधों के प्रांत एवं परिसर—मान लीजिए कि X और Y दो अरिक्त समुच्चय हैं और ρ, X से Y तक एक संबंध है। अर्थात् $\rho \subseteq X \times Y$ है।

- **संबंध ρ का प्रांत**—समुच्चय X से समुच्चय Y तक किसी संबंध का प्रांत, ρ में उपस्थित सभी क्रमित युग्मों के प्रथम घटकों का संग्रह/समुच्चय होता है। इसे हम इस प्रकार परिभाषित कर सकते हैं—
  $$D(\rho) := \{x \in X : \exists y \in Y (x, y) \in \rho\}$$

- **संबंध ρ का परिसर**—समुच्चय X से समुच्चय Y तक किसी संबंध का परिसर, ρ में उपस्थित सभी क्रमित युग्मों के प्रथम घटकों का संग्रह/समुच्चय होता है। इसे हम इस प्रकार परिभाषित कर सकते हैं—
  $$R(\rho) := \{y \in Y : \exists x \in X (x, y) \in \rho\}$$

1.5.2 संबंधों के गुणधर्म/अभिलक्षण (Properties of Relations)—मान लीजिए X का एक अरिक्त समुच्चय है और ρ, X में संबंध है। अर्थात् $\rho \subseteq X^2$ है।

- **स्वतुल्यता (Reflexivity)**—संबंध ρ स्वतुल्य कहलाता है यदि $\forall x \in X$ $(x, x) \in \rho$.

  टिप्पणी—यहाँ $\forall$ का अर्थ है 'प्रत्येक x के लिए'

- **अस्वतुल्यता (Irreflexivity)**—संबंध ρ अस्वतुल्य कहलाता है यदि $\forall x \in X (x, x) \notin \rho$.

- **सममिति (Symmetry)**—संबंध ρ सममिति कहलाता है यदि $\forall (x, y) \in \rho (y, x) \in \rho$ जब भी $(x, y) \rho$ में हो तो (x, y) भी ρ में हो। अर्थात् $(x, y) \in \rho = (y, x) \in \rho$.

- **प्रतिसममिति (Antisymmetry)**—संबंध ρ प्रतिसममित कहलाता है यदि, जब भी (x, y) और (y, x), दोनों ρ में हो तो निश्चित रूप से $x = y$ हो। अर्थात् $(x, y) \in \rho$ यदि $(y, x) \in \rho = x = y$.

- **सकर्मकता (Transitivity)**—संबंध ρ सकर्मकता कहलाता है यदि, जब भी (x, y) और (y, z), दोनों ρ में हो तो (x, z) भी ρ में हो। अर्थात् यदि $(x, y) \in \rho, (y, z) \in \rho = (x, z) \in \rho$.

1.5.3 विशिष्ट संबंध (Special Relations)—मान लीजिए कि X एक अरिक्त समुच्चय है तथा ρ, X पर एक संबंध है। अर्थात् $\rho \subseteq X^2$ है।

(1) **तुल्यता संबंध**—ρ एक तुल्यता संबंध कहलाता है यदि वह एक—
(क) स्वतुल्य, (ख) सममित, तथा (ग) सकर्मक संबंध है।

(2) **क्रम संबंध**—ρ एक क्रम संबंध कहलाता है यदि वह एक—
(क) स्वतुल्य, (ख) प्रतिसममित, तथा (ग) सकर्मक संबंध है।

प्राथमिक संकल्पनाएँ

हम कह सकते हैं कि कोई क्रम संबंध ρ, एक पूर्ण या रेखीय क्रम संबंध कहलाता है यदि प्रत्येक क्रमित युग्म $(x,y) \in X^2$ के लिए या तो $(x,y) \in \rho$ हो अथवा $(y,x) \in \rho$ हो। अन्यथा, ρ को आंशिक क्रम संबंध कहते हैं।

(3) व्युत्क्रम संबंध—मान लीजिए X और Y दो अरिक्त संबंध हैं तथा ρ, X से Y तक एक संबंध है अर्थात् $\rho \subseteq X \times Y$ है। ρ के व्युत्क्रम या प्रतिलोम संबंध जिसे ρ^{-1} से व्यक्त किया जाता है, को इस प्रकार परिभाषित किया जाता है—

$$\rho^{-1} = \{(y, x) \in Y \times X : (x,y) \in \rho\}.$$

1.6 फलन—मान लीजिए A और B दो अरिक्त समुच्चय हैं। A से B में फलन एक नियम है जो समुच्चय A के प्रत्येक अवयव के संगत समुच्चय B के एक और केवल एक अवयव के साथ संबंध स्थापित करता है। इस तरह—

- A का प्रत्येक अवयव B के किसी अवयव के साथ संबंधित होता है।
- A का प्रत्येक अवयव B के केवल एक अवयव के साथ संबंधित होता है।

आमतौर से फलन को अक्षर f, g, h आदि से प्रकट किया जाता है। हम कथन "f, A से B में एक फलन है" को "$f : A \rightarrow B$" से प्रकट करते हैं।

यदि f, $x \in A$ को $y \in B$ से संबंधित करता हो तो हम कहते हैं कि y, f के अधीन x का प्रतिबिम्ब (image) है, और इसे $y = f(x)$ से प्रकट करते हैं।

यदि $f : A \rightarrow B$ एक फलन हो, तो A को f का प्रांत (domain) कहते हैं और B को f का सहप्रांत (co-domain)। प्रांत और सहप्रांत कोई भी परिमित या अनंत अरिक्त समुच्चय हो सकते हैं।

यदि f का सहप्रांत R हो, तो f को वास्तविक मान फलन (real valued function) कहते हैं।

फलन को अनेक विधियों में प्रकट किया जा सकता है। उदाहरण के लिए, फलन $f : N \rightarrow N$, जिससे प्रत्येक प्राकृतिक संख्या n का संबंध n + 1 के साथ स्थापित होता है, को संक्षेप रूप में हम $f : N \rightarrow N : f(n) = n + 1$ या $f : N \rightarrow N : n \rightarrow n + 1$ लिख सकते हैं। इसी प्रकार $s = \frac{1}{2}gt^2$ द्वारा दिए गए फलन को $f : R \rightarrow R : f(t) = \frac{1}{2}gt^2$ के रूप में लिखा जा सकता है।

उदाहरण—निम्नलिखित नियमों में से कौन-कौन से नियम फलन हैं?

(1) $f : R \rightarrow R : f(x) = x$

(2) $g : \{1, 2\} \rightarrow \{3, 7\} : g(1) = 3, g(2) = 3$

(3) $h : \{1, 2\} \rightarrow \{3, 7\} : h(1) = 3, h(1) = 7, h(2) = 7$

हल—(1) f एक फलन है क्योंकि यह प्रत्येक वास्तविक संख्या का केवल एक वास्तविक संख्या के साथ संबंध स्थापित करता है।

(2) g भी एक फलन है।

(3) h फलन नहीं है क्योंकि यह 1 का सहप्रांत के दो अवयवों के साथ संबंध स्थापित करता है।

यहाँ (1) में दिया गया फलन R पर तत्समक फलन (identity function) है। वास्तव में, किसी समुच्चय A के लिए हम तत्समक फलन $I_A : A \to A$ को $I_A(x) = x \; \forall \; x \in A$ से परिभाषित कर सकते हैं।

अतः हम कह सकते हैं कि एक दिए हुए फलन से संबंधित एक और समुच्चय है, अर्थात् इसका परिसर।

परिभाषा—मान लीजिए $f : A \to B$ एक फलन है। समुच्चय $R_f = \{f(x) : x \in A\}$ को f का परिसर (range) कहते हैं, क्योंकि प्रत्येक $x \in A$ के लिए $f(x) \in B$, इसलिए यह स्पष्ट है कि R_f, B का एक उपसमुच्चय है, अर्थात् $R_f \subseteq B$.

जिस फलन के परिसर में केवल एक अवयव हो, उसे अचर फलन कहते हैं।

यदि परिसर का अकेला अवयव शून्य हो, तो फलन को शून्य फलन (zero function) कहते हैं। इस तरह शून्य फलन अचर फलन की एक खास स्थिति है। हम A से B तक के शून्य फलन को संक्षेप रूप में $f : A \to B : f(a) = 0$ लिख सकते हैं।

परिभाषा—समान प्रांत A और सहप्रांत B वाले दो फलनों f और g को बराबर कहते हैं यदि $f(x) = g(x) \; \forall \; x \in A.$

फलन के कुछ प्रकार—

(1) आच्छादी फलन—फलन $f : A \to B$ को आच्छादी फलन (surjective function, onto function) कहते हैं यदि f का परिसर उसके सहप्रांत के बराबर हो, अर्थात् $R_f = B$ इस स्थिति में हम यह भी कहते हैं कि f, A से B पर आच्छादी है।

यदि फलन $f : A \to B$ दिया हुआ हो तो हम यह सत्यापित कर सकते हैं कि वह आच्छादी फलन है कि नहीं। इसकी एक विधि है कि R_f ज्ञात किया जाए और तब देखा जाए कि $R_f = B$ या नहीं। एक और तरीका है कि हम निम्नलिखित निकष (criterion) को लागू करें—

प्रत्येक $y \in B$ के लिए हमें कम से कम एक ऐसा $x \in A$ ज्ञात कर लेना चाहिए जिससे कि $y = f(x)$. दूसरे शब्दों में, सहप्रांत B का प्रत्येक अवयव y, f के अधीन प्रांत A के कम से कम एक अवयव का प्रतिबिम्ब होना चाहिए।

(2) एकैकी फलन—$f : A \to B$ को तब एकैकी (injective, one-one) कहा जाता है यदि A के अलग–अलग अवयवों के f के अधीन B में अलग–अलग प्रतिबिम्ब हों, अर्थात् $f(x_1) \neq f(x_2)$ जब भी $x_1 \neq x_2$, जहाँ $x_1 \in A, x_2 \in A.$

यदि $a_1 \neq a_2$, तो स्पष्ट है कि $a_1, a_2 \in A$ के लिए $I_A(a_1) \neq I_A(a_2)$. अतः यह फलन एकैकी है। यदि f एकैकी है तो हम संक्षेप में कहते हैं कि f, 1 – 1 है।

फलन f तभी एकैकी होगा जबकि f के प्रांत में x_1, x_2 के लिए $f(x_1) = f(x_2) \Rightarrow x_1 = x_2.$

(3) एकैकी आच्छादी फलन—A पर तत्समक फलन लीजिए। यह फलन आच्छादी और एकैकी दोनों है। ऐसे फलन को एकैकी आच्छादी कहते हैं।

परिभाषा—फलन $f : A \to B$ को एकैकी आच्छादी (bijective) कहते हैं, यदि—

(क) f आच्छादी हो, अर्थात् f, A से B पर आच्छादी हो, और
(ख) f एकैकी हो।

एकैकी आच्छादी फलन $f : A \to B$ को A और B के बीच एकैकी संगतता (one-to-one correspondence) भी कहा जाता है।

ध्यान दीजिए कि फलन $f : A \to B$ केवल तभी एकैकी आच्छादी होगा जबकि (क) और (ख) दोनों ही लागू होते हों।

(4) एकदिष्ट फलन—जैसे-जैसे x का मान बढ़ता है, वैसे-वैसे $I_R(x)$ का मान भी बढ़ता है। इस गुणधर्म के कारण ही हम कहते हैं कि I_R एकदिष्ट फलन है। एकदिष्ट फलन चार प्रकार के होते हैं।

परिभाषा—मान लीजिए A, R का एक अरिक्त उपसमुच्चय है। तब फलन $f : A \to R$ को—

(क) वर्धमान (increasing) कहते हैं, यदि सभी $x_1, x_2 \in A$ के लिए $x_1 < x_2 \Rightarrow f(x_1) < f(x_2)$.

(ख) अ-ह्रासमान (non-decreasing) कहते हैं, यदि सभी $x_1, x_2 \in A$ के लिए $x_1 < x_2 \Rightarrow f(x_1) \leq f(x_2)$.

(ग) ह्रासमान (decreasing) कहते हैं, यदि सभी $x_1, x_2 \in A$ के लिए $x_1 < x_2 \Rightarrow f(x_1) > (fx_2)$.

(घ) अ-वर्धमान (non-increasing) कहते हैं, यदि सभी $x_1, x_2 \in A$ के लिए $x_1 < x_2 \Rightarrow f(x_1) \geq (fx_2)$.

f एकदिष्ट (monotonic) होता है यदि ऊपर दिए गए चार गुणधर्मों (1) से (4) में से किसी भी एक गुणधर्म को संतुष्ट करता हो।

उदाहरण के लिए, R पर तत्समक फलन वर्धमान और ह्रासमान दोनों ही है और दोनों में से किसी भी कारण से यह एकदिष्ट फलन है।

फलनों की समानता—मान लीजिए f और g दो फलन हैं। f और g समान फलन कहलाते हैं अर्थात् $f = g$ होता है। यदि और केवल यदि—

(1) $D(f) = D(g)$ और (2) $\forall x \in X, f(x) = g(x)$

प्रतिलोम फलन—मान लीजिए $f : X \to Y$ एक एकैकी आच्छादी फलन है। स्पष्टत: $R(f) = Y$ होगा। f का प्रतिलोम फलन, f^{-1}, $R(f)$ से X तक एक ऐसा फलन है जिसमें $f^{-1}(y) = x$ होगा जहाँ x समुच्चय X का वह अद्वितीय अवयव है जिसके लिए $f(x) = y$ है।

सांकेतिक भाषा में $f^{-1} : R(f) \to X$ को हम इस प्रकार परिभाषित कर सकते हैं—

$f^{-1}(y) = x \langle = \rangle f(x) = y$

फलनों का संयोजन–मान लीजिए कि $g : X \to Y$ तथा $f : Y \to Z$ दो फलन हैं, हम फलनों f और g के संयोजन को जिसे हम f o g से निरूपित करते हैं–

तथा $(f \circ g) : X \to Z$,

$(f \circ g)(x) = f\{(g(x)\} \ \forall x \in X$

द्वारा परिभाषित होता है। स्पष्टत– $D(f \circ g) = \{x \in X : g(x) \in Y\}$.

1 .6 .1 फलनों के अंतर्गत समुच्चयों के प्रतिबिंब तथा प्रतिलोम प्रतिबिंब (Image and Inverse Image of Sets under Functions)–मान लीजिए $f : X \to Y$ तक एक फलन है तथा A और B कोई दिए हुए समुच्चय है।

(1) f के अंतर्गत A का प्रतिबिंब–हम समुच्चय A को f के अंतर्गत प्रतिबिंब को f(A) से निरूपित करते हैं तथा इसे $f(A) := \{f(x) : x \in A\}$ के रूप में परिभाषित करते हैं।

ध्यान दें कि $f(A) = f(A \cap X) \subset f(X) = R(f) \subset Y$

(2) f के अंतर्गत B का प्रतिलोम प्रतिबिंब–f के अंतर्गत समुच्चय B के प्रतिलोम प्रतिबिंब को हम $f^{-1}(B)$ से व्यक्त करते हैं तथा इसे $f^{-1}(B) := \{x \in X : f(x) \in B\}$ के रूप में परिभाषित करते हैं।

ध्यान दें कि $f^{-1}(B) = f^{-1}(B \cap Y) \subset f^{-1}(Y) = f^{-1}(R(f)) = X$

$f^{-1}(B)$ के विषय में यह ध्यान देना आवश्यक है कि किसी भी समुच्चय, B के लिए और किसी भी फलन f के लिए "$f^{-1}(B)$" ज्ञात किया जा सकता है यदि f का प्रतिलोम न हो, तब भी। चिह्न $f^{-1}(B)$ में f^{-1} f से प्रतिलोम फलन को व्यक्त नहीं करता।

परंतु यदि फलन f एकैकी है तो $f^{-1}(B)$, f के प्रतिलोम फलन f^{-1} के अंतर्गत B का प्रतिबिंब होगा।

1 .7 वास्तविक वितान तथा बिंदु–समुच्चय (Real Space and Point-Sets)–हम संख्या रेखा के बारे में भी जानते हैं, जिसमें 0 को एक बिंदु से निरूपित किया जाता है रेखा इस (मध्य) बिंदु के दोनों ओर अनंत तक जाती है। यह रेखा वास्तविक संख्याओं के समुच्चय को दर्शाती है, जिसे R से व्यक्त किया जाता है। अब एक अंतराल [a, b] पर विचार कीजिए। यह a और b के बीच में आने वाली सभी संख्याओं का समुच्चय/समूह है। तथा इसमें संख्याएँ a और b भी सम्मिलित हैं। देखा जा सकता है कि यह अंतराल [a, b], R का एक उपसमुच्चय है।

अर्थशास्त्र में पायी जाने वाली राशियों को सामान्यतः वास्तविक संख्याओं के उपसमुच्चयों द्वारा व्यक्त किया जाता है। इससे हम समझ सकते हैं कि अर्थशास्त्र की संकल्पनाओं को समझने में वास्तविक संख्याओं का समुच्चय और उसके उपसमुच्चय अत्याधिक महत्त्वपूर्ण है।

हम इन समुच्चयों को बिंदुओं के समुच्चयों के रूप में देख सकते हैं क्योंकि इन्हें संख्या रेखा पर बिंदुओं के रूप में दर्शाया जाता है। हम इन्हें बिंदु-समुच्चय कह सकते हैं। वास्तविक संख्याओं को दिखाने वाली संख्या-रेखा को वास्तविक रेखा कहा जाता है।

अब हम समुच्चयों के कार्तीय गुणन की संकल्पना का उपयोग करते हैं। हमारे समक्ष वास्तविक संख्याओं का समुच्चय R है। क्या हम इस समुच्चय का किसी दिए हुए समुच्चय से गुणा कर सकते हैं? बिल्कुल कर सकते हैं। और यदि वह दिया हुआ समुच्चय भी R ही हो तो? अर्थात् यदि हम R का गुणन स्वयं R से ही करें, तो ऐसा करने पर जो समुच्चय हमें प्राप्त होता है उसे R^2 से व्यक्त करते हैं। स्पष्टतः R^2 वास्तविक संख्याओं के सभी क्रमित युग्मों का समुच्चय है। इसे सामान्यतः x और y-अक्षों के तल द्वारा (x–y-तल) दर्शाया जाता है। x-अक्ष और y-अक्ष, दोनों ही वास्तविक संख्याओं (वास्तविक संख्या रेखा) को निरूपित करते हैं, जो धनात्मक तथा ऋणात्मक, दोनों दिशाओं में अनंत तक जाती हैं। अंतर मात्र इतना ही है जहाँ x-अक्ष में संख्या रेखा क्षैतिज होती है, वहीं y-अक्ष में यह ऊर्ध्वाधर दिशा में अर्थात् अधोलंब के रूप में होती है। इस प्रकार, पूरा तल चार चतुर्थांशों में विभाजित हो जाता है। तल पर प्रत्येक बिंदु वास्तविक संख्याओं का एक क्रमित युग्म होता है जिसमें से प्रथम घटक (पहली संख्या) को x-अक्ष पर तथा दूसरे घटक (दूसरी संख्या) को y-अक्ष पर निरूपित किया जाता है। यद्यपि एक क्रमित युग्म (x, y) और एक अंतराल (x, y) को एक ही प्रकार से व्यक्त किया जाता है, परंतु संदर्भ से यह स्पष्ट हो जाता है कि हम किसी क्रमित युग्म की बात कर रहे हैं अथवा अंतराल की। वास्तविक संख्याओं का प्रत्येक क्रमित युग्म R^2 का सदस्य/अवयव होता है। इस प्रकार, R^2 भी एक बिंदु-समुच्चय (बिंदुओं का एक समुच्चय) है।

माना कि ऐसा उपभोक्ता जो केवल सेबों और संतरों का उपभोग करता है। उसके द्वारा उपभोग किए गए सेबों तथा संतरों की संख्याओं के विभिन्न संयोजनों से वास्तव में, हमें संख्याओं के क्रमित युग्म प्राप्त होते हैं। इनमें से प्रत्येक युग्म R^2 का सदस्य है। परंतु इसके लिए हमें एक वस्तु को पहले तथा दूसरी को बाद में लिखना पड़ेगा। उदाहरण के लिए, मान लीजिए x-अक्ष सेबों की संख्या को तथा y-अक्ष संतरों की संख्या को निरूपित करता है। इस प्रकार, (x, y) = (3, 4) का अर्थ होगा 3 सेब तथा 4 संतरे। क्योंकि यहाँ हम सेबों तथा संतरों की अऋणात्मक मात्राओं के माप की बात कर रहे हैं, इस स्थिति में प्राप्त होने वाले सभी क्रमित युग्म x-अक्ष और y-अक्ष के प्रतिच्छेदन से प्राप्त चतुर्थांशों में से पहले अर्थात् उत्तर-पूर्व चतुर्थांश में स्थित होंगे। दूसरे या उत्तर-दक्षिणी चतुर्थांश में वे क्रमित युग्म होते हैं जिनमें x-निर्देशांक ऋणात्मक तथा y-निर्देशांक धनात्मक होता है। इसी प्रकार, दक्षिण-पश्चिमी में दोनों संख्याएँ (निर्देशांक) ऋणात्मक होते हैं तथा दक्षिण-पूर्वी चतुर्थांश में x धनात्मक तथा y ऋणात्मक होता है। प्रत्येक चतुर्थांश में बिंदुओं को क्रमित युग्मों द्वारा निरूपित किया जा सकता है। अतः, समुच्चय R^2 भी एक बिंदु समुच्चय अर्थात् बिंदुओं का समुच्चय है, जिनमें से प्रत्येक बिंदु एक क्रमित युग्म है। अतः ध्यान रहे कि यद्यपि प्रत्येक क्रमित युग्म दो संख्याओं से बनता है, तथापि क्रमित युग्म स्वयं एक ही बिंदु है अर्थात् वह समुच्चय R^2 का केवल एक अवयव है।

संक्षेप में, हम कह सकते हैं कि R^2 एक ऐसा समुच्चय है जिसके अवयव क्रमित युग्म हैं, प्रत्येक क्रमित युग्म एक बिंदु है तथा फलस्वरूप R^2 एक बिंदु–समुच्चय है।

दो विशिष्ट बिंदु समुच्चयों की चर्चा इस प्रकार है–R, जिसमें बिंदु वास्तविक संख्याएँ हैं तथा R^2, जिसमें बिंदु वास्तविक संख्याओं के क्रमित–युग्म हैं। क्या हम इस अवधारणा का और विस्तार कर सकते हैं। अर्थात् क्या हम ऐसे समुच्चयों की कल्पना कर सकते हैं जिनमें प्रत्येक अवयव (बिंदु) 2 से अधिक संख्याओं से बना हो? निश्चित रूप से हम ऐसा कर सकते हैं। ध्यान रहे कि हमने R^2 बनाने के लिए R का R से कार्तीय गुणन किया और R को $R \times R$ के रूप में प्राप्त किया।

इसी प्रकार, हम R^3 की कल्पना $R \times R \times R$ के रूप में कर सकते हैं। इस समुच्चय का प्रत्येक अवयव एक क्रमित त्रिक (x, y, z) होगा। अर्थात्

$$R^3 = \{(x, y, z) : x, y, z \in R\}$$

यदि हम तीन अक्ष, x-अक्ष, y-अक्ष तथा z-अक्ष लें, तो R^3 का प्रत्येक अवयव के तीन घटक x, y और z होंगे। जबकि R को एक सरल रेखा से निरूपित किया जा सकता है और R^2 को एक तल द्वारा, R^3 एक त्रिआयामी संरचना है। इन तीनों समुच्चयों के अवयव बिंदु हैं। अतः, यदि हम प्रत्येक वस्तु (फल) की उपभोग की मात्रा को एक अक्ष पर अंकित करें, तो हमें उपभोग किए गए फलों को चित्रित करने के लिए तीन अक्षों की आवश्यकता होगी क्योंकि यहाँ तीन फल हैं।

माना कि हमारे पास n वस्तुएँ हैं जहाँ $n > 3$ है। क्योंकि हम प्रत्येक वस्तु के माप को एक अक्ष पर निरूपित करते हैं, तो इन वस्तुओं की मात्राओं के किसी भी संयोजन को व्यक्त करने के लिए, हमें n-अक्षों की आवश्यकता होगी। ये n-अक्ष हमें R के n बार कार्तीय गुणन के द्वारा प्राप्त होंगे। इस प्रकार हमें एक नए समुच्चय की प्राप्ति होती है–$R \times R \times R \times \ldots \times x R$ (n बार)। इस समुच्चय का प्रत्येक n अवयव संख्याओं का क्रमित संयोजन होगा जिसे हम $(x_1, x_2, x_3 \ldots x_n)$ के रूप में व्यक्त करते हैं तथा इसे एक n-टपल कहते हैं। अर्थात् n-अक्षों को दर्शाने वाले किसी चित्र को बनाना निश्चित रूप से संभव नहीं है। परंतु हम इसे अमूर्त रूप में $R, R^2, R^3, \ldots R^n$ इत्यादि के विस्तार के तौर पर समझ सकते हैं।

हमने देखा कि $R, R^2, R^3, \ldots R^n \ldots$ इत्यादि सभी समुच्चयों के अवयव बिंदु होते हैं। अतः, ये सभी समुच्चय, बिंदु–समुच्चय कहलाते हैं।

R^n के अवयवों अर्थात् प्रत्येक n-टपल को एक सदिश कहते हैं। अर्थात्, क्रमित युग्म, क्रमित त्रिक इत्यादि सभी सदिश हैं।

1.8 संगतता तथा समुच्चय–फलन (Correspondence and Set Functions)

1.8.1 संगतता (Correspondence)–एक समुच्चय A लीजिए। मान लीजिए यह किसी फलन का प्रांत है। मान लीजिए समुच्चय B इस फलन का सह–प्रांत है। इस समुच्चय B के अनेक उपसमुच्चय हो सकते हैं। एक नए समुच्चय D की कल्पना कीजिए जिसके अवयव B के विभिन्न उपसमुच्चय हों। एक सामान्य फलन अपने प्रांत के प्रत्येक अवयव को

अपने परिसर के एक और केवल एक अवयव पर ले जाता है। इसलिए सामान्य फलन को एकल–मान फलन भी कहते हैं। दूसरी ओर, एक ऐसा फलन जो प्रांत के एक अवयव को एक ऐसे अवयव पर ले जाता है जो स्वयं में एक समुच्चय है (अतः, अनेक वस्तुओं का समूह है), एक बहुमान फलन कहलाता है। इसे हम एक उदाहरण से समझते हैं–

मान लीजिए A = {2, 7, 9, 11, 14} तथा B = {a, b, c, d, e, f, g, h, i} है। अब हम अपनी चर्चा के प्रमुख भाग पर आते हैं– मान लीजिए D एक ऐसा उपसमुच्चय है जिसके अवयव, B के कुछ उपसमुच्चय है। दूसरे शब्दों में, D वास्तव में समुच्चयों का एक कुल है। मान लीजिए D = {{a, c, f}, {b, a, d}, {i, c, h, g, d}} है। अब समुच्चय A के अवयवों से समुच्चय B के अवयवों तक एक फलन लीजिए। मान लीजिए A का अवयव 9, समुच्चय D के अवयव {b, a, d} पर तथा समुच्चय A का अवयव 14 समुच्चय D के अवयव {a, c, f} पर जाता है। अब हम संगतता का अर्थ समझने का प्रयास करते हैं कि इसे बहुमान फलन क्यों कहा जाता है। इस उदाहरण में A का एक अवयव 9 D के अवयव {b, a, d} पर जाता है परंतु इस अवयव में 3 मान हैं–b, a और d। अतः, संगतता एक अवयव को एक समुच्चय के किसी उपसमुच्चय पर ले जाता है। A के अवयव, D के अवयवों पर जाते हैं जो कि B के उपसमुच्चय हैं।

1.8.2 समुच्चय फलन (Set Functions)–समुच्चय सुपरिभाषित समूह अथवा संग्रह को कहते हैं। एक संगतता में हमने एक समुच्चय लिया और एक ऐसा समुच्चय बनाया जिसके सदस्य इस प्रदत्त (दिए हुए) समुच्चय के कुछ (या सभी) उपसमुच्चय थे। इस प्रकार प्राप्त समुच्चय को हमने परिसर माना था। अब हम इस समुच्चय को प्रांत के रूप में लेते हैं। मान लीजिए H = {12, 17, 3, 9, 8, 6} के समुच्चय है तथा J = {{12, 17, 8}, {17, 9, 3}, {17, 12, 6, 9}}। एक ऐसा समुच्चय है जिसके अवयव H के कुछ उपसमुच्चय हैं। अब समुच्चय J से किसी समुच्चय M = {a, b, c, d} तक एक फलन लीजिए। ऐसा फलन एक समुच्चय–फलन कहलाता है। मान लीजिए यह फलन J के अवयव {17, 12, 6, 9} को M के अवयव b पर ले जाता है। यह फलन निश्चित रूप से एक एकल–मान फलन होगा क्योंकि प्रांत का प्रत्येक अवयव परिसर के एक ही अवयव पर जाता है। परंतु, ध्यान दें कि इस उदाहरण में प्रांत का प्रत्येक अवयव, समुच्चय H का एक उपसमुच्चय है। अर्थात् प्रांत J का प्रत्येक अवयव एक समुच्चय है क्योंकि हम यहाँ J से M तक एक फलन की परिकल्पना कर रहे हैं, न कि H से M तक। ऐसे फलन जो ऐसे अवयवों, जो कि स्वयं समुच्चय हैं, को परिसर के केवल एक अकेले अवयव पर ले जाते हैं, समुच्चय फलन कहलाते हैं।

1.9 कथन (Statements)–

1.9.1 कथन और कथन का निषेधन (Statement and Negation of a Statement)–कथन एक ऐसा वाक्य होता है जिसमें दावा किया जा रहा हो जो या तो सत्य है या असत्य। हम अपनी दैनंदनिक भाषा में अनेक प्रकार के वाक्यों का प्रयोग करते हैं कि

"दो, पाँच से बड़ा होता है" जैसे घोषणात्मक वाक्य या आदेशात्मक अथवा विस्मयादि बोधक वाक्य। परंतु ये सभी प्रकार के वाक्य गणित में कथन की परिभाषा के अंतर्गत नहीं आते। गणित में कोई वाक्य तभी एक कथन कहलाता है यदि वह 'सत्य' अथवा 'असत्य' के रूप में वर्गीकृत किया जा सके। नीचे दिए गए वाक्य कथन की श्रेणी में नहीं आते—

- 'दरवाजा खोलिए!'
- 'X एक विषम संख्या है'

पहला वाक्य आदेशात्मक वाक्य है, अत: यह एक कथन नहीं। इसे सत्य अथवा असत्य नहीं कहा जा सकता। दूसरा वाक्य 'X' एक विषम संख्या है' X के मान पर निर्भर करता है। अत:, इसकी सत्यता अथवा असत्यता तब तक ज्ञात नहीं की जा सकती जब तक हमें और अधिक जानकारी न हो। यदि $X = 13$ है, तो यह वाक्य सत्य होगा परंतु $X = 90$ के लिए यह वाक्य असत्य होगा। अर्थात् हमें इस वाक्य का सत्यमान (यह वाक्य सत्य है अथवा असत्य) जानने के लिए X के बारे कुछ और जानकारी की आवश्यकता है। क्योंकि यहाँ X के साथ एक प्रतिबंध जुड़ा हुआ है, इसे हम एक सप्रतिबंध कथन कह सकते हैं।

तकनीकी रूप से सप्रतिबंध कथन, कथन नहीं होते। किसी कथन p का निषेधन एक ऐसा कथन है जो p को नकारता है p का प्रतिवाद करता है अर्थात् यदि कथन p सत्य है तो इसका निषेधन कथन असत्य होगा और यदि कथन p असत्य है तो इसका निषेधन कथन सत्य होगा। किसी कथन p के निषेधन को p¬ नहीं (not p) कहते हैं। निषेधन को संकेत "¬" द्वारा व्यक्त किया जाता है। अर्थात् यदि p एक कथन है तो इसके निषेधन को ¬p द्वारा व्यक्त किया जाएगा।

1.9.2 सत्यमान तालिकाएँ (Truth Tables)—सत्यमान तालिकाओं की तर्कशास्त्र के अध्ययन में एक महत्त्वपूर्ण भूमिका है। किसी कथन की सत्यमान तालिका में हम सभी संभव स्थितियों में प्राप्त होने वाले सत्यमानों को संक्षेप में सारणीबद्ध करते हैं।

उदाहरण के लिए, p के निषेधन अर्थात् ¬p की सत्यमान तालिका होगी।

p	¬p
T	F
F	T

यहाँ पर T का अर्थ सत्य (True) तथा F का अर्थ असत्य (False) है। सबसे ऊपर वाली पंक्ति में उस कथनों को लिखा जाता है जिनके सत्यमानों को हम दर्शाना चाहते हैं। इस उदाहरण में पहले p और उसके पश्चात् ¬p लिखा गया। अत:, पहले स्तंभ में p के सभी संभव सत्यमान लिखे जाएँगे तथा दूसरे स्तंभ में p के प्रत्येक सत्यमान से संबंधित ¬p के सत्यमान लिए जाएँगे। ध्यान रहे कि किसी कथन p के केवल दो ही सत्यमान हो सकते हैं— T या F अर्थात् कथन p या तो सत्य होगा या असत्य। अब, यदि p सत्य है तो, परिभाषा के अनुसार, ¬p असत्य होगा और यदि p असत्य है, तो ¬p सत्य होगा। हम ऊपर दी गई

प्राथमिक संकल्पनाएँ

सत्यमान तालिका में देख सकते हैं कि यदि p का सत्यमान T है, तो ¬ p का सत्यमान F लिया गया और यदि p का सत्यमान F है तो ¬ p का सत्यमान T लिया गया है। यहाँ हमने एक दिए हुए (ज्ञात) कथन p से एक नया कथन ¬ p बनाया। इसी प्रकार हम दो दिए हुए कथनों p और q के संयोजन से नए कथन बना सकते हैं। ऐसा हम 'और' अथवा 'या' इत्यादि संयोजकों के माध्यम से कर सकते हैं।

1.9.3 'और' द्वारा संयोजन [Connectives using Conjunctions ('and')]

—संयोजक 'और' कथनों से संयोजन के प्रयुक्त होने वाले संयोजनों में सबसे सरल है क्योंकि इसका प्रयोग तर्कशास्त्र में वैसा ही है जैसा कि अंग्रेजी भाषा में। तर्कशास्त्र में 'और' को चिह्न '$\wedge$' द्वारा व्यक्त किया जाता है।

'और' के लिए सत्यमान तालिका बनाने के लिए, हम दो सरल/अमिश्र कथन p और q लेते हैं। क्योंकि ये दोनों कथन स्वतंत्र रूप से सत्य या असत्य हो सकते हैं, हमें कुल मिलाकर चार संभव परिस्थितियाँ प्राप्त होती हैं—

- p, q दोनों असत्य हैं।
- p असत्य तथा q सत्य है।
- p सत्य तथा q असत्य है।
- p, q दोनों सत्य हैं।

नीचे दी गई तालिका इनमें से प्रत्येक स्थिति के संगत $p \wedge q$ का सत्यमान देती है अर्थात् यह संयोजक 'और' की सत्यमान तालिका है।

तालिका 1.1

p	q	p∧q
F	F	F
F	T	F
T	F	F
T	T	T

उपर्युक्त तालिका में हम स्पष्ट रूप से देख सकते हैं कि यदि p या q में से कोई भी कथन असत्य है तो मिश्रित कथन 'p और q' भी असत्य होगा। यहाँ पहले दो कॉलम आदान हैं और तीसरा उत्पत्ति। इस तालिका में दो अमिश्र कथन थे जिनसे हमें $4 = 2^2$ पृथक्-पृथक् संभव सत्यमान प्राप्त हुए जिन्हें पहले दो स्तंभों में लिखा गया है। इसी प्रकार यदि हमें 3 अमिश्र कथन दिए हैं तो हमें कुल $8 = 2^3$ संभव स्थितियाँ प्राप्त होंगी।

जटिल मिश्रित कथनों का विश्लेषण करने के लिए भी हम सत्यमान तालिकाओं का प्रयोग कर सकते हैं। उदाहरण के लिए यदि हम जानना चाहें कि कथन 'p और ¬ q' अर्थात् $p \wedge \neg q$ कब सत्य होगा तो हम इस कथन के लिए एक सत्यमान तालिका बनाते हैं जैसा कि नीचे दिखाया गया है।

p	q	$\neg q$	$p \wedge \neg q$
F	F	T	F
F	T	F	F
T	F	T	T
T	T	F	F

इस तालिका में तीसरा स्तंभ $\neg q$ (q नहीं), दूसरे स्तंभ q के निषेधन के आधार पर बनाया गया है। इसके पश्चात् स्तंभ 4 में $p \wedge \neg q$ के सत्यमान को दर्शाने के लिए p तथा q के स्तंभों अर्थात् स्तंभ 1 और स्तंभ 3 पर 'और' की सत्यमान तालिका का प्रयोग किया गया है।

1.9.4 'या' द्वारा संयोजन [Connectives Using Disjunctions ('or')]– जहाँ तर्कशास्त्र में 'और' का प्रयोग बोल–चाल की भाषा के समान ही है वहीं 'या' का प्रयोग अंग्रेजी भाषा में होने वाले इसके प्रयोग से थोड़ा अलग है। उदाहरण के लिए यदि हम यह कहें 'अरूण या अमित मीटिंग के लिए जा रहा/रहे हैं' तो सामान्य भाषा में इस कथन का अर्थ होगा कि अरूण या अमित में से कोई एक मीटिंग के लिए जा रहा है, दोनों नहीं। इस प्रकार के 'या' को 'अपवर्जित या' (exclusive or) कहते हैं/अर्थात् कथन के भाग/घटक का सत्य होना उसके दूसरे भाग/घटक के सत्य होने की संभावना को अपवर्जित/वर्जित करता है। परंतु तर्कशास्त्र में इस कथन का अर्थ होगा कि अरूण और अमित में से कम से कम एक मीटिंग में जाएगा, दोनों भी जा सकते हैं। इसे 'अंतर्विष्ट या' कहते हैं। 'अंतर्विष्ट या' को चिह्न '$\vee$' से व्यक्त किया जाता है। इसकी सत्यमान तालिका निम्न प्रकार है–

तालिका 1.2

p	q	$p \vee q$
T	T	T
T	F	T
F	T	T
F	F	F

उपर्युक्त तालिका में हम देख सकते हैं कि यदि p और q में से कोई एक कथन भी सत्य हो तो $p \vee q$ सत्य होगा। दूसरे मिश्र शब्दों में कथन $p \vee q$ केवल तभी असत्य होगा यदि p और q दोनों असत्य हों।

1.10 सप्रतिबंध कथन–'यदि तो', 'केवल यदि' और 'यदि और केवल यदि' अंतर्भाव या सप्रतिबंध कारक हैं इनसे जुड़े कथन अंतर्भाव या सप्रतिबंध कथन कहलाते हैं।

नीचे लिखे कथन पर विचार कीजिए–

"यदि आप एक वैज्ञानिक हैं तो आप एक विशिष्ट व्यक्ति हैं।"

उक्त कथन के दो घटक कथन हैं—

p : आप एक वैज्ञानिक हैं।

q : आप एक विशिष्ट व्यक्ति हैं।

'यदि p, तो q' के लिए—

- यदि p सत्य है तो q अनिवार्यतः सत्य होगा।
- यदि p असत्य है तो यह q के बारे में कुछ नहीं कहता अर्थात् p के असत्य होने पर q पर कोई प्रभाव नहीं पड़ता।

जैसे—"यदि आप सतत प्रयास करते हैं तो आप सफल होंगे।"

घटक p : आप सतत प्रयास करते हैं।

घटक q : आप सफल होंगे।

यहाँ यह इंगित है कि p सत्य है तो q अवश्य सत्य होगा अर्थात् सतत प्रयास करने पर आप सफल होंगे।

यदि p असत्य है अर्थात् आप सतत प्रयास न भी करें तो भी q की असत्यता निर्धारित नहीं है अर्थात् यह नहीं कहा जाता है कि आप असफल होंगे। कथन "यदि p, तो q" निम्नलिखित कथनों के समान होता है—

- 'p अंतर्भाव q' को $p \Rightarrow q$ से व्यक्त किया जाता है। यदि आप एक वैज्ञानिक हैं, तो आप एक विशिष्ट व्यक्ति हैं।
- 'p पर्याप्त प्रतिबंध है q के लिए' इसका अभिप्राय है कि "आपका महत्त्वपूर्ण व्यक्ति होना" यह निष्कर्ष निकालने के लिए पर्याप्त है कि आप एक वैज्ञानिक हैं या "आपका वैज्ञानिक होना" इस निष्कर्ष के लिए पर्याप्त है कि "आप विशिष्ट व्यक्ति हैं।"
- 'p केवल यदि q' से अभिप्राय है कि "आप महत्त्वपूर्ण हैं" केवल इसलिए कि "आप वैज्ञानिक हैं।"
- 'q अनिवार्य प्रतिबंध है p के लिए' का अर्थ है कि आप का महत्त्वपूर्ण होना अनिवार्य है, यदि आप एक वैज्ञानिक हैं।
- '~ q अंतर्भाव ~ p' इसका अर्थ यह है कि आप महत्त्वपूर्ण नहीं हैं, तो कम-से-कम आप वैज्ञानिक नहीं हैं।

अंतर्भाव की सत्य सारणी—यदि p तथा q दो कथन हैं तब $p \Rightarrow q$ के लिए सत्य सारणी के रूप में दिया गया है—

तालिका 1.3

p	q	$p \Rightarrow q$
T	T	T
T	F	F
F	T	T
F	F	T

अंतर्भाव की प्रतिधनात्मक–कथन " $\sim q \Rightarrow \sim p$", कथन $p \Rightarrow q$ का प्रतिधनात्मक कहलाता है।

अंतर्भाव का विलोम–यदि p तथा q दो कथन है, तब अंतर्भाव के विलोम 'यदि p, तब q' है 'यदि q, तो p' अर्थात्, $q \Rightarrow p$

अंतर्भाव का प्रतिलोम–यदि p तथा q दो कथन है, तब इसका प्रतिलोम 'p, तो q' है, 'यदि $\sim q$' अर्थात् $\sim p \Rightarrow \sim q$

यदि और केवल यदि अंतर्भाव (द्विप्रतिबंधित या समतुल्यता कथन)–यदि कोई भी दो सरल कथन वाक्यांश के साथ संयुक्त हो रहे हैं 'यदि और केवल यदि' तब यह संयुक्त कथन के रूप में है, द्विप्रतिबंधित कहलाते हैं।

द्विप्रतिबंधित कथन के रूप में समतुल्यता 'p यदि और केवल यदि q' है।

- $p \Leftrightarrow q$ या $p \leftrightarrow q$, जहाँ प्रतीक $\leftrightarrow$ या $\Leftrightarrow$ यदि और केवल यदि के लिए
- q यदि और केवल यदि p
- p आवश्यक है और q के लिए पर्याप्त शर्त है।

माना p : ABC एक समद्विबाहु त्रिभुज है।

और q : त्रिभुज की दो भुजाएँ बराबर हैं।

तब, $p \Leftrightarrow q \equiv ABC$ समद्विबाहु त्रिभुज है, यदि और केवल यदि त्रिभुज की दो भुजाएँ बराबर हैं।

अंतर्भाव 'यदि और केवल यदि' की सत्य सारणी–यदि p तथा q दो सत्य कथन है तब $p \Rightarrow q$ की सत्य सारणी निम्न है–

तालिका 1 .4

p	q	$p \Rightarrow q$
T	T	T
T	F	F
F	T	F
F	F	T

1 .1 1 परिमाणवाचक वाक्यांश (Quantifiers Phrases)–"एक ऐसे का अस्तित्व है" और "सभी के लिए/प्रत्येक के लिए" इन दोनों विशेष वाक्यांशों को 'परिमाणवाचक वाक्यांश कहते हैं।

गणितीय कथन में बहुधा आने वाले वाक्यांशों में एक वाक्यांश 'एक ऐसे का अस्तित्व है' है। उदाहरण के लिए कथन 'एक ऐसे आयत का अस्तित्व है जिसकी भुजाएँ समान लंबाई की हैं।' पर विचार कीजिए। इस कथन का तात्पर्य है कि कम से कम एक ऐसा आयत है जिसकी सभी भुजाओं की लंबाई समान है।

वाक्यांश 'एक ऐसे का अस्तित्व' से निकटस्थ वाक्यांश 'प्रत्येक के लिए (या सभी के लिए)' है। आइए इस प्रकार के एक कथन पर विचार करें,

'प्रत्येक अभाज्य संख्या p के लिए, $\sqrt{p}$ एक अपरिमेय संख्या है।'

इसका अर्थ हुआ कि यदि S अभाज्य संख्याओं का समुच्चय है, तो समुच्चय S के सभी अवयव p के लिए, $\sqrt{p}$ एक अपरिमेय संख्या है।

व्यापक रूप से किसी गणतीय कथन में 'प्रत्येक के लिए' वाक्यांश के प्रयोग से यह अर्थ होता है कि यदि किसी समुच्चय में कोई विशेषता है तो उस समुच्चय के सभी अवयवों में वह विशेषता होनी चाहिए।

हमें यह भी ध्यान देना चाहिए कि इस बात का जानना भी महत्त्वपूर्ण है कि किसी वाक्य में संयोजक को ठीक–ठीक किस स्थान पर लिखना चाहिए। उदाहरण के लिए निम्नलिखित दो वाक्यों की तुलना कीजिए–

(1) प्रत्येक धन पूर्णांक x के लिए एक ऐसे धन पूर्णांक y का अस्तित्व है कि $y < x$

(2) एक धन पूर्णांक y का ऐसा अस्तित्व है कि प्रत्येक धन पूर्णांक x के लिए $y < x$.

यद्यपि ऐसा प्रतीत होता है कि दोनों वाक्यों का एक ही अर्थ है किंतु ऐसा नहीं है। वास्तविकता तो यह है कि कथन (1) सत्य है जबकि (2) असत्य है। किसी गणितीय वाक्य (कथन) के अर्थपूर्ण होने के लिए प्रतीकों (वाक्यांशों, संयोजकों) का सही स्थान पर ठीक–ठीक प्रयोग किया जाना आवश्यक है।

शब्द "और" तथा 'या' संयोजक कहलाते हैं तथा "एक ऐसा का अस्तित्व है" और "प्रत्येक के लिए" को परिमाणवाचक वाक्यांश कहते हैं।

हम अनेक परिस्थितियों में देखते हैं कि किसी समुच्चय के सभी अवयव किसी दिए हुए गुणधर्म को संतुष्ट करते हैं। कुछ परिस्थितियों में ऐसा भी होता है कि समुच्चय में कम से कम एक ऐसा अवयव होता है जो दिए गुणधर्म को संतुष्ट करें। ऐसी स्थितियों में हम 'प्रत्येक' या 'कुछ/कम से कम एक' जैसे शब्दों का प्रयोग करते हैं। मान लिया एक दिया हुआ कथन है 'x एक सम संख्या है' और हम यह जानना चाहते हैं कि एक समुच्चय के कितने अवयव इस गुण को संतुष्ट करते हैं अर्थात् उसमें कितनी सम संख्याएँ हैं। इस स्थिति को व्यक्त करने के लिए हमें परिमाणकों (परिमाणवाचक वाक्यांशों) की आवश्यकता होती है।

1.11.1 सार्वत्रिक परिमाणक–वाक्यांश 'प्रत्येक के लिए' या 'सभी के लिए' सार्वत्रिक परिमाणक कहलाता है। इसे $\forall$ से व्यक्त करते हैं। कुछ उदाहरण इस प्रकार हैं–

'प्रत्येक $x \in R$ के लिए, $x^2 \geq 0$ होता है' ...(1)

इसका अर्थ है कि प्रत्येक वास्तविक संख्या का वर्ग अऋणात्मक होता है। यहाँ हम वाक्यांश 'प्रत्येक के लिए' को $\forall$ से व्यक्त कर सकते हैं। इस प्रकार कथन (1) को निम्न रूप में लिखा जा सकता है– $\forall x \in R, x^2 \geq 0$

आइए, ∀ के प्रयोग को स्पष्ट करने के लिए एक और उदाहरण लें। मान लीजिए O, विषम संख्याओं (पूर्णांकों) का समुच्चय है। अब निम्नलिखित कथन लीजिए—

'प्रत्येक विषम संख्या x के लिए $x^2 + 1$ भी एक विषम संख्या है' इसे सार्वत्रिक परिमाणक ∀ का प्रयोग करके इस प्रकार व्यक्त किया जा सकता है—

∀ $x \in O, x^2 + 1$ एक विषम संख्या है।

वास्तव में यह कथन असत्य है। परंतु हमने यह कथन केवल ∀ के प्रयोग पर प्रकाश डालने के लिए चुना है। वैसे भी कोई भी कथन (गणितीय कथन) सत्य या असत्य हो सकता है।

1.11.2 अस्तित्व-बोधी परिमाणक

—वाक्यांश 'एक ऐसे.... का अस्तित्व है' या एक ऐसा..... प्राप्त किया जा सकता है' अस्तित्व-बोधी वाक्यांश कहलाता है। इसे ∃ से व्यक्त किया जाता है।

कुछ उदाहरण निम्नलिखित हैं—

(1) एक ऐसे $x \in Z$ का अस्तित्व है जिसके लिए $x^2 = 4$ होगा अथवा एक ऐसा पूर्णांक x प्राप्त किया जा सकता है जिसका वर्ग 4 के बराबर हो। इस कथन को हम ∃ का प्रयोग करके निम्न रूप में व्यक्त कर सकते हैं—

∃ $x \in Z : x^2 = 4$

स्मरण रहे कि चिह्न ' : ', जिसके लिए' के स्थान पर प्रयोग किया जाता है। ध्यान दें कि x के दो मानों, x = 2 तथा x = –2 के लिए $x^2 = 4$ होता है। अतः, हम देख सकते हैं कि

∃ x का अर्थ यह नहीं होता कि हमें केवल एक ऐसा x मिलेगा वरन् यह होता है कि हमें कम से कम एक ऐसा x अवश्य मिलेगा।

(2) इसी प्रकार निम्नलिखित कथन देखिए—

∃ $x \in Z : x^2 = 5$

शब्दों में इसे इस प्रकार लिखा जाता है : एक ऐसा पूर्णांक प्राप्त किया जा सकता है (अर्थात् अस्तित्व रखता है) जिसका वर्ग 5 हो।

यह कथन असत्य है।

हम किसी कथन में दोनों परिमाणकों ∀ तथा ∃ का प्रयोग एक साथ भी कर सकते हैं। उदाहरण के लिए, निम्नलिखित कथन लीजिए—

प्रत्येक $x \in Z$ के लिए एक ऐसा $y \in Z$ प्राप्त किया जा सकता है जिसके लिए y > x होगा।

प्रतीकात्मक रूप में इस कथन को निम्न रूप में व्यक्त किया जा सकता है—

∀ $x \in Z$, ∃ $y \in Z : y > x$

सामान्य शब्दों में इसका अर्थ है कि प्रत्येक पूर्णांक के लिए, उससे बड़ा पूर्णांक प्राप्त किया जा सकता है।

Z पूर्णांकों के समुच्चय को निरूपित करता है।

गणित में परिमाणकों का प्रयोग विभिन्न संकल्पनाओं को परिभाषित करने के लिए भी किया जा सकता है। उदाहरण के लिए हम एक परिभाषा लेते हैं जिसमें परिमाणकों का प्रयोग किया गया। यह परिभाषा किसी समुच्चय के 'ऊपरी परिबंध' की है–

मान लीजिए S, वास्तविक संख्याओं के समुच्चय R का एक उपसमुच्चय है। एक संख्या $u \in R$, S का 'ऊपरी परिबंध' कहलाती है यदि $\forall s \in S, s \leq u$ हो।

इसे हम इस प्रकार भी लिख सकते हैं–

समुच्चय S का एक ऊपरी परिबंध होगा (या S ऊपरि–परिबद्ध समुच्चय होगा) यदि $\exists u \in R : \forall s \in S, s \leq u$

1.12 प्रमेय तथा उपपत्ति (Theorems and Proofs)–

प्रमेय और उपक्षेप–प्रमेय का शाब्दिक अर्थ है – ऐसा कथन जिसे प्रमाण द्वारा सिद्ध किया जा सके। प्रमेय अत्यंत महत्त्वपूर्ण गणितीय कथन है। गणित का कोई भी परिणाम/कथन जो विशेष महत्त्व का है, एक प्रमेय कहलाता है। सामान्यतः, हम उन कथनों को उपक्षेप के वर्ग में रखते हैं जो शायद प्रमेय से तो कम महत्त्वपूर्ण हों परंतु जिनका आंतरिक महत्त्व होता है।

वास्तव में प्रमेय और उपक्षेप के बीच अंतर स्पष्ट करना अत्यंत कठिन कार्य है क्योंकि अलग–अलग लेखक/गणितज्ञ एक ही कथन को अलग–अलग प्रकार से वर्गीकृत कर सकते हैं। किसी प्रमेय में सामान्यतः हमें कुछ पूर्वधारणाएँ दी होती हैं जिनके आधार हमें एक निष्कर्ष तक पहुँचना होता है। अर्थात् उनका रूप 'यदि .... तो .... ' प्रकार का होता है। किसी भी प्रदत्त प्रमेय में यह पहचान करना कि इसमें पूर्वधारणाएँ क्या हैं और निष्कर्ष क्या हैं अर्थात् क्या दिया है और क्या सिद्ध करना है। जिस प्रमेय में पूर्वधारणाएँ जितनी कमजोर होंगी और निष्कर्ष जितना अधिक शक्तिशाली (strong?) होगा, वह प्रमेय उतना ही अधिक प्रभावी/महत्त्वपूर्ण/अच्छा होगा। प्रमेयों की विशेषता है कि उन्हें स्वयंसिद्धों एवं सामान्य तर्क से सिद्ध किया जा सकता है।

प्रमेयिका–गणित में प्रमेयिका ऐसे कथन को कहते हैं जो सिद्ध किया जा चुका हो। सामान्यतः प्रमेयिका एक ऐसे कथन को कहते हैं जो एक मुख्य कथन को सिद्ध करने में सहायक होता है। प्रमेयिका को उपक्षेप से कम महत्त्वपूर्ण माना जाता है परंतु पुनः, दोनों वर्गों में अंतर सदैव बहुत स्पष्ट नहीं होता। कभी–कभी प्रमेयिकाएँ उस कथन से अधिक उपयोगी सिद्ध होती हैं जिनकी उपपत्ति में इनका प्रयोग किया जाता है। प्रमेयिकाएँ अन्य 'बड़े परिणामों' की सिद्धि के लिए सीढ़ी का काम करती हैं, गणित के अनेकानेक परिणाम 'प्रमेयिका' कहे जाते हैं।

उपप्रमेय–इस शब्द की कोई भी औपचारिक परिभाषा नहीं है, कि किसे प्रमेय कहा जाए और किसे उपप्रमेय। एक ऐसा कथन जिसे किसी प्रमेय अथवा उपक्षेप से निगमित (ज्ञात) किया जा सके, उपप्रमेय कहलाता है।

उपपत्ति–गणित में उपपत्ति एक गणितीय कथन के लिए निगमनात्मक तर्क है। गणितज्ञ प्रश्नों/समस्याओं (problems) को हल करते हैं – उपपत्ति इस बात का प्रमाण है कि दिया गया हल सही है। उपपत्ति किसी कथन की सत्यता की व्याख्या है।

धारणाएँ–एक धारणा एक ऐसे कथन को कहते हैं जिसे सत्य माना जाता है परंतु जिसको सिद्ध न किया जा सके।

स्वयंसिद्ध कथन–स्वयंसिद्ध कथनों को ऐसे तथ्यों के रूप में देखा जा सकता है जिन्हें सिद्ध करने की आवश्यकता न हो। यूक्लिड ने ज्यामिति पर कार्य करते हुए पाँच स्वयंसिद्ध कथन माने, जैसे कि किन्हीं भी दो बिंदुओं को मिलाती हुई एक रेखा बनाई जा सकती है। इन स्वयंसिद्ध कथनों से उन्होंने अनेक प्रमेय ज्ञात/सिद्ध किए। ध्यान देने योग्य बात यह है कि ये स्वयंसिद्ध कथन ही केवल ऐसे तथ्य थे जिन्हें बिना सिद्ध किए प्रयोग कर लिया गया था। स्वयंसिद्ध कथनों का प्रयोग परिभाषाओं में भी किया जाता है। एक स्वयंसिद्ध कथन किसी गणितीय स्थिति के बारे में कोई मूलभूत पूर्वधारणा होती है।

1.13 उपपत्ति के विभिन्न प्रकार (Varities of Proof)–किसी भी गणितीय सिद्धांत में हम कुछ तथ्यों को मान कर चलते हैं। हम इन्हें अभिगृहीत कहते हैं। इन अभिगृहीतों के प्रयोग से और तर्कशास्त्रीय निगमनों (deductions) की शृंखला से हम कुछ परिणाम (प्रमेय) प्राप्त कर लेते हैं। इस प्रकार का प्रत्येक अनुक्रम प्रमेय की एक उपपत्ति होता है। हम विभिन्न विधियों से उपपत्तियाँ दे सकते हैं।

(1) प्रत्यक्ष उपपत्ति (Direct Proofs)–प्रत्यक्ष उपपत्ति या उपपत्ति का एक चरण, निम्न रूप का होता है–

A सत्य है और कथन '$A \Rightarrow B$ सत्य है, इसलिए B सत्य है।

उदाहरण के लिए, (ΔABC एक समबाहु त्रिभुज है) और (यदि त्रिभुज समबाहु त्रिभुज हो, तो वह एक समद्विबाहु त्रिभुज होता है), इसलिए (ΔABC एक समद्विबाहु त्रिभुज है)।

एक प्रकार का परिणाम जो प्रायः आपको इस पाठ्यक्रम और गणित के अन्य पाठ्यक्रमों में देखने को मिलेगा, वह है एक ऐसा प्रमेय जो अनेक कथनों, मान लीजिए A, B, C की तुल्यता के बारे में बताता है। हम $A \Rightarrow B, B \Rightarrow A, A \Rightarrow C, C \Rightarrow A$ और $B \Rightarrow C, C \Rightarrow B$ को सिद्ध करके इसे सिद्ध कर सकते हैं। परंतु यदि $A \Rightarrow B$ और $B \Rightarrow C$ दोनों ही सत्य हो तो, $A \Rightarrow C$ भी सत्य होता है। अतः एक लघु उपपत्ति होगा चरण $A \Rightarrow B, B \Rightarrow C, C \Rightarrow A$ ।

संक्षेप में हम इसे $A \Rightarrow B \Rightarrow C \Rightarrow A$ के रूप में लिखते हैं।

या, उपपत्ति $A \Rightarrow C \Rightarrow B \Rightarrow A$ हो सकती है।

इस तरह हम उपपत्ति में कथनों को किसी भी क्रम में ले सकते हैं, लेकिन पथ चुनते समय हमें दो बातों को ध्यान में रखना चाहिए – पहले तो, पथ में सारे कथन आ जाने चाहिए; और दूसरा कि पथ वहीं खत्म होना चाहिए जहाँ हमने शुरू किया है।

(2) प्रतिधनात्मक उपपत्ति (Contrapositive Proof)–यह उपपत्ति की एक अप्रत्यक्ष विधि है। इसमें इस तथ्य का प्रयोग किया गया है कि '$A \Rightarrow B$' अपने प्रतिधनात्मक कथन 'B नहीं $\Rightarrow A$, अर्थात् 'यदि B लागू नहीं होता, तो A भी लागू नहीं होता' के तुल्य होता है।

(उदाहरण के लिए, $x = -2 \Rightarrow x^2 = 4$ अपने प्रतिधनात्मक $x^2 \approx 4 \Rightarrow x \approx -2$ के लिए तुल्य होता है।)

कभी-कभी दिए हुए परिणाम के प्रतिधनात्मक परिणाम को सिद्ध करना आसान होता है। ऐसी स्थितियों में हम उपपत्ति की इस विधि को लागू करते हैं। यह विधि किस प्रकार लागू होती है? '$A \Rightarrow B$' को सिद्ध करने के लिए हम 'B नहीं $\Rightarrow A$ नहीं' सिद्ध करते हैं।

अर्थात् हम मान लेते हैं कि B लागू नहीं होता और तब तर्कशास्त्रीय चरणों के अनुक्रम को लागू करके हम यह निष्कर्ष निकाल लेते हैं कि A लागू नहीं होता।

आइए हम एक उदाहरण लें। मान लीजिए हम यह सिद्ध करना चाहते हैं कि 'यदि दो त्रिभुज समरूप नहीं हों, तो वे सर्वांगसम नहीं होंगे'। तब हम इसके प्रतिधनात्मक कथन को सिद्ध करते हैं, अर्थात् हम सिद्ध करते हैं कि 'यदि दो त्रिभुज सर्वांगसम हैं तो ये समरूप होते हैं', जिसे हम आसानी से सिद्ध कर सकते हैं।

(3) अंतर्विरोध द्वारा उपपत्ति (Proof by Contradiction)—यदि हम इस विधि से A की सत्यता को सिद्ध करना चाहते हैं तो हम यह मानकर शुरू करते हैं कि A असत्य है। तब तर्कशास्त्रीय चरणों को लागू करके हम एक ऐसे कथन तक पहुँचते हैं, जो हम जानते हैं कि असत्य है। अतः, हमें एक अंतर्विरोध प्राप्त होता है। इस तरह, हमें यह निष्कर्ष निकालना पड़ता है कि A असत्य नहीं हो सकता। अतः A सत्य है।

उदाहरण के लिए, यह सिद्ध करने के लिए कि $\sqrt{2} \notin Q$ हम यह मानकर चलते हैं कि $\sqrt{2} \in Q$ ।

तब किन्हीं p, $q \in Z, q \approx 0$ और (p, q) = 1 के लिए, $\sqrt{2} = \dfrac{p}{q}$

$\Rightarrow 2 = \dfrac{p^2}{q^2} \Rightarrow 2q^2 = p^2 \Rightarrow 2|p^2 \Rightarrow 2|p$

मान लीजिए p = 2m.

तब $2q^2 = p^2 = 4m^2$.

$\Rightarrow q^2 = 2m^2 \Rightarrow 2|q^2 \Rightarrow 2|q$, जो कि संभव नहीं है, क्योंकि हम मानकर चले थे कि (p, q) = 1. इस तरह हमें एक अंतर्विरोध प्राप्त होता है। अतः हम यह निष्कर्ष निकालते हैं कि $\sqrt{2} \notin Q$ ।

(4) प्रति-उदाहरण द्वारा उपपत्ति—एक कथन P(x) लीजिए जो चर x पर निर्भर करता है। मान लीजिए हम इस कथन को असिद्ध करना चाहते हैं, अर्थात् हम यह सिद्ध करना चाहते हैं कि यह कथन असत्य है। इसकी एक विधि यह है कि हम एक ऐसा x प्राप्त करें जिसके लिए P(x) असत्य है। ऐसे x को P(x) का प्रति-उदाहरण (counter-example) कहते हैं।

उदाहरण के लिए, मान लीजिए P(x) निम्नलिखित कथन है—

'प्रत्येक प्राकृतिक संख्या अलग-अलग अभाज्य संख्याओं का गुणनफल होती है।'

तब x = 4 एक प्रति-उदाहरण होगा, क्योंकि $4 \in N$ और $4 = 2 \times 2$ अलग-अलग अभाज्य संख्याओं का गुणनफल नहीं है। वास्तव में, इस स्थिति में हमें अनेक प्रति-उदाहरण प्राप्त होते हैं।

यह विधि हमेशा किसी कथन को असिद्ध करने के लिए सर्वोत्तम विधि नहीं है। उदाहरण के लिए, मान लीजिए आप निम्नलिखित कथन की सत्यता की जाँच करना चाहते हैं–

'यदि $a,b,c \in Z$ दिए हुए हों तो $\exists\, n \in Z$ जिससे कि an^2+bn+c एक अभाज्य संख्या नहीं है।'

यदि आप प्रति–उदाहरण प्राप्त करने की कोशिश करेंगे, तो आप परेशानी में पड़ सकते हैं, क्योंकि प्रत्येक त्रिक (a, b, c) $\in R^3$ के लिए आपको एक प्राप्त करना पड़ेगा। यानि कि आपको अनंततः अनेक उदाहरण ढूँढ़ने पड़ेंगे। अतः ऐसी स्थिति में निम्नलिखित प्रत्यक्ष उपपत्ति को क्यों न लागू किया जाए।

उपपत्ति–नियत $a,b,c \in Z$ के लिए कोई $n \in Z$ लीजिए और मान लीजिए $an^2+bn+c=t.$

तब $a(n+t)^2+b(n+t)+c=t(2+2an+b)$, जो कि t का एक उचित गुणज है। अतः हमारा कथन सत्य है।

संख्यात्मक प्रश्न

प्रश्न 1. एक सरकारी कार्यालय में 400 कर्मचारी हैं जिनमें से 150 पुरुष, 276 विश्वविद्यालय स्नातक, 212 विवाहित हैं, 94 पुरुष विश्वविद्यालय स्नातक, 151 विवाहित विश्वविद्यालय स्नातक, 119 विवाहित पुरुष, 72 विवाहित पुरुष विश्वविद्यालय स्नातक हैं। उन अविवाहित महिलाओं की संख्या ज्ञात कीजिए जो विश्वविद्यालय स्नातक नहीं हैं।

उत्तर– माना कि U = कर्मचारी के समुच्चय

A = पुरुष के समुच्चय

B = विवाहित सदस्य के समुच्चय

C = विश्व विद्यालय स्नातक के समुच्चय

$A \cap B$ = विवाहित पुरुष के समुच्चय

$A \cap C$ = विद्यालय स्नातक पुरुष के समुच्चय

$B \cap C$ = विवाहित विश्व विद्यालय स्नातक सदस्य के समुच्चय

$A \cap B \cap C$ = विवाहित विश्व विद्यालय स्नातक पुरुष के समुच्चय

अब $n(U) = 400$, $n(A) = 150$, $n(B) = 212$, $n(C) = 276$, $n(A \cap B) = 119$, $n(A \cap C) = 94$, $n(B \cap C) = 151$, $n(A \cap B \cap C) = 72$.

अतः $n(A' \cap B' \cap C') = n(U) - n(A \cup B \cup C) = n(U) - [n(A) + n(B) + n(C) - n(A \cap B) - n(A \cap C) - n(B \cap C) + n(A \cap B \cap C)]$

$= 400 - [150 + 212 + 276 - 119 - 94 - 151 + 72]$

$= 400 - [710 - 364] = 400 - 710 + 364 = 764 - 710 = 54.$

प्रश्न 2. एक नगर की कुल जनसंख्या 60,000 है। इसमें से 32,000 हिंदुस्तान टाइम्स पढ़ते हैं, 35,000 टाइम्स ऑफ इंडिया पढ़ते हैं जबकि 7500 दोनों समाचार पत्र पढ़ते हैं। यह बताइए कि कितने लोग न तो हिंदुस्तान टाइम्स पढ़ते हैं और न ही टाइम्स आफ इंडिया।

उत्तर– नगर की कुल जनसंख्या = 60,000 = U

n (H) = हिंदुस्तान टाइम्स पढ़ने वाले व्यक्तियों की संख्या = 32,000

n (T) = टाइम्स ऑफ इंडिया पढ़ने वाले व्यक्तियों की संख्या = 35,000

$n(H \cap T)$ = उपरोक्त दोनों समाचार पत्र पढ़ने वाले व्यक्तियों की संख्या = 7,500

अतः $n(H \cup T) = n(H) + n(T) - n(H \cap T) = 32{,}000 + 35{,}000 - 7{,}500 = 59{,}500$

अतः न तो हिंदुस्तान टाइम्स और न ही टाइम्स ऑफ इंडिया पढ़ने वाले व्यक्तियों की संख्या $n(H' \cup T') = n(U) - (H \cup T) = 60{,}000 - 59{,}500 = 500.$

प्रश्न 3. निम्नलिखित फलनों का प्रांत बताइए।

(i) $\dfrac{\cos x + \sin x}{\cos x - \sin x} = f(x)$

उत्तर– माना $(\cos x + \sin x) / (\cos x - \sin x) = 0$

तब यहाँ प्रांत $\Rightarrow \left(x = \dfrac{\pi}{4}\right)$ को छोड़कर x का कोई भी वास्तविक मान।

(ii) $\sqrt{x^2 - 5x + 6} = f(x)$

उत्तर– माना $\sqrt{x^2 - 5x + 6} = 0$

$\Rightarrow x^2 - 3x - 2x + 6 = 0 \Rightarrow x(x - 3) - 2(x - 3) = 0$

$\Rightarrow (x - 2)(x - 3) = 0 \Rightarrow x = 2$ या $x = 3$

अतः प्रांत $\Rightarrow 2 < x < 3$ को छोड़कर x के सभी वास्तविक मान।

(iii) $\sin^{-1}(x) = f(x)$

उत्तर– माना $\sin^{-1} x = 0$

क्योंकि sin का गान –1 और 1 के बीच में होता है।

$\therefore$ प्रांत $= -1 < x < 1.$

(iv) $\log(3x - 1) = f(x)$

उत्तर– माना $\log(3x - 1) = 0$

$\Rightarrow 3x - 1 = 0 \Rightarrow x = \dfrac{1}{3}$

अतः परिसर $= x > \dfrac{1}{3}$ का मान।

प्रश्न 4. निम्नलिखित फलन के सातत्य का बिंदु ज्ञात कीजिए।
$$f(x) = \dfrac{x^2 - 2x + 4}{x^2 - 5x + 6}$$

उत्तर— यदि $f(x) = \dfrac{x^2 - 2x + 4}{0}$, तो $f(x)$ सतत् नहीं होगा।

x के लिए फलन $f(x)$ के सातत्य का बिंदु होगा, जब $x^2 - 5x + 6 = 0$
$\Rightarrow x^2 - 2x - 3x + 6 = 0 \Rightarrow x(x-2) - 3(x-2) = 0 \Rightarrow (x-2)(x-3) = 0$
अतः $x = 2$ या $x = 3$.

प्रश्न 5. मान लीजिए N सभी प्राकृतिक संख्याओं का समुच्चय है। हम N पर संबंध R इस प्रकार परिभाषित करते हैं: $a \, R \, b$ यदि और केवल यदि $a > b$.
निश्चित करें कि क्या संबंध R स्वतुल्य, सममित और संक्रामक है?

उत्तर— क्योंकि किसी भी $a \in N$ के लिए, कथन $a > a$ सत्य नहीं है, अतः संबंध R स्वतुल्य नहीं है। यदि $a, b \in N$ और $a > b$ तो निस्संदेह कथन $b > a$ सत्य नहीं है। अर्थात् $a \, R \, b, b \, R \, a$ को निहित नहीं करता। अतः R सममित नहीं है।

यदि $a > b$ और $b > c$, तो $a > c$. अर्थात् $a \, R \, b, b \, R \, c \Rightarrow a \, R \, c$.

अतः R संक्रामक है।

प्रश्न 6. $f(x) = x - 1$ और $g(x) = x^2 \; \forall \; x \in R$ से परिभाषित फलन $f : R \to R$ और $g : R \to R$ लीजिए। क्या $f_0 g = g_0 f$?

उत्तर— यहाँ $g_0 f(x) = g(f(x)) = g(x-1) = (x-1)^2 = x^2 - 2x + 1$
जबकि $f_0 g(x) = f(g(x)) = f(x^2) = x^2 - 1$
इस तरह, $g_0 f(x) \neq f_0 g(x)$.

प्रश्न 7. $f : [0, \infty[\to R : f(x) = x^2, g : [0, \infty[\to R : g(x) = \sqrt{x}$ लीजिए। $f + g$, fg और $\dfrac{f}{g}$ परिभाषित कीजिए।

उत्तर— प्रत्येक $x \in [0, \infty[$ के लिए
$(f + g)(x) = f(x) + g(x) = x^2 + \sqrt{x}$
$(fg)(x) = f(x)\, g(x) = x^2 \sqrt{x}$

फलन g केवल x = 0 पर शून्य होता है। अतः $\frac{f}{g}$ का प्रांत समुच्चय $]0, \infty[$ होगा।

प्रत्येक $x \in]0, \infty[$ के लिए $\left(\frac{f}{g}\right)(x) = \frac{f(x)}{g(x)} = \frac{x^2}{\sqrt{x}} = x^{3/2}$.

प्रश्न 8. यदि A = {1, 2, 3}, B = {2, 3, 4, 5}, C = {1}, तो $A \cup B \cup C$ ज्ञात कीजिए। सत्यापित कीजिए कि $A \cup B \cup C = (A \cup B) \cup C = A \cup (B \cup C)$.

उत्तर– यहाँ, $A \cup B \cup C = \{1, 2, 3, 4, 5\}$.

अब $A \cup B = \{1, 2, 3, 4, 5\}$. ∴ $(A \cup B) \cup C = \{1, 2, 3, 4, 5\} = A \cup B \cup C$

और $B \cup C = \{1, 2, 3, 4, 5\}$. ∴ $A \cup (B \cup C) = \{1, 2, 3, 4, 5\} = A \cup B \cup C$

अतः $= (A \cup B) \cup C = A \cup (B \cup C)$.

प्रश्न 9. माना कि एक वस्तु का बाजार पूर्ति फलन q = 160 + 8p है। जहाँ q पूर्ति की मात्रा तथा p बाजार कीमत को द्योतित करते हैं। प्रति इकाई उत्पादन कीमत ₹4 है। ऐसा अनुभव किया जा रहा है कि कुल लाभ ₹500 है। इतना लाभ पाने के लिए क्या बाजार कीमत निश्चित की जाए?

उत्तर– कुल लाभ फलन इस प्रकार ज्ञात किया जा सकता है–

कुल लाभ (P) = कुल आय – कुल लागत = p.q. – c.q. = (p – c)q

जबकि दिया है, c = ₹4 और q = 160 + 8p

∴ $P = (p - 4)(160 + 8p) = 8p^2 + 128p - 640$

यदि P = ₹500 तब हम पाएँगे, $500 = 8p^2 + 128p - 640$

$\Rightarrow 8p^2 + 128p - 1140 = 0 \Rightarrow p = \frac{-128 \pm \sqrt{(128)^2 - 4 \times 8 \times (-1140)}}{2 \times 8}$

$= \frac{-128 \pm \sqrt{16384 + 36480}}{16} = \frac{-128 \pm \sqrt{52864}}{16} = \frac{-128 \pm 229.92}{16}$

= 6.37 अथवा – 22.37

जबकि नकारात्मक कीमत का कोई आर्थिक अर्थ नहीं है इसलिए अपेक्षित कीमत = ₹6.37

प्रश्न 10. यदि R समस्त वास्तविक संख्याओं का समुच्चय है, तो कार्तीय गुणन R × R और R × R × R क्या निरूपित करते हैं?

उत्तर– कार्तीय गुणन R × R समुच्चय $R \times R = \{(x, y) : x, y \in R\}$ को निरूपित करता है, जिसका प्रयोग द्विविम समष्टि के बिंदुओं के निर्देशांकों को प्रकट करने के लिए किया जाता है। $R \times R \times R$ समुच्चय $R \times R \times R = \{(x, y, z) : x, y, z \in R\}$ को निरूपित करता है, जिसका प्रयोग त्रिविमीय आकाश के बिंदुओं के निर्देशांकों को प्रकट करने के लिए किया जाता है।

प्रश्न 1 1 . यदि A × B = {p, q), (p, r), (m, q), (m, r)}, तो A और B को ज्ञात कीजिए।

उत्तर– A = प्रथम घटकों का समुच्चय = {p, m}

B = द्वितीय घटकों का समुच्चय = {q, r} ।

प्रश्न 1 2 . मान लीजिए कि A = {1, 2, 3, 4, 5, 6}. R = {(x, y) : y = x + 1} द्वारा A से A में एक संबंध परिभाषित कीजिए।

(i) इस संबंध को एक तीर आरेख द्वारा दर्शाइए।

उत्तर– परिभाषा द्वारा

R = {(1, 2), (2, 3), (3, 4), (4, 5), (5, 6)}.

संगत तीर चित्र में प्रदर्शित है।

(ii) R के प्रांत, सहप्रांत तथा परिसर लिखिए।

उत्तर– हम देख सकते हैं कि प्रथम घटकों का समुच्चय अर्थात् प्रांत = {1, 2, 3, 4, 5,}इसी प्रकार, द्वितीय घटकों का समुच्चय अर्थात् परिसर = {2, 3, 4, 5, 6} तथा सहप्रांत = {1, 2, 3, 4, 5, 6}.

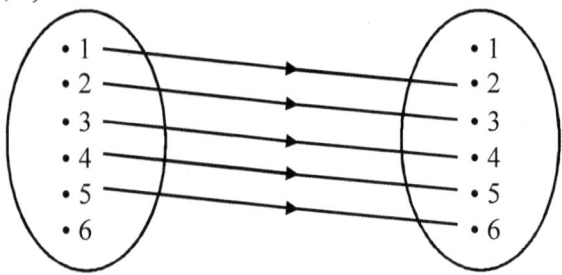

प्रश्न 1 3 . मान लीजिए कि A = {1, 2} और B = {3, 4}. A से B में संबंधों की संख्या ज्ञात कीजिए।

उत्तर– यहाँ A × B = {(1, 3), (1, 4), (2, 3), (2, 4)}.

क्योंकि n (A × B) = 4, इसलिए A × B के उपसमुच्चयों की संख्या 2^4 है। इसलिए A से B के संबंधों की संख्या 2^4 है।

प्रश्न 1 4 . मान लीजिए कि N प्राकृत संख्याओं का समुच्चय है और N पर परिभाषित एक संबंध R इस प्रकार है कि R = {(x, y) : y = 2x, x, y ∈ N }.

R के प्रांत, सहप्रांत तथा परिसर क्या हैं? क्या यह संबंध, एक फलन है?

उत्तर– R का प्रांत, प्राकृत संख्याओं का समुच्चय N है। इसका सहप्रांत भी N है। इसका परिसर सम प्राकृत संख्याओं का समुच्चय है।

क्योंकि प्रत्येक प्राकृत संख्या n का एक और केवल एक ही प्रतिबिंब है, इसलिए यह संबंध एक फलन है।

प्रश्न 15. फलन $f(x) = \dfrac{x^2 + 3x + 5}{x^2 - 5x + 4}$ का प्रांत ज्ञात कीजिए।

उत्तर— क्योंकि $x^2 - 5x + 4 = (x-4)(x-1)$, इसलिए फलन f, x = 4 और x = 1 के अतिरिक्त अन्य सभी वास्तविक संख्याओं के लिए परिभाषित है। अतः f का प्रांत R −{1, 4} है।

अध्याय
2

एक स्वतंत्र चर के फलन (Functions of One Independent Variable)

भूमिका

दो या दो से अधिक चरों के बीच के संबंध को एक फलन कहा जा सकता है यदि एक या एक से अधिक चरों के मानों से एक चर के एक अद्वितीय मान का निर्धारण किया जा सके। यदि हमें किसी संबंध के गणितीय रूप की ठीक–ठीक जानकारी न हो, ऐसे फलन को हम एक व्यापक रूप में लिख सकते हैं उदाहरण के लिए, एक माँग फलन का व्यापक रूप $Q_d = f(P)$ है। माँग फलन का इस प्रकार का व्यापक रूप यह दर्शाता है कि किसी वस्तु की माँग की मात्रा (Q_d) उसके प्रति इकाई मूल्य अथवा कीमत (P) पर निर्भर करती है। यहाँ चिह्न f(P) का अर्थ f और P का गुणनफल नहीं है। इसका अर्थ है f, P का एक फलन है। इस स्थिति में हम P को एक 'स्वतंत्र चर कहते हैं क्योंकि इसका मान दिया होता है और यह Q_d के मान पर निर्भर नहीं करता अर्थात् यह बहिर्जात रूप से निर्धारित होता है। दूसरी ओर Q_d एक निर्भर चर है क्योंकि इसका मान P के मान पर निर्भर करता है। आर्थिक प्रतिरूप सामान्यतः बहिर्जात चरों और अंतर्जात चरों के मानों को जोड़ते हैं। अर्थशास्त्र में जिन चरों का अध्ययन किया जाता है वे गुणात्मक भी हो सकते हैं और परिमाणात्मक भी। गुणात्मक चर कुछ विशिष्ट अभिलक्षणों, जैसे कि पुरुष या स्त्री, कार्यरत या बेरोजगार इत्यादि को निरूपित करते हैं। किसी गुणात्मक चर के मानों में संबंध संख्यात्मक नहीं होते। दूसरी ओर, परिमाणात्मक चरों को संख्यात्मक रूप में मापा जा सकता है। रुपयों में राष्ट्रीय आय, बैरल में आयातित तेल, उपभोक्ता कीमत स्तर तथा रुपया–डॉलर विनिमय दर, इत्यादि परिमाणात्मक चरों के कुछ उदाहरण हैं। किसी फलन में स्वतंत्र चरों की संख्या एक से अधिक भी हो सकती है।

2.1. फलनों के आधारभूत प्रकार (Basic Types of Functions)

$y = fx(x)$ तो फलन का एक सामान्य रूप होता है, लेकिन व्यवहार में फलनों के कई अन्य स्वरूप हो सकते हैं, जो कि निम्न प्रकार हैं–

(1) स्थिर फलन (Constant Function)– जिस फलन की परिधि में केवल एक अवयव आता है उसे स्थिर फलन कहा जाता है; जैसे $y = f(x) = 4$ इसे हम $y = 4$ अथवा $f(x) = 4$ भी लिख सकते हैं। ग्राफ पेपर पर यह एक सरल क्षैतिज रेखा के रूप में दर्शाया जाता है। जैसा कि चित्र 2.1 से स्पष्ट है।

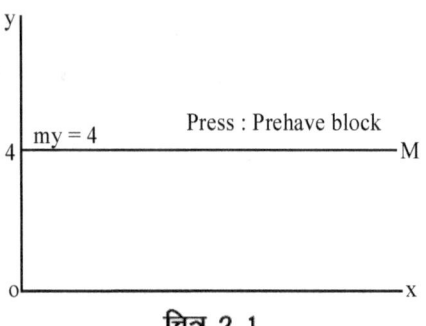

चित्र 2.1

चित्र 2.1 में MM सरल रेखा $y = 4$ फलन को दर्शाती है। इस प्रकार के फलन का उपयोग राष्ट्रीय आय के माडलों में किया जाता है। जहाँ सरकार अपनी इच्छा से, मान लीजिए 4 करोड़ रुपए का विनियोजन करने का निर्णय लेती है। इस विनियोग को स्वैच्छिक विनियोग कहा जाता है, क्योंकि इसकी मात्रा आमदनी के प्रत्येक स्तर पर समान रखी जाती है।

(2) बहुपदीय फलन (Polynomial Functions)– बहुपदीय फलनों में कई पद (terms) होते हैं। इसका सामान्य रूप नीचे दिया जाता है–

$y = a_0 + a_1x + a_2x^2 + ... + a_nx^n$

यहाँ $a_0, a_1, a_2, ...a_n$ गुणांक (coefficients) है और n के अंकीय मूल्य के आधार पर बहुपदीय फलन का उपवर्ग स्पष्ट हो जाता है जैसे–

$n = 0$, होने पर $y = a_0$ (स्थिर फलन)

$n = 1$, पर $y = a_0 + a_1x$ (रैखिक फलन)

$n = 2$, पर $y = a_0 + a_1x + a_2x^2$ (द्विघाती या परवलीय फलन)

$n = 3$, पर $y = a_0 + a_1x + a_2x^2 + a_3x^3$ (त्रिघाती फलन) आदि बनते हैं।

x पर लगने वाली पावर को घातांक (exponents) कहते हैं। स्मरण रहे कि स्थिर फलन में $y = a_0$ में वास्तव में $y = a_0x^2$ होता है, अर्थात् x पर पावर शून्य होती है जिससे $x^0 = 1$ होने पर $y = a_0$ रह जाता है। द्विघाती फलन दो डिग्री का 'पोलीनामियल' होता है।

2.2 रैखिक फलन (Linear Function)

इन फलनों को रेखाचित्र पर अंकित करने से सरल रेखाएँ बनती हैं जैसे $y = 2x$, $y = -x$ आदि। यहाँ $y = 3 + x$ का ग्राफ खींचा गया है।

चूँकि इससे एक सरल रेखा बनती है, इसलिए ग्राफ पर दो बिंदु अंकित करके उनको मिला कर आगे-पीछे बढ़ाने से चित्र बन जाता है। जैसे x = 1 पर y = 4, तथा x = 2 पर y = 5 होता है।

अतः क्रमित युग्म (1, 4) व (2, 5) के बिंदु अंकित करने होंगे।

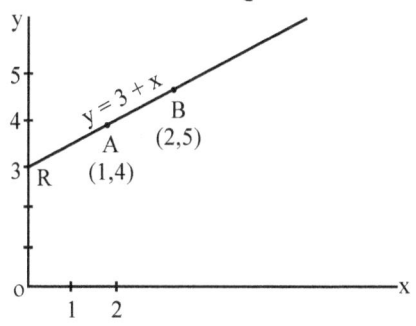

चित्र 2.2

चित्र 2.2 में A बिंदु (1, 4) व B बिंदु (2, 5) निर्देशांकों (coordinates) को सूचित करते हैं। उनको मिलाकर आगे-पीछे बढ़ाने से y = 3 + x की सरल रेखा बन जाती है। क्षैतिज अक्ष पर x मापा गया है तथा उदग्र अक्ष पर y | OR अर्थात् y = 3 अंतः खंड (intercept) है जो x = 0 रखने पर फलन से प्राप्त होता है। रेखा का ढाल (slope) = 1 है जो x के गुणांक (coefficient) से निर्धारित होता है।

अतः सामान्य रूप में y = ax + b फलन में रेखा का y अंतः खंड = b है और रेखा का ढाल = a है। स्मरण रहे कि a के शून्य होने पर यह स्थिर फलन बन जाएगा। प्रत्येक स्थिर फलन तो रैखिक होता है, लेकिन प्रत्येक रैखिक फलन स्थिर फलन नहीं होता।

2.3 द्विघात फलन (Quardratic Function)—इसमें x पावर दो के बराबर (ज्यादा से ज्यादा) होती है। इसे परवलीय फलन (parabolic function) भी कहते हैं। जैसे $y = x^2$, $y = -x^2$, $y = x^2 + x + 1$, $y = x^2 - x$ आदि। इसे द्वितीय डिग्री का 'पोलीनोमियल भी कहा जाता है। इसका अर्थशास्त्र में बहुत उपयोग होता है, इसलिए इसका चित्र बनाना अवश्य आना चाहिए। इसका विशेषतया लागत वक्रों में उपयोग देखा जाता है।

$y = x^2 + 3$ का ग्राफ बनाना है।

x =	-3	-2	-1	0	1	2	3
y =	12	7	4	3	4	7	12

x =	-3	-2	-1	0	1	2	3
y =	12	7	4	3	4	7	12

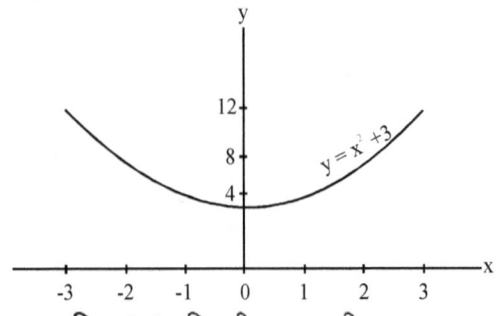

चित्र 2.3: द्विघाती का परवलीय फलन

चित्र 2.3 में x व y विभिन्न जोड़ों के बिंदुओं को मिलाने से $y = x^2 + 3$ का ग्राफ बन जाता है। चित्र 2.3 में x = 0 पर y = 3 है जो फलन का न्यूनतम बिंदु है। इस रेखाचित्र पर कोई अधिकतम मूल्य नहीं है। इसमें घाटी (valley) आती है। यदि $y = 3 - x^2$ का रेखाचित्र बनाते तो x = 0 पर y = 3 आता जो फलन का अधिकतम मूल्य होता। यहाँ फलन का कोई न्यूनतम बिंदु नहीं होता है। यहाँ फलन की पहाड़ी (hill) आती है।

2.4 त्रिघातीय एवं बहुपदीय फलन (Cubic and Polynomial Functions)—

2.4.1 त्रिघातीय फलन—त्रिघाती फलन में x की अधिकतम पावर तीन होती है। इसलिए इसे तृतीय डिग्री का पोलीनोमियल कहा जाता है। $y = x^3$, $y = x^3 + x^2 + x + 1$, $y = x^3 - 2x - 2$, आदि त्रिघाती फलन के उदाहरण है।

नीचे $y = x^3 - 2x - 2$ का रेखाचित्र बनाया गया है।

x =	-3	-2	-1	$-\dfrac{1}{2}$	0	$\dfrac{1}{2}$	1	2	3
y =	-23	-6	-1	$-\dfrac{9}{8}$	-2	$-2\dfrac{7}{8}$	-3	2	19

यहाँ x के विभिन्न मूल्यों पर y के मूल्य निकाले गए हैं। इनको ग्राफ पर सुनिश्चित रूप से अंकित करने के लिए x के बहुत छोटे मूल्यों पर y के मूल्य निकालना चाहिए ताकि चित्र स्पष्ट आ सके।

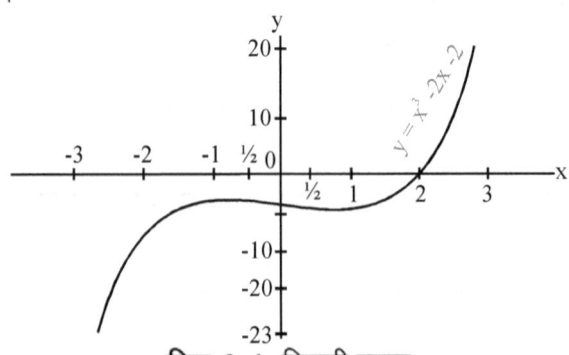

चित्र 2.4: त्रिघाती फलन

x व y में विभिन्न जोड़ों को अंकित करने पर और उनको मिलाने एक वक्र बनता है। इस वक्र पर दो मोड़ (turning points) आते हैं। वक्र x अक्ष तो x = लगभग 1.75 पर काटता हुआ ऊपर की ओर निकल जाता है। अतः x = 1.75 समीकरण का एक मूल (root) होता है। यदि वक्र x अक्ष को तीन बिंदुओं पर काटता तो समीकरण के तीन मूल ग्राफ पर ही देखे जा सकते थे। इस प्रकार त्रिघाती समीकरण का ग्राफ से हल देखना सुगम होता है; वैसे बीजगणित से हल करना काफी दुष्कर होता है।

2.4.2 व्यापक बहुपद फलन (General Polynomial Functions)–द्विघातीय तथा त्रिघातीय फलन, फलनों के एक विशेष वर्ग में आते हैं जिन्हें बहुपद कहा जाता है। एक चर में किसी बहुपद फलन का व्यापक रूप

$$f(x) = a_n x^n + a_{n-1} x^{n-1} + a_{n-2} x^{n-2} + \ldots a_1 x^1 + a_0 x^0$$

होता है, जहाँ $a_0, a_1, \ldots, a_n$ अचर हैं। किसी बहुपद की घात उसमें उपस्थित चर, जैसे कि x, की अधिकतम घात के बराबर होती है। अतः, एक द्विघाती फलन घात 2 का बहुपद है और त्रिघाती फलन घात 3 का बहुपद। शब्द 'बहुपद' का अर्थ अनेक पद वाला होता है। यदि n = 0 हो तो $y = a_0$ होगा। यदि n = 1 है तो $y = a_0 + a_1 x$ होगा। इसी प्रकार n = 2 लेने पर हमें $y = a_0 + a_1 x + a_2 x^2$ प्राप्त होता है। इनमें से पहले फलन को अचर फलन कहते हैं, दूसरे को रैखिक फलन तथा तीसरे को द्विघाती फलन कहते हैं। हम यहाँ बहुपद फलनों पर और विस्तार से चर्चा नहीं कर पाएँगे परंतु पाठकों को यह ज्ञात होना चाहिए कि बहुपद फलनों के आलेख सतत होते हैं। इनमें किसी प्रकार के विखंडन या उछाल नहीं होते। अतः, इन फलनों के आलेख ज्ञात बिंदुओं को मिलाकर सरलता से बनाए जा सकते हैं और इन आलेखों की मदद से इनके मूल तथा वर्तन बिंदु प्राप्त किए जा सकते हैं।

2.5 चरघातांकीय, लघुगणकीय तथा घातीय फलन (Exponential, Logarithmic and Power Functions)–

2.5.1 चरघातांकीय फलन (Exponential Functions)–बीजगणितीय फलनों में पोलीनोमियलों (बहुपदों) का उपयोग होता है। अब हम गैर–बीजगणितीय फलनों का स्पष्टीकरण करते हैं जिसका अर्थशास्त्र में काफी प्रयोग होता है।

$y = a^x$, अथवा $y = 2^x$ एक चरघातांकीय फलन है। इसमें आधार (base) स्थिर होता है और पावर में x या चर (variable) होता है। अतः पावर का मूल्य परिवर्तनशील होता है।

$y = 2^x$ का ग्राफ बनाने के लिए निम्न तालिका का प्रयोग किया जाएगा–

x =	-3	-2	-1	0	1	2	3
y =	$\frac{1}{8}$	$\frac{1}{4}$	$\frac{1}{2}$	1	2	4	8

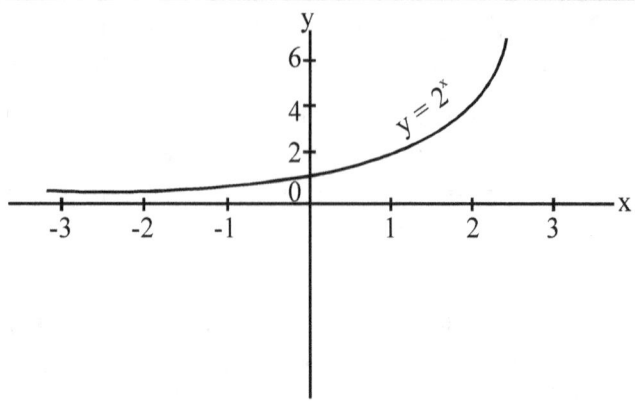

0

चित्र 2.5: चरघातांकीय फलन $y = 2^x$

चित्र 2.5 को देखने से चरघातांकीय फलन की विशेषता एकदम स्पष्ट हो जाती है। यह तेज रफ्तार से बढ़ता है जिससे विकास की दशाओं को चित्रित करने में इसका व्यापक प्रयोग किया जाता है। स्तरण रहे कि $X = 0$ पर $y = 2^0 = 1$ होता है, और $X = -1$ पर $2^{-1} = \frac{1}{2}$ होता है। अतः वक्र बनाने के लिए घातांकों (indices) के नियमों की पर्याप्त जानकारी होनी चाहिए। प्रमुख नियम इस प्रकार होते हैं– $x^{-m} = \frac{1}{m}$, $x^m \times x^n = x^{m+n}$ $x^{m-n} = \frac{x^m}{x^n}$ तथा $x^{m/n} = \sqrt[n]{x^m}$, आदि। ध्यान रहे कि $y = 2^{x+4} + 4$ $y =^{2-x+y} - 2$ आदि भी चरघातांकीय फलन ही कहलाते हैं।

चित्र 2.5 में वक्र y-अक्ष को $y = 1$ पर काटता हुआ आगे निकल जाता है। x के ऋणात्मक मूल्यों पर y के धनात्मक मूल्य होते हैं जिनको ध्यान से अंकित किया जाना चाहिए क्योंकि वे छोटी–छोटी भिन्नों के रूप में दिए गए हैं।

2.5.2 लघुगणकीय फलन (Logarithmic Function)—गैर–बीजगणितीय फलनों में दूसरा स्थान लघुगणकीय फलनों का होता है। इसके लिए लघुगणकों की विस्तृत जानकारी आवश्यक होती है। यहाँ लघुगणक का अर्थ सरल रूप में समझ लेना चाहिए। हम जानते हैं कि $10^\circ = 1$ होता है, अतः हम कह सकते हैं कि 1 का लघुगणक 10 के आधार पर = 0 है। इसी प्रकार 10 = 10 होता है। अतः 10 का लघुगणक 10 के आधार पर 1 है। इस प्रकार किसी संस्था का लघुगणक वह अंक होता है जिसे 10 पर लगाकर हल करने से स्वयं वहीं संख्या निकल आती है।

लघुगणकों में Characteristic व mantissa निकालने का अभ्यास होना चाहिए तथा लॉग व एन्टी–लॉग लेना आना चाहिए। उस पूर्व ज्ञान का उपयोग करने पर लघुगणकीय फलन, का रेखाचित्र बनाया जा सकता है।

यहाँ हम $y = \log_{10}{}^x$ का ग्राफ नमूने के तौर पर बनाकर इसकी विशेषता पर ध्यान केंद्रित करेंगे।

x =	.25	.50	.57	1	2	3	4
	= $\frac{1}{4}$	= $\frac{1}{2}$	= $\frac{3}{4}$				
y =	-.6021	= .3010	-.1249	0	.3010	.4771	.6021
y = लगभग	-.6	-.3	-.1	0	3	.5	.6

गणना—$\log_{10}.25$ = T. 3979 = –.6021
$\log_{10}.50$ = T. 6990 = –.3010, आदि।

हम 1, 2, 3 के लॉग सीधे-तालिका से पढ़कर लिख सकते हैं। x के ऋणात्मक मूल्यों के लिए y नहीं निकाला गया है क्योंकि ऋणात्मक संख्याओं के लघुगणंक नहीं होते। इसलिए ग्राफ के लिए केवल खाने I व IV का ही उपयोग होगा।

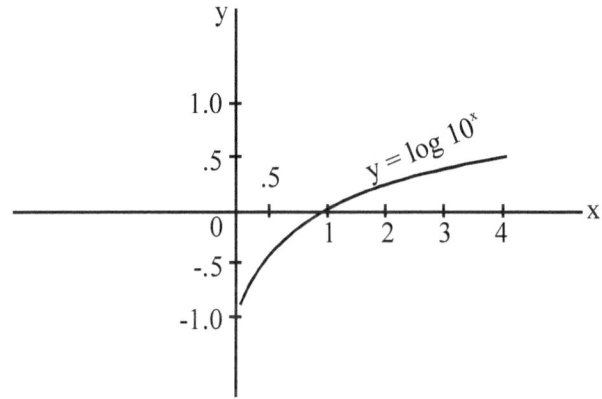

चित्र 2.6: लघुगणकीय फलन

स्पष्टीकरण—चित्र 2.6 में x व y के तालिका के विभिन्न जोड़ों को अंकित करके एक वक्र बनाया गया है। यह धीरे-धीरे ऊपर की ओर जाता है। वक्र x-अक्ष को x = 1 पर काटता है। इसका कारण यह है कि x = 1 पर y = 0 होता है। x के अन्य मूल्यों, जैसे $\frac{1}{4}, \frac{1}{2}$ व $\frac{3}{4}$ पर y के मूल्य ऋणात्मक होने से चौथे खंड में से वक्र जाएगा।

2.5.3 लघुगणक रैखिक फलन (Log-linear Function)

आजकल लॉग-लीनियर फलन का भी उपयोग होने लगा है। $y = ax^b$ एक पावर-फलन है। लघुगणकीय ग्राफ पर यह एक सरल रेखा के रूप में दर्शाया जा सकता है। दोनों तरफ से इसके लॉग लेने पर

$\log y$ = ' $\log a + b \log x$ (लॉग नियम लगाने पर)

यहाँ $\log y$ का $\log x$ से रैखिक संबंध होगा।

यहाँ रेखा का अन्तःखंड = $\log a$ तथा ढाल = b होगा। ग्राफ में x-अक्ष पर $\log x$ तथा

y-अक्ष पर log y अंकित किए जाएँगे। इस प्रकार दोनों अक्षों पर x o y अंकित न करके log x व log y अंकित किए जाते हैं।

अब हम $y = 2x^2$ का लॉग-लीनियर रूप लेकर ग्राफ बनाते है।

$y = 2x^2$ एक द्विघाती फलन (quadratic Function) है। लॉग-रूप में यह—
log y = log 2 + 2 log x बनेगा।

log x =	0	1	2	3	4
log y =	log 2	log 2 + 2	log 2 + 4	log 1 + 6	log 2 + 8
अथवा					
log y =	0.3010	2.3010	4.3010	6.3010	8.3010

यहाँ log 2 = 0.3010 रखा गया है।

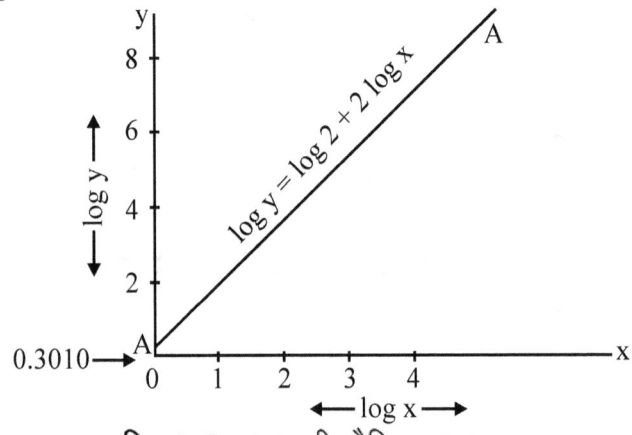

चित्र 2.7: लघुगणकीय रैखिक फलन

स्पष्टीकरण—चित्र 2.7 में x-अक्ष पर log x तथा y-अक्ष पर log y मापे गए हैं। तालिका के log x व log y के मूल्यों को अंकित करने से जाता है। तथा विभिन्न बिंदुओं को मिलाने से एक सरल रेखा A A बनती है। स्मरण रहे कि रेखा y-अक्ष पर log y = 0.3010 से प्रारंभ होती है जो इसका y अंतःखंड (y intercept) माना जाता है।

अतः इस रेखा का अंतःखंड log 2 है तथा ढाल = 2 है। स्मरण रहे कि x-अक्ष पर x नहीं बल्कि log x मापा गया है। इसी प्रकार y-अक्ष पर y नहीं बल्कि log y मापा गया है। इस प्रकार दोनों अक्षों पर logarithms (अथवा log) मापे जाने से तथा सरल रेखा के बनने पर यह log linear फलन का वक्र माना जाता है।

2.6 अतिपरवलय फलन (Hyperbolic Functions)—गणित में अतिपरवलय फलन ऐसे फलन हैं जो सामान्य त्रिकोणमितीय फलनों से मिलते-जुलते किंतु अलग फलन हैं।

अतिपरवलय की आधारभूत संकल्पना इस प्रकार है—कोई भी फलन जो समीकरण $y = \dfrac{a}{bx+c}$ से व्यक्त किया जाता है, एक अतिपरवलय फलन कहलाता है। यहाँ a, b और c अचर हैं। $y = \dfrac{1}{x}$ अतिपरवलय फलन का सरलतम रूप है। ध्यान दें कि इस फलन में a = 1, b = 1 तथा c = 0 है। यह एक समकोणीय अतिपरवलय फलन कहलाता है। $y = \dfrac{1}{x}$ का आलेख बनाने से पूर्व ध्यान दें कि यह फलन x = 0 के लिए परिभाषित नहीं है अर्थात् x = 0 के लिए y का कोई भी मान प्राप्त नहीं होगा। अतः इस फलन के आलेख पर कोई भी ऐसा बिंदु नहीं हो सकता जिसमें x = 0 हो। अर्थात् इस फलन का वक्र x-अक्ष को कभी नहीं काटेगा। इसी प्रकार हम यह भी देख सकते हैं कि यह वक्र y-अक्ष को भी कभी नहीं काटता। यदि हम x = 0 के पास x के कुछ मान लें तो हमें y के विभिन्न मान प्राप्त होंगे। नीचे दी गई तालिका में x के कुछ मान और उसके संगत y के कुछ मान दिए गए हैं—

तालिका : x के दिए हुए मानों के सापेक्ष y के मान

x	$y = \dfrac{1}{x}$
-2	-0.5
-1.5	-0.67
-1	-1
-0.5	-2
0	undefined
0.5	2
1	1
1.5	0.67
2	0.5

इस तालिका में हमने स्पष्ट रूप में दर्शाया है कि x = 0 के लिए y अपरिभाषित है। यह $y = \dfrac{1}{x}$ का एक विशेष गुण है। इसी प्रकार समकोणीय अतिपरवलय के समीकरण $y = \dfrac{1}{x}$ में हम इसकी एक और विशिष्टता देख सकते हैं। यह गुणधर्म है कि x और y विलोम रूप से संबंधित हैं।

x का मान जितना छोटा होगा, y का मान उतना ही अधिक होगा। यह परिणाम x के ऋणात्मक मानों के लिए भी सत्य है। ऐसा इसलिए है कि x के बड़े निरपेक्ष मान के संगत y का निरपेक्ष मान छोटा होता है। जब x धनात्मक होता है, तो जैसे–जैसे x का मान बढ़ता है, y का मान जितना छोटा होगा, y का मान उतना ही अधिक होगा। यह परिणाम x के ऋणात्मक मानों के लिए भी सत्य है। ऐसा इसलिए है कि x के बड़े निरपेक्ष मान के संगत y का निरपेक्ष मान छोटा होता है। जब x धनात्मक होता है, तो जैसे–जैसे x का मान बढ़ता है, y का मान

वैसे–वैसे ही कम होता जाता है। अतः वक्र x-अक्ष के समीप आता जाता है। परंतु यह वक्र कभी x-अक्ष को स्पर्श नहीं करता। x का मान कितना भी बड़ा हो जाए, y का मान 0 से बड़ा ही रहता है, यह कभी 0 के बराबर नहीं होता। x-अक्ष को स्पर्श करने के लिए $y = 0$ होना चाहिए। हम y को x-अक्ष के जितना चाहें पास ला सकते हैं, परंतु कभी भी 0 नहीं बना सकते। अतः, हम कह सकते हैं कि जब y, 0 की ओर आता है अर्थात् जब x, ∞ की ओर जाता है तो y की सीमा 0 के बराबर होती है। अर्थात् y की सीमा 0 है। यही परिणाम x के ऋणात्मक, मानों के लिए भी सत्य होगा। रेखाचित्र में यह देखा जा सकता है। इस रेखाचित्र में हम देख सकते हैं कि x-अक्ष एक क्षैतिज अनंतस्पर्शी रेखा है और y-अक्ष इसकी एक ऊर्ध्वा अनंतस्पर्शी रेखा है।

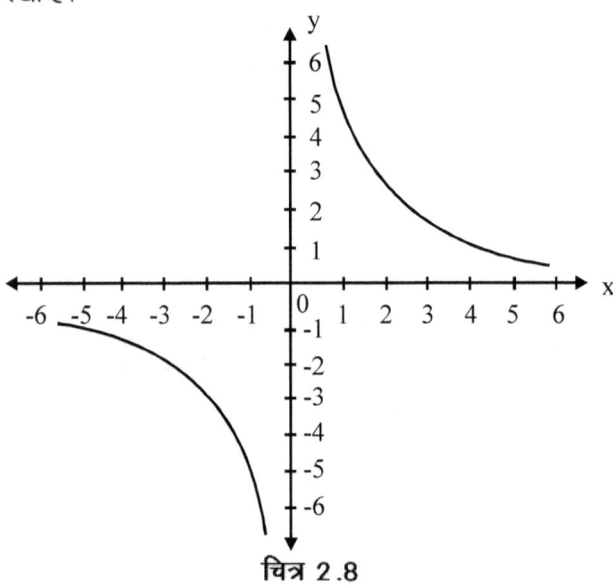

चित्र 2.8

किसी वक्र की अनंतस्पर्शी रेखा एक ऐसी रेखा होती है जिसकी वक्र से दूरी 0 की ओर जाती है। इसी प्रकार हम रेखाचित्र में यह भी देख सकते हैं कि समकोणीय अतिपरवलय का वक्र $x = 0$ पर संतत नहीं है।

अतिपरवलय फलन का व्यापक रूप $y = \frac{a}{bx + c}$ होता है। इसका आलेख भी $y = \frac{1}{x}$ के प्रकार का ही होता है। परंतु $y = \frac{a}{bx + c}$ का वक्र $bx + c = 0$ अर्थात् $x = \frac{-c}{b}$ पर परिभाषित नहीं होता। $y = \frac{a}{bx + c}$ के प्रकार फलन औसत लागत वक्र तथा आपूर्ति एवं माँग फलनों को चित्रित करने में उपयोगी सिद्ध होते हैं। समकोणीय अतिपरवलय अर्थशास्त्रीय अनुप्रयोगों में अक्सर देखने को मिलते हैं। प्रतिलोम माँग फलन $p = \frac{15}{q^D}$ पर विचार करें। यह एक अतिपरवलय फलन है। माँग फलन में कीमत को ऊर्ध्वा अक्ष पर तथा माँग की मात्रा x-अक्ष

पर अंकित किया जाता है। x-अक्ष और y-अक्ष इस वक्र के लिए अनंतस्पर्शी रेखाएँ हैं। यहाँ से अर्थशास्त्रीय की दृष्टि से तीन महत्त्वपूर्ण परिणाम प्राप्त कर सकते हैं। पहला, कीमत जितनी भी अधिक हो जाए, उपभोक्ता उपभोग को कभी भी शून्य नहीं करेगा और वस्तु की कुछ न कुछ मात्रा अवश्य खरीदेगा। दूसरे, चाहे किसी वस्तु की कीमत कम होने पर उसकी कुछ अधिक मात्रा अवश्य खरीदेगा। वह कभी भी संतृप्त नहीं होता।

तीसरे बिंदु को माँग फलन के समीकरण– $p = \frac{k}{q^d}$

में देखा जा सकता है। इस समीकरण को q^d से गुणा करने पर हमें $pq^d = k$ प्राप्त होता हैं अतः, हम देख सकते हैं कि कुल व्यय, अर्थात् कीमत और उपभोग की गई मात्रा का गुणनफलन सदैव समान रहता है। यह वस्तु की कीमत और उपभोग की गई मात्रा के साथ नहीं बदलता। हम व्यष्टि अर्थशास्त्र के नियमों से भी यह जानते हैं कि ऐसे माँग वक्र के सभी बिंदुओं पर माँग की लोच समान रहती है।

2.7. कार्तीय निर्देशांक पद्धति (The Cartesian Co-ordinate System)–एक सरल रेखा पर, या एक समतल में आकाश (space) में एक बिंदु की स्थिति ज्ञात करने के लिए हम एक तंत्र, जिसे निर्देश तंत्र (system of co-ordinates) कहते हैं, का प्रयोग करते हैं।

मान लीजिए XOX' एक रेखा है और मान लीजिए इस रेखा पर O और A ऐसी दो बिंदुएँ हैं जिससे कि OA = 1 cm.

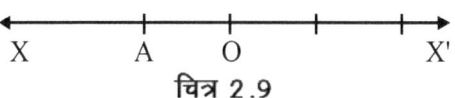

चित्र 2.9

संख्या रेखा का प्रयोग करने पर रेखा की प्रत्येक बिंदु एक संख्या के संगत होती है। हम इस संख्या को संगत बिंदु का निर्देशांक (coordinate) कहते हैं। मान लीजिए बिंदु O संख्या 0 को निरूपित करती है। तब बिंदु O का संगत निर्देशांक O होता है। रेखा की एक बिंदु का निर्देशांक तब धन संख्या होता है। जबकि यह बिंदु, O की दायीं ओर होती है, और तब ऋण संख्या होता है जबकि यह बिंदु, O की बायीं ओर होती है। इस तरह, यदि OA = 1 एकक, तब A का निर्देशांक 1 होता है। इसी प्रकार यदि O से 2 एकक की दूरी पर O की बायीं ओर एक बिंदु B स्थित हो, तो इसका निर्देशांक –2 होगा जिसको हम B(–2) से प्रकट करते हैं।

समतल पर एक बिंदु O लीजिए और O से होते हुए एक क्षैतिज अक्ष XOX' और एक ऊर्ध्वाधर अक्ष YOY' खींचिए। ये रेखाएँ कागज के पूरे समतल को चार भागों में विभाजित कर देती हैं, जिन्हें हम चतुर्थांश (quadrants) (पहला, दूसरा, तीसरा और चौथा) कहते हैं।

बिंदु O को मूल बिंदु (origin) कहा जाता है और रेखाओं XOX' और YOY' को क्रमशः x- अक्ष और y-अक्ष कहा जाता है। मूल बिंदु O से प्रारंभ करके हम OX पर बराबर दूरियों पर 1, 2, 3, ... लिखते हैं और इसी प्रकार OX' पर हम –1, –2, –3, ... लिखते हैं। इसी प्रकार हम OY पर 1, 2, 3, ... और OY' पर –1, –2, –3, ... लिखते हैं।

OX और OY अक्षों के धन भाग हैं और OX' और OY' ऋण भाग हैं। इस तंत्र को कार्तीय तंत्र (cartesian system) कहा जाता है। यह तंत्र समतल को चार भागों में विभाजित कर देता है जो कि उसके ज्यामितीय अभिलक्षण पर निर्भर करता है। अब हम देखेंगे कि इस समतल पर एक बिंदु को हम किस प्रकार निरूपित करते हैं।

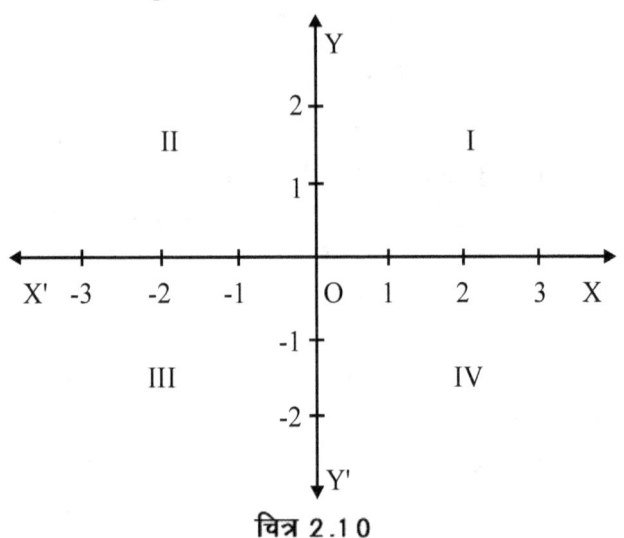

चित्र 2.10

मान लीजिए P समतल में एक बिंदु है। P से होती हुई रेखाएँ PN और PM खींचिए जो x-अक्ष और y-अक्ष पर क्रमशः लंब है। तब MP, y-अक्ष से बिंदु P की दूरी होती है और NP, x-अक्ष से बिंदु P की दूरी होती है।

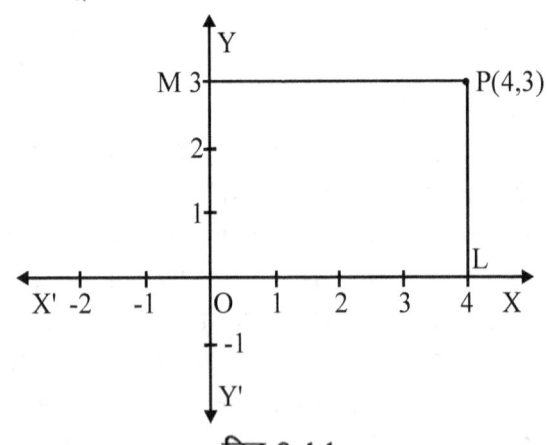

चित्र 2.11

चित्र 2.11 में PM = OL = 4 और PL = OM = 3. इसका अर्थ यह है कि यह बिंदु y-अक्ष से 4 cm की दूरी पर है और x-अक्ष से 3 cm की दूरी पर है।

PM = (= OL) को P का x-निर्देशांक (x-co-ordinate of P) और PL = (= OM)

को P का y-निर्देशांक (y-co-ordinate of P) कहा जाता है। दोनों को एक साथ लेकर इन्हें P के निर्देशांक कहा जाता है और इन्हें एक क्रमिक युग्म (ordered pair) (PM, PL) या (OL, OM) के रूप में लिया जाता है। इस तरह, यहाँ P के निर्देशांक (4, 3) हैं। व्यंजक P (4, 3) से यह पता चलता है कि P के निर्देशांक 4 और 3 हैं जहाँ 4, x-निर्देशांक हैं और 3, y-निर्देशांक है। ध्यान दीजिए कि पहले हम x-निर्देशांक लिखते हैं और तब y-निर्देशांक लिखते हैं। यह एक परंपरा है जिसका पालन इस तंत्र के सभी प्रयोक्ता करते हैं।

x-निर्देशांक को P का भुजाक्ष (abscissa) कहा जाता है और y-निर्देशांक को P की कोटि (ordinate) कहा जाता है।

हम धन दिशा (दायीं ओर और ऊपर की ओर अर्थात् OX और OY के अनुदिश) गतिमान होते हैं या ऋण दिशा (बायीं ओर और नीचे की ओर अर्थात् OX' और OY' के अनुदिश) गतिमान होते हैं। इसके अनुसार ही बिंदु के निर्देशांक धनात्मक या ऋणात्मक होते हैं। उदाहरण के लिए, यदि हम चित्र को देखें तो P के निर्देशांक (2, 3) हैं, और Q के निर्देशांक (–2, 2) हैं, और R के निर्देशांक (–2, –3) हैं और S के निर्देशांक (1, –2) हैं।

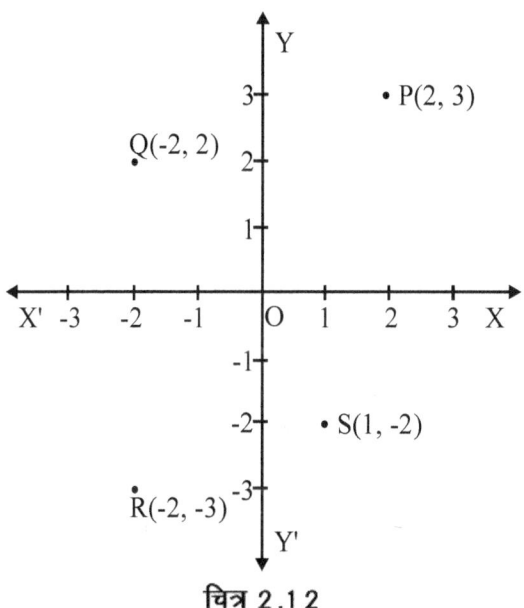

चित्र 2.12

चित्र 2.12 से आप यह देख सकते हैं कि बिंदु P (2, 3) पहले चतुर्थांश में स्थित होगा, क्योंकि दोनों ही निर्देशांक धनात्मक हैं। इसी प्रकार बिंदु (–2, 3) दूसरे चतुर्थांश में होगा, (–2, –3) तीसरे चतुर्थांश में होगा और (1, –2) चौथे चतुर्थांश में होगा। नीचे दिए गए चित्र से आपको समतल पर विभिन्न बिंदुओं की सिति को समझने में आपको सहायता मिल सकती है।

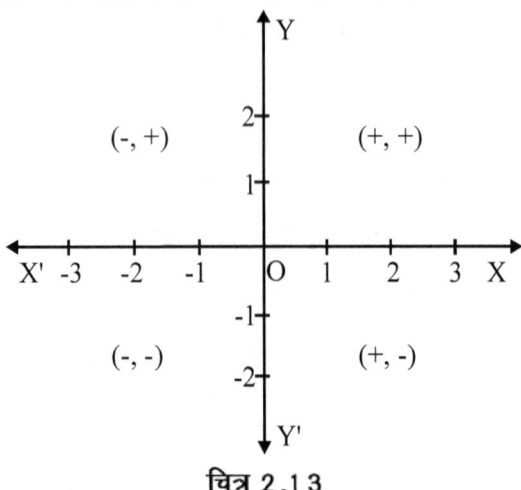

चित्र 2.13

2.8. दो बिंदुओं के बीच की दूरी (The Distance between two Points)

—दो बिंदुओं के बीच की दूरी का पता लगाने के लिए हम एक उदाहरण लेते हैं। एक मक्खी मेज पर शहद की बूँद के नजदीक बैठी है। मक्खी उस शहद की बूँद से कितनी दूर है।

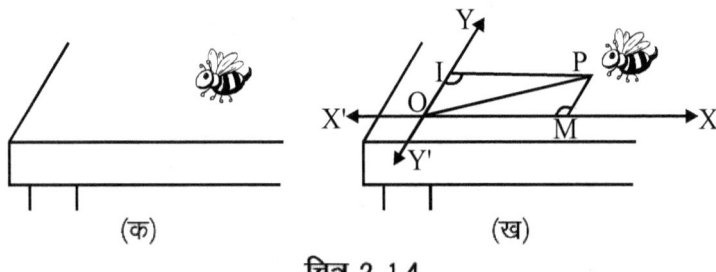

(क)　　　　　　　　　(ख)

चित्र 2.14

निर्देशांक तंत्र का प्रयोग करते समय मक्खी और शहद की बूँद के बीच की दूरी परिकलित कर सकते हैं।

मान लीजिए शहद की बूँद मूल बिंदु O पर है और अब निर्देशांक अक्ष बनाइए।

मान लीजिए वह बिंदु P है जहाँ मक्खी बैठी है। P के x-अक्ष और y-अक्ष पर लंब खींचिए जो क्रमशः M और L पर मिलते हों। OM और OL को मापें OM = 4 सेमी. और OL = 3 सेमी.। P का x निर्देशांक है OM और y निर्देशांक है OL। यहाँ पर हमने ग्राफ आलेखन की प्रक्रिया को बिल्कुल उल्टा किया है और पाया कि P के निर्देशांक (4, 3) हैं।

O और P के बीच की दूरी ज्ञात करने के लिए इस समकोण त्रिभुज OPM लेते हैं। इस तरह पाइथागोरस प्रमेय के अनुरूप

$$OP^2 = OM^2 + PM^2 = 16 + 9 = \sqrt{25}$$

एक स्वतंत्र चर के फलन   47

∴ OP = 5 सेमी.

इस तरह हम पाते हैं O और P के बीच की दूरी 5 सेमी है अब हम दो बिंदुओं P और Q के बीच दूरी परिकलित करने के लिए फार्मूला व्युत्पन्न करेंगे।

मान लीजिए X' OX और Y' OY समकोणित अक्ष (rectangular axes) हैं। मान लीजिए P और Q कोई दो बिंदु हैं जिनके निर्देशांक क्रमशः (x_1, y_1) और (x_2, y_2) हैं जैसा कि चित्र में दिखाया गया है। x-अक्ष और y-अक्ष के समांतर PM और QN खींचिए जो क्रमशः M और N पर मिलते हों। तब OM= x_1, MP = y_1, ON = x_2, NQ = y_2. x-अक्ष के समांतर PR जो ON से R पर मिलता है, (देखिए चित्र) क्योंकि PRQ एक समकोण त्रिभुज है, जिसका समकोण R पर है, इसलिए पाइथागोरस प्रमेय लागू करने पर हमें यह प्राप्त होता है।

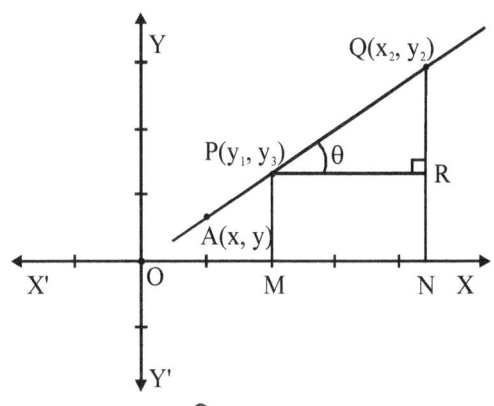

चित्र 2.15

$PQ^2 = PR^2 + RQ^2 = MN^2 + (NQ - NR)^2 = (ON - OM)^2 + (NQ - MP)^2$

$= (x_2 - x_1)^2 + (y_2 - y_1)^2$

अतः $PQ = \sqrt{(x_2 - x_1)^2 + (y_2 - y_1)^2}$

क्योंकि PQ सदा धनात्मक होता है, इसलिए हम $(x_2 - x_1)^2 + (y_2 - y_1)^2$ धनात्मक वर्ग मूल लेते हैं।

ऊपर दिए गए सूत्र को दूरी सूत्र (distance formula) कहा जाता है। इसे हम इस प्रकार भी लिख सकते हैं।

$PQ = \sqrt{(x_1 - x_2)^2 + (y_1 - y_2)^2}$

क्योंकि $(x_1 - x_2)^2 = (x_2 - x_1)^2$ और $(y_1 - y_2)^2 = (y_2 - y_1)^2$

हमने दोनों बिंदुओं P और Q को पहले चतुर्थांश (first quadrant) में लिया है। यह सूत्र तब भी लागू होता है जबकि दोनों बिंदुएँ किसी अन्य चतुर्थांश या भिन्न-भिन्न चतुर्थांश में क्यों न हों।

2.9 विभाजन सूत्र (Section Formula)

मान लीजिए बिंदु P जिसके निर्देशांक (x, y) हैं, दो बिंदु $A(x_1, y_1)$ तथा $B(x_2, y_2)$ को मिलाने वाली रेखा को m_1 और m_2 के अनुपात में विभाजित करता है। चित्र 2.16 में इस आंतरिक विभाजन को देख सकते हैं। A, P और B बिंदु पर लंब खींचे गए हैं। समरूप त्रिभुजों में भुजाएँ समान नहीं होती परंतु भुजाओं के अनुपात समान होते हैं।

$$x = \frac{m_1 x_2 + m_2 x_1}{m_1 + m_2}, \quad y = \frac{m_1 y_2 + m_2 y_1}{m_1 + m_2}$$

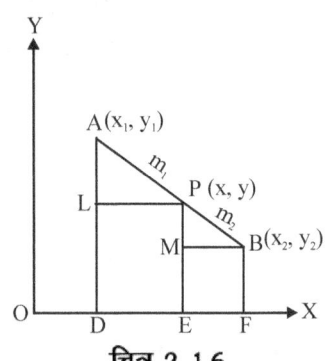

चित्र 2.16

सिद्ध—चित्र 2.16 में, $\dfrac{AL}{PM} = \dfrac{m_1}{m_2}$ and $\dfrac{LP}{MB} = \dfrac{m_1}{m_2}$

$$\frac{y_1 - y}{y - y_2} = \frac{m_1}{m_2}, \quad \frac{x - x_1}{x_2 - x} = \frac{m_1}{m_2}$$

$$m_2 y_1 - m_2 y = m_1 y - m_1 y_2, \quad m_2 x - m_2 x_1 = m_1 x_2 - m_1 x$$

$$\therefore y = \frac{m_2 y_1 + m_1 y_2}{m_1 + m_2}, \quad x = \frac{m_2 x_1 + m_1 x_2}{m_1 + m_2}$$ (जब विभाजन आंतरिक न होकर बाहरी हो)

तब $x = \dfrac{m_1 x_2 - m_2 x_1}{m_1 - m_2}$ तथा $y = \dfrac{m_1 y_2 - m_2 y_1}{m_1 - m_2}$

यहाँ मध्य बिंदुओं के निर्देशांक होंगे $= \dfrac{x_1 + x_2}{2}, \dfrac{y_1 + y_2}{2}$.

2.10 सरल रेखा (The Straight Line)

सरल रेखा को बीजीय रूप में निरूपित करने के विभिन्न तरीके होते हैं। हम उन रेखाओं से शुरू करते हैं जो किसी अक्ष के समांतर हैं। x-अक्ष के समांतर रेखा को समीकरण y = a ...(1)

द्वारा निरूपित किया जाता है, जहाँ a कोई स्थिरांक है। ऐसा इसलिए है क्योंकि इस रेखा पर किसी भी बिंदु का x-निर्देशांक समान होगा।

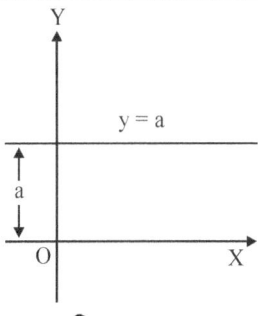

चित्र 2.17

किसी स्थिरांक b के लिए, y-अक्ष के समांतर किसी रेखा का समीकरण x = b ...(2) होगा।

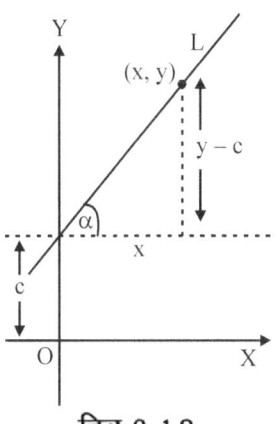

चित्र 2.18

मान लीजिए कि रेखा x-अक्ष की धनात्मक दिशा से कोण α बनाती है और y-अक्ष को (0, c) पर काटती है। तब उसका समीकरण होगा—

$y = mx + c$ ...(3)

जहाँ, $m = \tan \alpha$.

m इसकी **प्रवणता** (slope) कहलाती है और c इसका y-अक्ष पर **अंतःखंड** (intercept) है। चित्र 2.18 से हम (3) प्राप्त कर सकते हैं, जो कि रेखा समीकरण का **प्रवणता–अंतःखंड** रूप कहलाता है। अब, मान लीजिए हमें किसी रेखा की प्रवणता m मालूम है, और यह भी मालूम है कि बिंदु रेखा पर है। तो, क्या हम रेखा का समीकरण प्राप्त कर सकते हैं? समी.(3) के प्रयोग से हम रेखा के समीकरण का **बिंदु–प्रवणता** रूप प्राप्त कर सकते हैं।

$y - y_1 = m(x - x_1)$ ...(4)

यदि हमें किसी रेखा पर पड़ने वाले दो अलग बिंदु मालूम हों, तो भी हम उस रेखा का समीकरण प्राप्त कर सकते हैं।

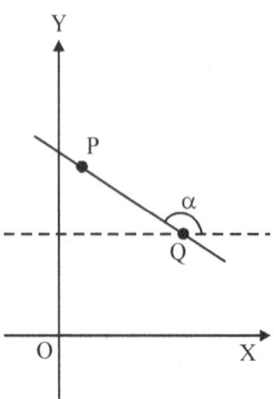

चित्र 2.19

यदि P (x_1, y_1) और Q (x_2, y_2) इस रेखा पर दो बिंदु हों, तो द्विबिंदु रूप में उसका समीकरण होगा–

$$\frac{y-y_1}{y_2-y_1}=\frac{x-x_1}{x_2-x_1} \quad ...(5)$$

हम किसी रेखा का समीकरण एक और रूप में भी प्राप्त कर सकते हैं। मान लीजिए, हमें मूल बिंदु से किसी रेखा L पर डाले गए लंब (perpendicular) की लंबाई p मालूम है, और यह भी मालूम है कि लंब x–अक्ष के साथ कोण α बनाता है।

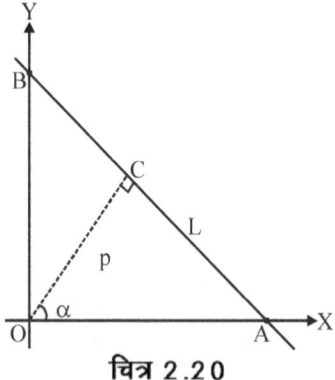

चित्र 2.20

तो $\frac{x}{a}+\frac{y}{b}=1$ का प्रयोग करके हम L का समीकरण प्रसामान्य रूप (normal form) प्राप्त कर सकते हैं– $x\cos\alpha + y\sin\alpha = p$ ...(6)

उदाहरण के लिए, वह रेखा जो (0, 0) से 4 इकाइयों की दूरी पर है और जिसके लिए, $\alpha = 45°$, समीकरण $\frac{x}{\sqrt{2}}+\frac{y}{\sqrt{2}}=4$ से निरूपित होती है, अर्थात् $x+y-4\sqrt{2}=0.$

दो रेखाओं के बीच का कोण–मान लीजिए, रेखाओं के प्रवणता – अंतःखंड रूप $y=m_1x+c_1$ और $y=m_2x+c_2$ है तो उनके बीच का कोण θ निम्न सूत्र से प्राप्त होता है–

$$\tan\theta = \frac{m_1 - m_2}{1 + m_1 m_2} \quad ...(7)$$

चित्र 2.21

tan θ धनात्मक या ऋणात्मक हो सकता है। यदि यह धनात्मक है तो θ न्यूनकोण (acute angle) होगा। यदि $\tan\theta < 0$, तो θ रेखाओं के बीच का अधिक कोण (obtuse angle) होगा।

इस प्रकार, रेखाएँ $y = m_1x + c_1$ और $y = m_2x + c_2$

(1) समांतर होगी यदि, $m_1 = m_2$, और ...(8)

(2) लंब होंगी यदि $m_1m_2 = -1$ ...(9)

उदाहरण के लिए, $y = 2x + 3$ और $x + 2y = 5$ एक दूसरे पर लंब हैं, तथा $y = 2x + 3$, $y = 2x + c$ के समांतर है $\forall\ c \in R$.

2.11 वृत्त (The Circle)—मान लीजिए कि स्थान परिवर्तन करने वाला बिंदु P (x, y), केंद्र C (h, k) तथा उनमें निश्चित दूरी, अर्द्धव्यास (radius) r हैं, तब परिभाषा द्वारा हम पाते हैं दूरी CP = r

निर्देशांकों (coordinates) से संबंधित होते हुए इसकी व्याख्या इस प्रकार की जा सकती है—

$$\sqrt{(x-h)^2 + (y-k)^2} = r \text{ अथवा } (x-h)^2 - (y-k)^2 = r^2$$

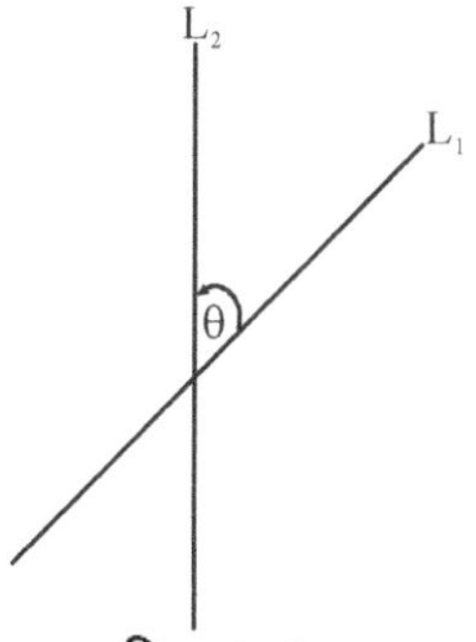

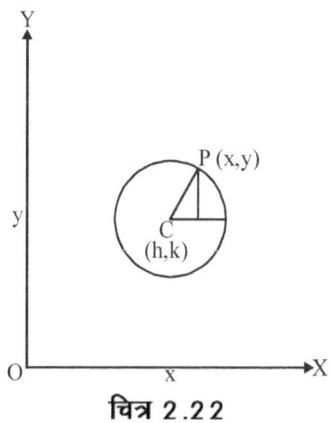

चित्र 2.22

(1) केंद्र (centre) को स्रोत (origin) लेते हुए वृत्त का समीकरण है—
$(x-0)^2 + (y-0)^2 = r^2 \Rightarrow x^2 + y^2 = r^2$

(2) स्रोत स्थान (0, 0) से बनने वाले वृत्त का समीकरण है—
$(0-h)^2 + (0-k)^2 = r^2 \Rightarrow h^2 + k^2 = r^2$

(3) उस वृत्त का समीकरण जिसका अर्द्धव्यास r है और मूल बिंदु से गुजरता है तथा उसका केंद्र x–अक्ष पर हो और y–अक्ष पर हो।

अर्द्धव्यास r वाले ऐसे वृत्त, जो कि उद्गम स्थान (0, 0) से निकलते हों तथा केंद्र— (क) x–अक्ष पर तथा (ख) y–अक्ष पर स्थित हों, उनके समीकरण हैं—

- (क) यदि वृत्त का केंद्र (r, 0) है तथा अर्द्धव्यास (radius) r है। इस अपेक्षित वृत्त का समीकरण है— $(x-r)^2 + (y-0)^2 = r^2 \Rightarrow x^2 + y^2 - 2rx = 0$

- (ख) उसी प्रकार यदि केंद्र y–अक्ष पर हो तथा स्रोत स्थान (0, 0) वृत्त पर स्थित हो तो समीकरण होगा— $(x-0)^2 + (y-r)^2 = r^2 \Rightarrow x^2 + y^2 - 2ry + r^2 = r^2$
  $\Rightarrow x^2 + y^2 - 2ry = 0$

(4) उस वृत्त का समीकरण जिसका अर्द्धव्यास r हो और x–अक्ष तथा y–अक्ष को स्पर्श करता हो—

- (क) क्योंकि वृत्त x–अक्ष को छूता है इसलिए केंद्र बिंदु की x–अक्ष से दूरी अर्थात् भुजमान (ordinate) अवश्य ही r के बराबर है। अतः ऐसे वृत्त का समीकरण है— $(x-h)^2 + (y-r)^2 = r^2 \Rightarrow x^2 + y^2 - 2hx - 2ry + h^2 = 0$

- (ख) यदि वृत्त y–अक्ष को छूता है तो केंद्र की y–अक्ष से दूरी अर्थात् भुज (abscissa) अवश्य ही r के बराबर होगा। ऐसे वृत्त का समीकरण होगा— $(x-r)^2 + (y-k)^2 = r^2 \Rightarrow x^2 + y^2 - 2rx - 2ky + k^2 = 0$

(5) उस वृत्त का समीकरण जिसका व्यास बिंदुओं $A(x_1, y_1)$ और $B(x_2, y_2)$ को मिलाता हो।

माना कि P (x, y) वृत्त पर कोई बिंदु है AP को तथा BP को भी मिलाएँ क्योंकि ∠APB एक अर्धवृत्त का कोण है इसलिए यह लंब कोण (right angle) है।

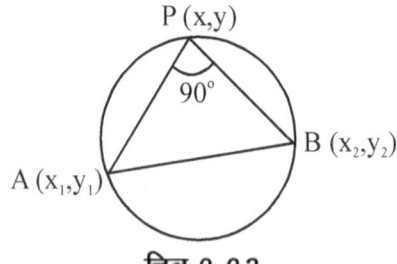

चित्र 2.23

अतः दोनों रेखाएँ AP और BP एक दूसरे के लंब हैं।
अतः AP की ढाल तथा BP की ढाल का गुणनफल = –1

अत: AP का ढाल $= \dfrac{y - y_1}{x - x_1}$ तथा BP का ढाल $= \dfrac{y - y_2}{x - x_2}$

$\therefore \dfrac{y - y_1}{x - x_1} \cdot \dfrac{y - y_2}{x - x_2} = -1$

$\Rightarrow (x - x_1)(x - x_2) + (y - y_1)(y - y_2) = 0$

क्योंकि (x_1, y_1) तथा (x_2, y_2) एक व्यास के सिरों पर स्थित हैं इसे व्यास प्रकार के वृत्त का समीकरण कहा जा सकता है।

(6) उस वृत्त का समीकरण जो मूल बिंदु से गुजरता है और अक्षों से a और b अंत:खंड को काटता हो।

यदि वृत्त अक्षों को A और B बिंदुओं पर काटता है तो स्वाभाविक रूप से A और B बिंदुओं के निर्देशांक (a, 0) और (0, b) होंगे।

क्योंकि $\angle AOB = 90°$ तथा AB एक व्यास है, वृत्त का अपेक्षित समीकरण है—
$(x - a)(x - 0) + (y - 0)(y - b) = 0 \Rightarrow x^2 + y^2 - ax - by = 0$

वृत्त का सामान्य समीकरण (General Equation of the Circle)—वृत्त का समीकरण है—$(x - h)^2 + (y - k)^2 = r^2$

जिसे ऐसे भी लिखा जा सकता है—$x^2 + y^2 - 2hx - 2ky + h^2 + k^2 - r^2 = 0$

यदि हम शुरू से अंत तक एक अचर A (शून्य के अतिरिक्त) से गुणा भी कर दें तो भी समीकरण उसी वृत्त को संकेतित करता है।

$A(x^2 + y^2) - 2Ahx - 2Aky + A(h^2 + k^2 - r^2) = 0$

यहाँ, $-Ah = G, -Ak = F$ तथा $A(h^2 + k^2 - r^2) = C$, लिखते हुए, समीकरण का आकार बनता है—$A(x^2 + y^2) + 2Gx + 2Fy + C = 0$

शुरू से अंत तक A से भाग करने पर हम पाते हैं— $x^2 + y^2 + 2\dfrac{G}{A}x + 2\dfrac{F}{A}y + \dfrac{C}{A} = 0$

यदि $\dfrac{G}{A} = g, \dfrac{F}{A} = f$ तथा $\dfrac{C}{A} = c$

तब, $x^2 + y^2 + 2gx + 2fy + c = 0$ जिसे वृत्त का सामान्य प्रकार का समीकरण कहा जाता है।

विलोमत: $x^2 + y^2 + 2gx + 2fy + c = 0$ प्रकार का समीकरण एक वृत्त को संकेतित करता है जिसे हम नीचे दिए गए प्रकार में लिख सकते हैं—

$(x^2 + 2gx) + (y^2 + 2fy) = -c$

अत: $(x + g)^2 + (y + f)^2 = g^2 + y^2 - c$

अथवा $\left[x - (-g)\right]^2 + \left[y - (-f)\right]^2 = \left(\sqrt{g^2 + f^2 - c}\right)^2$

जो कि $(x - h)^2 + (y - k)^2 = r^2$ प्रकार का है।

यह समीकरण ऐसे वृत्त को संकेतित करता है जिसका केंद्र $(-g, -f)$ है और अर्द्धव्यास

$= \sqrt{g^2 + f^2 - c}$

वृत्त के समीकरण के सामान्य रूप का अवलोकन करते हुए, हम निष्कर्ष निकालते हैं कि वृत्त के समीकरण को संकेतित करने के लिए शर्तें हैं–

(1) समीकरण में x तथा y की घात दो होनी चाहिए।

(2) x^2 तथा y^2 के गुणांक बराबर होने चाहिए।

(3) इसमें x तथा y के गुणन वाला कोई पद नहीं होना चाहिए।

नोट–केंद्र बिंदु के निर्देशांक = ($-\frac{1}{2}$x का गुणांक, $-\frac{1}{2}$y का गुणांक) और

अर्द्धव्यास = $\sqrt{\left(-\frac{1}{2}x \text{ का गुणांक}\right)^2 + \left(-\frac{1}{2}y \text{ का गुणांक}\right)^2 - \text{अचर पद}}$

2.12 परवलय (The Parabola)–परवलय द्विविम समष्टि में ऐसे सभी बिंदुओं का समुच्चय होता है जो किसी रेखा L से तथा किसी बिंदु F से समान दूरी पर है, जहाँ F, L पर नहीं है। L इसकी नियता तथा F इसकी नाभि है।

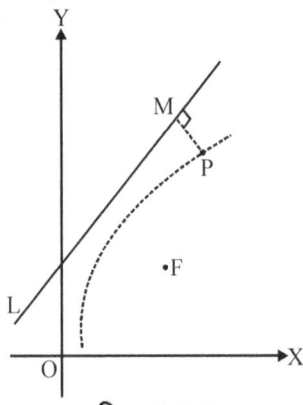

चित्र 2.24

परवलय का समीकरण प्राप्त करने के लिए निम्न समीकरण का प्रयोग किया गया है–

$$\{(x-a)^2 + (y-b)^2\}(p^2 + q^2) = e(px + qy + r)^2 \quad ...(1)$$

पहले तो, मान लीजिए F (0, 0) है तथा L एक सरल रेखा $x + c = 0$ है, जहाँ $c > 0$ (अतः L, y–अक्ष के समांतर है और F के बाईं ओर पर स्थित है।) तो, (1) के प्रयोग से हम देखते हैं कि परवलय का समीकरण है–

$$x^2 + y^2 = (x + c)^2, \text{ अर्थात् } y^2 = c\,(2x + c) \quad ...(2)$$

अब, समीकरण को सरल करने के लिए हम मूल बिंदु को $\left(-\frac{c}{2}, 0\right)$ पर स्थानांतरित

करेंगे। यदि हम $\frac{c}{2} = a$ रखें, तो हम मूल बिंदु को (–a, 0) पर स्थानांतरित करते हैं। हम जानते हैं कि नए निर्देशांक x' और y', $x = x' - a$ और $y = y'$ द्वारा प्राप्त होते हैं।

इस प्रकार (2) $y'^2 = 4ax'$ बन जाता है।

इस परवलय की नाभि (x' तथा y' तंत्र में) (a, 0) पर है तथा नियता का समीकरण $x' + a = 0$ है।

अतः हमने यह पाया है कि समीकरण $y^2 = 4ax$ ...(3)

एक ऐसे परवलय को निरूपित करता है जिसकी नियता $x + a = 0$ है तथा जिसकी नाभि (a, 0) है। यह परवलय के समीकरण का एक मानक रूप है। परवलय के समीकरण के तीन और मानक रूप है। ये हैं–

$x^2 = 4ay,$ ...(4)

$y^2 = -4ax,$ ...(5)

$x^2 = -4ay,$ ...(6)

जहाँ $a > 0$.

2.13 समकोणीय अतिपरवलय (The Rectangular Hyperbola)–एक समकोणीय अतिपरवलय उस बिंदु की निधि है जो इस प्रकार घूमता है कि उस बिंदु से यदि दोनों लंबवत् रेखाओं पर लंब डाले जाएँ तो उन दोनों का गुणनफल सदैव समान होता है। यह एक समतल में ऐसे बिंदुओं का बिंदुपथ है जिनकी, दो दी हुई निश्चित लम्बवत् रेखाओं से, दूरियों का गुणनफल अचर होता है। ये दो निश्चित लम्बवत् रेखाओं से, दूरियों का गुणनफल अचर होता है। ये दो निश्चित लंबवत् रेखाएँ समकोणीय अतिपरवलय की अनंतस्पर्शी रेखाएँ कहलाती हैं। अनंतस्पर्शी रेखाओं का प्रतिच्छेदन बिंदु समकोणीय अतिपरवलय का केंद्र कहलाता है।

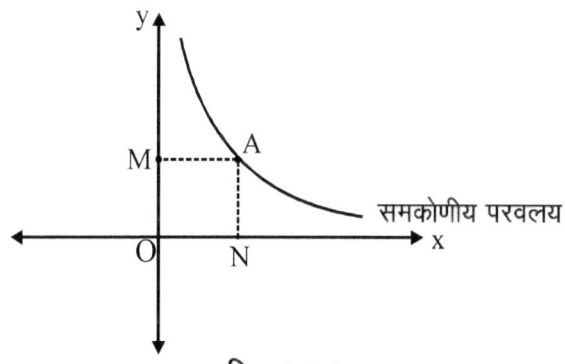

चित्र 2.25

चित्र 2.25 में बिंदु A, xy तल में एक बिंदु पथ अनुरेखित करता है। क्षैतिज और ऊर्ध्वाधर रेखाएँ दो परस्पर लंबवत् अनंतस्पर्शी रेखाएँ हैं। चित्र में AN, A की क्षैतिज अनंतस्पर्शी से दूरी है तथा AM, A की ऊर्ध्वाधर अनंतस्पर्शी से दूरी है। समकोणीय

अतिपरवलय की भाषा के अनुसार इस वक्र पर A की विभिन्न स्थितियों के लिए AM और AN का गुणनफल समान रहता है। दूसरे शब्दों में, एक समकोणीय अतिपरवलय को अनुरेखित करने वाले बिंदु के लिए एक महत्त्वपूर्ण तथ्य यह है कि आयत ONAM का क्षेत्रफल सदैव समान रहता है। समकोणीय अतिपरवलय की एक शाखा (–x, –y) तल (अर्थात्, दक्षिण–पश्चिमी या तीसरे) चतुर्थांश में भी अनुरेखित की जा सकती है।

2.14 अनुक्रम (Sequences)—वस्तुओं की किसी क्रमित सूची को अनुक्रम कहते हैं। एक अनुक्रम की औपचारिक परिभाषा इस प्रकार है—एक अनुक्रम एक ऐसे फलन को कहते हैं जिसका प्रांत प्राकृतिक संख्याओं का समुच्चय हो। इसका अर्थ यह है कि यदि हम किसी अनुक्रम में उत्तरोत्तर पदों को क्रमबद्ध रूप में देखें/लिखें तो हम उन्हें पहला पद, दूसरा पद, तीसरा पद के रूप में इंगित कर सकते हैं। अर्थात् हम पहले पद से पूर्णांक +1, दूसरे पद से पूर्णांक +2, तीसरे पद से पूर्णांक +3 संबद्ध करते हुए इसी क्रम में आगे बढ़ सकते हैं। उदाहरण के लिए, सम संख्याओं के अनुक्रम 2, 4, 6, 8........ में हमें पहले पद 2 से संख्या +1 संबद्ध करते हैं, दूसरे पद 4 से संख्या +2 तथा इसी क्रम में प्रत्येक पद से एक प्राकृतिक संख्या संबद्ध करते हुए बढ़ते हैं। इसी प्रकार, घनात्मक पूर्णांकों के घनों के अनुक्रम में हमें पहले पद 1 से पूर्णांक +1 संबद्ध करते हैं, दूसरे पद 8 से पूर्णांक +2 तीसरे पद 27 से पूर्णांक +3 इत्यादि।

गणित की भाषा में अनुक्रम—यदि प्रत्येक प्राकृतिक संख्या $n \in N$, जहाँ N प्राकृतिक संख्याओं के समुच्चय को निरूपित करता है, के लिए एक वास्तविक संख्या a_n नियत की जाए, तो $\{a_n\} = a_1, a_2, ..., a_n, ...$ एक अनुक्रम कहलाता है। अनुक्रम के सदस्य $a_1, a_2, a_3, ...$ इत्यादि अनुक्रम के पद कहलाते हैं। a_n को अनुक्रम $a_1, a_2, a_n ......$ का n वाँ पद कहते हैं।

अर्थशास्त्र में अनुक्रम—अनुक्रम अर्थशास्त्रीय विश्लेषण में उपयोगी सिद्ध होते हैं, विशेषकर उन स्थितियों में जहाँ घटनाएँ समय के साथ क्रमिक रूप में घटित होती हैं। ऐसी चरों की राशियाँ या परिमाण जो विभिन्न समय अंतरालों पर निर्भर हों, अनुक्रमों की सहायता से सरलतापूर्वक व्यक्त की जा सकती है।

उदाहरण के लिए, भारत में 10 साल के समय अंतराल में गेहूँ के वार्षिक उत्पादन के आँकड़े एक (10 पदों वाले) अनुक्रम से व्यक्त किए जा सकते हैं या मान लीजिए, हमें वर्ष 2000 से 2008 का अंतराल दिया है। मान लीजिए हमें इन 9 वर्षों के लिए भारत का सकल राष्ट्रीय उत्पादन (GNP) ज्ञात है। इसे एक अनुक्रम के 9 पदों से व्यक्त किया जा सकता है। यदि हम पहले वर्ष को 1 से व्यक्त करें तो अंतिम वर्ष को 9 से व्यक्त किया जाएगा। मान लीजिए हम सूचकांक वर्ष को t से तथा सकल राष्ट्रीय उत्पाद (GNP) को Y से व्यक्त करते हैं। मान लीजिए, वर्ष t के सकल राष्ट्रीय उत्पाद (GNP) Y_t से किया जाता है। अतः, वर्ष 2000 के GNP को Y_1 से तथा वर्ष 2008 के GNP को Y_9 से व्यक्त किया जाएगा। इसे व्यापक रूप में समझने के लिए, मान लीजिए हमें एक चर x दिया है। मान

लीजिए पहली सीमा-अवधि में (या पहले समय बिंदु पर) इसका मान x है। मान लीजिए समय को सूचकांक t से व्यक्त किया जाए और कुल T समय-अवधियाँ (समय-बिंदु) दिए हों, तो हमें $x_1, x_2, ... x_t, ..., x_T$ अनुक्रम प्राप्त होगा। एक अनुक्रम जिसका पहला और अंतिम पद दिया हो, सांकेतिक रूप में $\{x_t\}_1^t$ से व्यक्त किया जा सकता है। यहाँ धनुकोष्ठक के बाहर लिखे 1 और T यह दर्शाते हैं कि अनुक्रम का पहला पद 1 तथा अंतिम पद T है। अक्षर t को सामान्यत: समय (वर्ष) के सूचकांक के रूप में प्रयोग किया जाता है। कभी-कभी हम आवश्यकतानुसार प्रथम समय-अवधि को 0 (शून्य) भी लेते हैं। इस स्थिति में अनुक्रम को $\{x_t\}_0^t$ के रूप में व्यक्त किया जा सकता है। यदि हम ऐसी किसी गत्यात्मक प्रक्रिया को निरूपित करना चाहें जो अनिश्चित काल जाती है, तो इसे $\{x_t\}_0^\infty$ के रूप में व्यक्त किया जाता है।

अब हम प्राकृतिक संख्याओं के समुच्चय N से वास्तविक संख्याओं के समुच्चय, R तक एक फलन f पर विचार करेंगे। इसे हमें $f : N \to R$ के रूप में लिखते हैं। फलन f के मानों। प्रतिबिंबों का समूह, R का एक उपसमुच्चय है तथा यह क्रमित है। यदि हम R के इस क्रमित उपसमुच्चय को $S = \{x_1, x_2, x_3, ...\}$ के रूप में लिखे, तो S, R में एक अनुक्रम कहलाता है। हम यहाँ संख्याओं का एक ऐसा समुच्चय बन रहे हैं जो एक क्रम का पालन करता है। अर्थात् एक वास्तविक अनुक्रम, संख्याओं का एक जो प्राकृतिक संख्याओं के क्रमबद्ध होता है। अनुक्रम $\{2^n\}_{n \geq 1}$ पर विचार कीजिए। n = 1, 2, ... रखने पर हमें अनुक्रम 2, 4, 8, 16, ... प्राप्त होता है। यहाँ प्राप्त क्रम इस प्रकार है—

हम देख सकते हैं कि $2 \leq 4 \leq 8 \leq 16 \leq 32 ...$ इस अनुक्रम के प्रत्येक पद में संख्याएँ निरंतर बढ़ रही हैं। इसी प्रकार ऐसे अनुक्रम भी हो सकते हैं जिनमें संख्याएँ निरंतर कम होती जाएँ जैसे कि $1 \geq \frac{1}{2} \geq \frac{1}{3} \geq \frac{1}{4} \geq ....$, व्यापक रूप में हम देख सकते हैं कि कोई प्रदत्त अनुक्रम—

- निरंतर एक समान रूप से अथवा बढ़ती हुई दर पर बढ़ता या घटता रह सकता है जैसे कि—

  S = {0, −1, −3, −8, −15...} या, S = {1, 5, 10, 17, 26,....}

- निरंतर एक समान रूप से अथवा घटती हुई दर पर बढ़ता या घटता रह सकता है जैसे कि—

  $S = \left\{1, \frac{1}{2}, \frac{1}{3}, \frac{1}{4}, \frac{1}{5}...\right\}$ या $S = \left\{\frac{1}{2}, \frac{2}{3}, \frac{3}{4}, \frac{4}{5}...\right\}$

ऐसा हो सकता है कि उसके पद क्रमश: (बारी-बारी से)। प्रत्यावर्ती पद

- बढ़ते हुए अंतर के साथ घट या बढ़ रहे हो कि—

  $S = \{-1, 5, -1, 17, -31....\}$

- ऐसा हो सकता है कि उसके प्रत्यावर्ती पद समान हों जैसे कि–
  $S = \{-1, 1, -1, 1, -1....\}$
- ऐसा हो सकता है कि उसके प्रत्यावर्ती पद घटते हुए अंतर के साथ घट–बढ़ रहे हों जैसे कि–

$$S = \left\{-\frac{1}{2}, \frac{1}{4}, -\frac{1}{8}, \frac{1}{16}....\right\}$$

अतः यह आवश्यकता नहीं है कि प्रत्येक अनुक्रम एकदिष्ट रूप से बढ़ते हुए या घटते हुए क्रम में होगा।

नोट–एक अनुक्रम परिबद्ध अथवा अपरिबद्ध (परिसीमित अथवा अपरिसीमित) हो सकता है। एक अनुक्रम $\{a_n\}_{n \in N}$ परिबद्ध कहलाता है यदि एक सीमित संख्या $K > 0$ विद्यमान हो कि किसी प्राकृतिक संख्या N के लिए निम्नलिखित कथन सत्य हो–

$a_n < K$ प्रत्येक $n > N$ के लिए ...(1)

और

$a_n > -K$ प्रत्येक $n > N$ के लिए ...(2)

यदि किसी अनुक्रम के लिए कथन (1) सत्य हो तो वह अनुक्रम उपरि–परिबद्ध कहलाते हैं। यदि किसी अनुक्रम के लिए कथन (2) सत्य हो तो वह अनुक्रम अद्यः परिबद्ध कहलाता है। कोई अनुक्रम परिबद्ध तभी कहलाता है जब वह ऊपर तथा नीचे दोनों ओर से परिबद्ध हो अर्थात् वह उपरि–परिबद्ध भी हो और अद्यःपरिबद्ध भी हो। दूसरे शब्दों में प्रत्येक परिबद्ध अनुक्रम का एक उपरि–परिबंध तथा अद्यःपरिबंध अवश्य होता है।

2.15 श्रेणियाँ (Series)–एक श्रेणी Y_0, Y_1, Y_2 .... एक अनंत एवं क्रमबद्ध श्रेणी है जिसमें संख्याएँ किसी व्यवस्थित रूप में दी हुई हैं। प्रथम पद यहाँ Y_0 है, यदि श्रेणी में n पद Y_0, Y_1.......... Y_{n-1} हैं तब Y_n स्वाभाविक रूप से n + 1वाँ पद होगा। कभी–कभी श्रेणी को एक निश्चित सूत्र द्वारा भी परिभाषित करते हैं, उदाहरण के लिए $Y_n = n^2$, यहाँ n के विभिन्न मूल्य डालने पर एक श्रेणी $Y_0 = 0, Y_1 = 1, Y_2 = 4$ .... प्राप्त होता है। इसी प्रकार श्रेणी 3, 5, 7, 9 ....एक श्रेणी है जिसके पदों में अंतर समान = 2 रहता है। ऐसी श्रेणी का nवाँ (n^{th}) पद $= a + (n - 1)d$ होता है जहाँ a पहला पद है, n पदों की संख्या और d पदों के बीच समान पद अंतर है।

यदि श्रेणी में पदों की संख्या निश्चित है तब श्रेणी निश्चित श्रेणी कही जाती है और यदि श्रेणी में पदों की संख्या अनंत हो तो उस श्रेणी को अनंत श्रेणी कहते हैं। इस प्रकार श्रेणी में पदों का एक समुच्चय होता है जो एक निश्चित नियम का पालन करता है।

एक श्रेणी (Series) संख्याओं का वह क्रम होता है जिसे कुछ निश्चित नियमों के अनुसार रूप दिया गया हो तथा व्यवस्थित किया गया हो। यदि अनुक्रम (sequence) के पदों का संयोजन धनात्मक (अथवा ऋणात्मक) चिह्नों द्वारा किया गया हो तो एक श्रेणी (Series) अपना रूप लेती है। यदि N स्वाभाविक संख्याओं का समुच्चय है तथा N_n प्रारंभिक n संख्याओं का

समुच्चय है अर्थात् $N_n = \{1, 2, 3, ...n\}$ है तथा X एक गैर खाली समुच्चय $f = N_n \to X$ एक परिमित अनुक्रम कहलाता है तथा अनुक्रम $f = N \to X$ एक अपरिमित अनुक्रम कहलाता है।

आर्थिक विश्लेषण में श्रेणियों का बहुत अधिक महत्त्व है। समानांतर और गुणोत्तर दोनों प्रकार की श्रेणियाँ आर्थिक विश्लेषण में प्रयोग की गई हैं। माना कि एक व्यक्ति ने कुछ रकम का निवेश राष्ट्रीय बचत पत्र खरीदने में किया है। इसमें निवेशकर्त्ता को यह पता होता है कि किस वर्ष में यह निवेश की गई राशि दो गुना हो जाएगी और ब्याज दर क्या होगी? इसी प्रकार माना उसे इस पत्र के परिपक्व होने से पहले ही भुगतान चाहिए, तब किस वर्ष में कितना भुगतान मिल पाएगा इसकी गणना सूत्र द्वारा की जा सकती है।

वास्तविक जीवन में हम अनेक समस्याओं का सामना करते हैं जैसे—जनसंख्या वृद्धि, एक मशीन के मूल्य में धीरे-धीरे कमी होना, साधारण ब्याज, चक्रवृद्धि ब्याज आदि, ये सभी समस्याएँ आर्थिक समस्याएँ हैं जिनमें हम श्रेणियों (Series) का उपयोग करते हैं।

इस मान्यता के साथ कि एक विशेष क्षेत्र की जनसंख्या में कुछ प्रतिशत की वृद्धि अथवा ह्रास होते हैं हम ज्यामितिक श्रेणी (G.P.) का आंतरगणन अथवा बाहिर्वेशन उद्देश्य के लिए प्रयोग कर सकते हैं।

$$P_n = P_0(1 + r)^n$$

यहाँ, P_n = nवें वर्ष के अंत में जनसंख्या, P_0 प्रारंभिक वर्ष के प्रारंभ की जनसंख्या है तथा r वार्षिक वृद्धि दर है।

माना कि एक निश्चित समय में रुपए ΔI के बराबर निवेश वृद्धि होती है तथा सीमांत आय परिवर्तन MPC = β

तब आय में कुल परिवर्तन $= \Delta Y = \Delta I + \Delta I \times \beta + ...\infty$
$$= \Delta I [1 + \beta + (\beta)^2 + ...\infty]$$
$$= \Delta I \left[\frac{1}{1-\beta}\right] \therefore k = \frac{1}{1-\beta}.$$

2.16 श्रेढ़ियाँ (Progressions)—एक श्रेढ़ी एक ऐसे श्रेणी अनुक्रम को कहते हैं जिसके पद एकदिष्ट रूप से बढ़ते हुए अथवा घटते हुए क्रम में हों। क्योंकि एक श्रेणी और कुछ नहीं बल्कि एक अनुक्रम के पदों का योग होती है, इसलिए श्रेढ़ी शब्द का प्रयोग अनुक्रम के लिए भी किया जाता है। अनुक्रम में दो क्रमागत पदों का अंतर पदांतर कहलाता है।

2.16.1 समांतर श्रेढ़ी (Arithmetic Progression)—गणित में समांतर श्रेढ़ी संख्याओं का एक ऐसा अनुक्रम है जिसके दो क्रमागत पदों का अंतर नियत होता है, जिसमें प्रथम पद से प्रारंभ करके, आगे के सभी पद, पिछले पद में एक नियत संख्या को जोड़ कर प्राप्त किए जा सकते हैं। इस नियत संख्या को श्रेढ़ी का सार्वअंतर कहते हैं। उदाहरण के लिए अनुक्रम 4, 7, 10, 13,... एक ऐसी समांतर श्रेढ़ी है जिसमें सार्वअंतर 3 है। यदि किसी समांतर श्रेढ़ी का प्रथम पद तथा सार्व अंतर ज्ञात हो तो वह श्रेढ़ी पूर्ण रूप से ज्ञात की जा

सकती है। इसे संक्षेप में A.P. लिखा जाता है। वास्तव में, यदि—

$a_1, a_2, a_3, ... a_n, ...$

एक समांतर श्रेढ़ी है जिसका प्रथम पद a तथा सार्वअंतर d के बराबर दिया हो, तो परिभाषा के अनुसार

$a_1 = a$
$a_2 = a_1 + d = a + d$
$a_3 = a_2 + d = (a + d) + d = a + 2d$
$a_4 = a_3 + d = (a + 2d) + d = a + 3d$
... .
... .
$a_n = a_{n-1} + d = a + (n-2)d + d = a + (n-1)d$

अतः हम देख सकते हैं कि प्रथम पद a तथा सार्वअंतर d वाली किसी समांतर श्रेढ़ी का nवाँ पद सूत्र—

$a_n = a + (n-1)d$

से प्राप्त किया जा सकता है।

इसी प्रकार, यदि इस श्रेढ़ी के प्रथम n पदों के योग को हम S_n से निरूपित करें, तो
$S_n = a + (a + d) + (a + 2d) + ... + [a + (n-1)d]$ ...(1)
होगा।

(1) को उल्टे क्रम में लिखने पर हम प्राप्त करते हैं।
$S_n = \{a + (n-1)d\} + [a + (n-2)d] + ... + a$ ...(2)

(1) और (2) को जोड़ने पर हम प्राप्त करते हैं,
$2S_n = [2a + (n-1)d] + [2a + (n-1)d] + ... + [2a + (n-1)d]$
$\quad = n[2a + (n-1)d]$

$\therefore S_n = \frac{n}{2}[2a + (n-1)d]$

Or

$\quad = \frac{n}{2}[a + a + (n-1)]$

$S_n = \frac{n}{2}[a + a_n]$

अतः उसके पहले n पदों का योग सूत्र

$S_n = \frac{n}{2}[2a + (n-1)d] = \frac{n}{2}[a + a_n]$.

द्वारा प्राप्त होता है।

2.16.2 गुणोत्तर श्रेढ़ी (Geometric Progression)—गणित में संख्याओं की ऐसी श्रेढ़ी को गुणोत्तर श्रेढ़ी कहते हैं जिसके किन्हीं दो क्रमागत पदों का अनुपात अचर हो।

अन्य शब्दों में, एक गुणोत्तर श्रेढ़ी (जिसे हम संक्षेप में G.P. लिखते हैं) संख्याओं का एक ऐसा अनुक्रम है जिसके प्रत्येक दो क्रमिक पदों में एक समान अनुपात होता है जिसे हम G.P. का सार्वअनुपात कहते हैं। एक G.P. के प्रथम पद के पश्चात् प्रत्येक पद पिछले पद को एक अचर r से गुणा करके प्राप्त किया जा सकता है। यदि हम किसी गुणोत्तर श्रेढ़ी का प्रथम पद और सार्व अनुपात ज्ञात हो, तो इस गुणोत्तर श्रेढ़ी को पूर्ण रूप से निर्धारित किया जा सकता है। अतः, यदि किसी गुणोत्तर श्रेढ़ी का प्रथम पद a तथा सार्व अंतर r है तो श्रेढ़ी के विभिन्न पद इस प्रकार होंगे—

$a_1 = a$
$a_2 = a_1 r = ar$
$a_3 = a_2 r = ar(r) = ar^2$
... ...
... ...
... ...
$a_n = a_{n-1} r = ar^{n-2}(r) = ar^{n-1}$

अतः एक ऐसा अनुक्रम, जिसमें प्रत्येक दो क्रमिक पदों का अनुपात समान (तथा शून्येतर) हो, एक गुणोत्तर अनुक्रम कहलाता है अर्थात प्रत्येक $n \in N$ के लिए, $\frac{an+1}{an} = r, r \neq 0$ n पदों a, ar, ar², ar³, ..., ar^{n-1} के ऐसे अनुक्रम में प्रत्येक पद पिछले पद को अचर r से गुणा करके प्राप्त किया जा सकता है। इस गुणोत्तर श्रेढ़ी के प्रथम n पदों का योग, S_n इस प्रकार लिखा जा सकता है,

$S_n = a + ar + ar^2 + ar^3 + ... + ar^{n-2} + ar^{n-1}$ ...(1)

इस योग को हम एक r सार्व अनुपात वाली गुणोत्तर श्रेढ़ी कहते हैं। इस योग का सूत्र ज्ञात करने के लिए हम ऊपर दिए गए समीकरण (1) को r से गुणा करते हैं।

इस प्रकार हमें प्राप्त होता है—

$rS_n = ar + ar^2 + ar^3 + ... + ar^{n-1} + ar^n$ ...(2)

समीकरण (2) को समीकरण (1) में से घटाने पर हम पाते हैं—

$S_n - rS_n = a - ar^n$ ...(3)

क्योंकि शेष सभी पद रद्द हो जाते हैं। यदि r = 1 हो, तो समीकरण (1) से हम पाते हैं कि S_n = an होगा।

यदि $r \neq 1$ हो, तो समीकरण (2) से हम पाते हैं कि

$S_n = \frac{a - ar^n}{1-r}$ ...(4)

अतः, हम एक परिमित गुणोत्तर श्रेढ़ी के योग का सूत्र इस प्रकार लिख सकते हैं—

$S_n = a + ar + ar^2 + ... + ar^{n-1} = a\frac{1-r^n}{1-r}$ ...(5)

यदि r = 1 हो, तो समीकरण (1) से हम पाते हैं कि

$S_n = a + a + a + ... + a = na$

परंतु यदि गुणोत्तर श्रेणी अपरिमित हो अर्थात् यदि n अनंत की ओर जाए $(n \to \infty)$ तो क्या होगा? इस स्थिति में समीकरण (4) का पद r^n, 0 की ओर जाएगा यदि $-1 < r < 1$ हो अर्थात् यदि $|r| < 1$ हो। अत:, इस स्थिति में प्रथम n पदों का योग $S_n \dfrac{a}{1-r}$ की ओर हो जाएगा। लेकिन यदि $r > 1$ या $r \leq -1$ है तो r^n किसी सीमा की ओर नहीं जाएगा। गुणोत्तर श्रेणी का प्रत्येक पद पिछले पद में एक नियत अशून्य संख्या का गुणा करने से प्राप्त होता है।

2.17 अनुक्रमों का अभिसरण (Convergence of Sequences)–

2.17.1 अनुक्रमों का अभिसरण एवं अपसरण (Concept of Convergence and Divergence of a Sequence)—हम अनुक्रमों को उनके विशिष्ट गुणों के आधार पर विभिन्न वर्गों में बाँट सकते हैं–

(1) ∞ या $-\infty$ की ओर अग्रसर अनुक्रम

(2) किसी सीमित संख्या (धनात्मक, ऋणात्मक अथवा शून्य) की ओर अग्रसर अनुक्रम

(3) किसी भी मान की ओ अग्रसर न होने वाले अनुक्रम

अत: जब भी हम किसी अनुक्रम $\{a_n\}$ पर विचार करते हैं तो हमें मूल रूप से यह जानने की आवश्यकता पड़ती है कि उसके अनुवर्ती पद, n का मान बढ़ने पर, एक दूसरे के समीप–दर–समीप आते हैं अथवा नहीं। हम जानते हैं कि एक अनुक्रम एक ऐसा फलन होता है जो प्राकृतिक संख्याओं के समुच्चय N को किसी समुच्चय X के अवयवों पर ले जाता है। यह समुच्चय X वास्तविक संख्याओं का समुच्चय R हो सकता है या फिर इसका कोई उपसमुच्चय। अत: जब n बढ़ता है अर्थात् अनुक्रम के अनुवर्ती पदों के लिए हमें यह देखने की आवश्यकता पड़ती है कि (1) क्या प्रत्येक क्रमिक पद पिछले पद से बड़ा है (अर्थात् क्या अनुक्रम के पदों का मान एकदिष्ट रूप से बढ़ रहा है या प्रत्येक क्रमिक पद पिछले पद से छोटा है (अर्थात् क्या अनुक्रम पदों का मान एकदिष्ट रूप से घट रहा है) या कि इन दोनों में से कोई भी स्थिति नहीं है, (1) और (2) कि क्या अनुक्रम लगातार किसी निश्चित मान के समीप और समीप हो रहा है अथवा नहीं। यदि यह अनुक्रम एक निश्चित मान की ओर अग्रसर है तो हम कहते हैं कि यह अनुक्रम उस मान पर अभिसरित होता है।

2.17.2 सीमाओं का प्राथमिक परिचय (An Elementary Introduction to Limits)—मान लीजिए $\{x_n\}_{n \geq 1}$ संख्याओं का एक अनुक्रम है। यदि ये संख्याएँ (अनुक्रम के पद) निरंतर किसी संख्या L के समीप और समीपतर होते जाएँ तो हम कहते हैं कि $\{x_n\}$ एक अभिसारी अनुक्रम है इसकी सीमा L के बराबर है। इस तथ्य को हम इस प्रकार लिख सकते हैं–

$$\lim_{n \to \infty} x_n = L \quad या \quad \underset{n \to \infty}{Lt} x_n = L \quad या \quad x_n \to L$$

यहाँ $n \to \infty$ इस तथ्य को व्यक्त करता है कि n का मान निरंतर बढ़ता जा रहा है। निश्चित रूप से कभी भी ∞ नहीं होता। अपितु यह ∞ की ओर अग्रसर होता है। यदि कोई

अनुक्रम अभिसारी नहीं होता, तो उसे अपसारी अनुक्रम कहते हैं। एक प्रदत्त दिया हुआ अनुक्रम अभिसारी होता है यदि कोई ऐसी संख्या L उपलब्ध हो कि n का मान बढ़ने पर संख्याएँ (अनुक्रम के पद) x_n संख्या L के समीप और समीपतर होते जाएँ। अर्थात्

(1) हम चाहते हैं कि $x_n \approx L$ हो जाएँ

(2) इसके लिए हमें चाहिए होगा कि शून्य से बड़ी, किसी भी छोटी से छोटी संख्या ε के लिए $|x_n - L| < \varepsilon$

(3) कथन (2) के सत्य होने के लिए, हमें एक संख्या $N \geq 1$ ऐसी प्राप्त होनी चाहिए कि प्रत्येक $n \geq N$ के लिए $|x_n - L| \leq \varepsilon$ हो।

2.18 अर्थशास्त्र में अनुक्रमों और श्रेणियों के अनुप्रयोग (Economic Applications of Sequences and Series)-

2.18.1 साधारण एवं चक्रवृद्धि ब्याज (Simple and Compound Interest)-

साधारण ब्याज—यदि प्रत्येक समय अवधि में ब्याज की गणना मूलधन पर ही की जाती है तो वह ब्याज साधारण ब्याज (Simple interest) कहलाता है।

यदि राशि P का निवेश 100% साधारण ब्याज दर किया जाएँ तो n वर्षों के पश्चात् उपार्जित कुल राशि नीचे दिए गए सूत्र के अनुसार ज्ञात किया जा सकती है—

कुल उपार्जित राशि सूत्र (साधारण ब्याज)

$A_n = P(1 + i.n)$

सामान्यतः आधुनिक व्यापार तथा व्यावसायिक स्थितियों में साधारण ब्याज का कोई विशेष महत्त्व नहीं है क्योंकि अधिकतर व्यवहारिक स्थितियों में सामान्यतः चक्रवृद्धि ब्याज का ही प्रयोग किया जाता है।

उदाहरण—एक नई कार खरीदने के लिए, रमेश ने 3 वर्ष के लिए 5,00,000; 8% वार्षिक साधारण ब्याज की दर से उधार लिए। वह कितना ब्याज अदा करेगा?

हल—यहाँ, P = 5,00,000, r = 8/100 = 0.08, t = 3 वर्ष, I = ? है।

सूत्र I = P × r × t का उपयोग करने पर,

साधारण ब्याज (I) = 500000 × 0.08 × 3 = 1,20,000 रुपये

अतः रमेश कार ऋण (loan) के लिए 1,20,000 रुपये ब्याज के रूप में देगा।

चक्रवृद्धि ब्याज—यदि ब्याज की गणना करते समय किसी निश्चित समय के बाद ब्याज मूलधन में जोड़ ली जाती है और अगले उतने ही समय के लिए इस मिश्रधन को मूलधन मानकर ब्याज की गणना की जाए तो इस प्रकार प्राप्त ब्याज को चक्रवृद्धि ब्याज कहते हैं।

दूसरे शब्दों में, चक्रवृद्धि ब्याज, ब्याज और मूलधन दोनों पर परिकलित किया जाता है। इसीलिए, चक्रवृद्धि ब्याज की कभी–कभी 'ब्याज पर ब्याज' के रूप में भी व्याख्या की जाती है।

उदाहरण के लिए, मान लीजिए 1000 रुपए का निवेश 10% चक्रवृद्धि ब्याज की वार्षिक दर से किया गया। नीचे दी गई तालिका में प्रत्येक वर्ष के अंत में ब्याज तथा कुल राशि की स्थिति का विवरण दिया गया है—

वर्ष	राशि जिस पर ब्याज परिकलित किया जाना है	उपार्जित ब्याज	कुल उपार्जित राशि
(1)	₹1 0 0 0	10% of ₹1000 = ₹100	₹1100
(2)	₹1100	10% of ₹1100 = ₹110	₹1210
(3)	₹1210	10% of ₹1210 = ₹121	₹1331
...	...	...	...
...	...	...	...
...	...	...	...

कुल उपार्जित राशि सूत्र (चक्रवृद्धि ब्याज)

$A_n = P(1 + i)^n$

जहाँ A_n = वर्षों के पश्चात् उपार्जित राशि

P = मूलधन

i = (अनुपातिक) वार्षिक ब्याज दर

n = वर्षों की संख्या

2.18.2 संयोजन एवं बट्टा (Compounding and Discounting)—सामान्यतः भविष्य की बजाय वर्तमान में उपभोग करने को वरीयता दी जाती है। मनोवैज्ञानिक रूप से हमारे लिए आज एक रुपए की कीमत कल के एक रुपए की कीमत से अधिक है। मुद्रास्फीति के दौर में वास्तविकता भी यही है। निवेशक वर्तमान में उपभोग न करके निवेश केवल तभी करेंगे यदि भविष्य में उनकी निवेशित राशि के बढ़ने की संभावनाएँ अधिक हो। क्योंकि हम धन का निवेश करके, ब्याज अर्जित करना प्रारंभ कर सकते हैं इसलिए आज के एक रुपए की कीमत कल के एक रुपए से अधिक है। निवेशक अपने धन का निवेश करते हैं और भविष्य में धन लाभ प्राप्त करते हैं। इसे 'नकदी प्रवाह' (cash flow) कहते हैं। यदि हमें धन प्राप्त होता है तो उसे नकदी अंतर्वाह कहते हैं और इसे धनात्मक नकदी प्रवाह समझा जाता है। यदि धन हमें देना पड़े तो उसे बहिर्वाह कहा जाता है और यह नकदी प्रवाह ऋणात्मक होता है।

मान लीजिए P मूलधन को या किसी व्यक्ति द्वारा बैंक से ऋण के रूप में ली गई राशि या निवेश की गई राशि को निरूपित करता है। माना ब्याज दर r है जिसे प्रतिशत के रूप में व्यक्त किया गया है तथा t वह अवधि है जिसमें ऋण चुकाया जाना है या निवेश परिपक्व होता है। यदि राशि P का निवेश, r% प्रति वर्ष साधारण ब्याज दर से t वर्षों के लिए किया जाता है तो प्राप्त होने वाला ब्याज I_n होगा—

$I_t = p \times r \times t$

अतः t वर्ष के अंत में प्राप्त होने वाली कुल राशि A मूलधन P तथा ब्याज I_n के योग के बराबर होगी—

$A = P + I_t = P + Prt = P(1 + rt)$

हम केवल एक नकदी प्रवाह से प्रारंभ करते हैं। मान लीजिए आपने वर्ष 2008 में 100 रुपए का निवेश किया। आपके निवेश का भविष्य काल मूल्य 100 रुपए + 10 रुपए प्रतिवर्ष होगा तब तक के लिए जब तक के लिए आपने 10% की दर निवेश किया है। अतः, यदि आपने 100 रुपए 4 वर्ष के लिए निवेशित किए, तो आपकी राशि 4 वर्ष के अंत में 140 रुपए हो जाएगी। व्यापक रूप में, यदि आप P रुपए का निवेश 100% प्रतिवर्ष की दर से t वर्ष के लिए करें तो आपको t वर्षों के पश्चात्

$A = P + Pr\,t = P\,(1 + rt)$

के बराबर राशि प्राप्त होगी, यह हम देख चुके हैं। चक्रवृद्धि ब्याज में स्थिति अधिक रोचक/जटिल है। जब किसी निवेश में ब्याज चक्रवृद्धि होता है तो हमें अपने निवेश में ब्याज पर भी बयाज मिलता है। दूसरे शब्दों में किसी भी समय अवधि में पिछली समय अवधियों में अर्जित ब्याज पर ब्याज दिया जाएगा। ऊपर दिए गए उदाहरण में, प्रामि वर्ष के अंत में राशि 100 रुपए + 10रुपए (ब्याज = 100 का 10% = 10 रुपए) = 110 रुपए हो जाएगी। यह दूसरे वर्ष के प्रारंभ में मूलधन है। दूसरे वर्ष का ब्याज 110 रुपए का 10% अर्थात् 11 रुपए होगा। अतः, दूसरे वर्ष के अंत में राशि 110 + 11 रुपए = 121 रुपए हो जाएगी।

व्यापक रूप में, यदि राशि P का निवेश 100r% चक्रवृद्धि ब्याज की दर पर t वर्ष के लिए किया जाएँ तो t वर्षों के अंत में प्राप्त होने वाली कुल राशि होगी

$A = P\,(1 + r)^t$

साधारण एवं चक्रवृद्धि ब्याज द्वारा प्राप्त राशियों के सूत्रों में अंतर पर ध्यान दीजिए। साधारण ब्याज में कोष्ठक के अंदर का व्यंजक 1 + rt है, अर्थात् r और t के गुणनफल में 1 जोड़ा गया है जबकि चक्रवृद्धि ब्याज द्वारा प्राप्त राशि के सूत्र में t एक गुणक के रूप में न होकर घातांक में उपस्थित है। यहाँ t, (1 + r) का घातांक है।

मान लीजिए

C_0 प्रारंभिक नकद प्रवाह या निवेश है

r ब्याज या प्रतिफल/लाभ की हुई दर है

t निवेश की अवधि है

C_t राशि C_0 का निवेश करने पर t वर्ष के पश्चात् प्राप्त होने वाली राशि है

तो $C_t = C_0\,(1 + r)^t$

यह संयोजन ज्ञात करने का सूत्र है, जो कि वर्तमान नकदी मूल्य को भविष्य नकदी मूल्य में परिवर्तित करता है। $(1 + r)^t$ भविष्य मूल्य संयोजन घटक कहलाता है और इसे $FVCF_{r,t}$ द्वारा निरूपित किया जाता है यहाँ r और t ऊपर परिभाषित किए गए चर है। अतः

$$C_t = C_0\,FVCF_{r,t}$$

अब हम इसकी विपरीत प्रक्रिया का अध्ययन करते हैं। अर्थात् हम यह ज्ञात करने का प्रयास करते है कि यदि किसी राशि का भविष्य नकदी प्रवाह दिया है, तो इसके संगत वर्तमान नकद प्रवाह का मान क्या होगा? इस प्रक्रिया को बट्टा (discounting) कहते हैं। हम एक ही अवधि वाली स्थिति से प्रारंभ करते हैं। भविष्य नकदी मान को वर्तमान मान में परिवर्तित करने

के लिए हम बट्टे की प्रक्रिया का प्रयोग करेंगे। इसके लिए हमें केवल संयोजन समीकरण के पदों को निम्नलिखित रूप में पुनः व्यवस्थित करने की आवश्यकता है–

$$C_0 = \frac{C_t}{(1+r)^t}$$

अतः, बट्टा, संयोजन की विपरीत प्रक्रिया है। ऊपर प्राप्त समीकरण $C_0 = \frac{C_t}{(1+r)^t}$ में $\frac{1}{(1+r)^t}$ वर्तमान मूल्य बट्टा घटक कहलाता है तथा इसे $PVDF_{r,t}$ द्वारा व्यक्त किया जाता है। ध्यान दें कि बट्टा घटक, संयोजन घटक का व्युत्क्रम है। अनेक अर्थसंबंधी समस्याएँ एक से अधिक नकदी प्रवाहों से संबंधित होती हैं। अनेक नकदी प्रवाहों वाली बट्टे की स्थिति सरल है : हम प्रत्येक व्यक्तिगत नकदी प्रवाह के लिए अलग–अलग वर्तमान मूल्य (PV) ज्ञात करके उनका योग करते हैं। व्यापक स्थिति में इसका सूत्र हम यहाँ दे रहे हैं। ध्यान रहे कि प्रतिवर्ष होने वाले विभिन्न नकदी प्रवाह असमान हो सकते हैं।

$$PV_0 = \frac{C_1}{(1+r)^1} + \frac{C_2}{(1+r)^2} + \ldots + \frac{C_t}{(1+r)^t}$$

हम किसी वार्षिकी (annuity) के वर्तमान मूल्य पर भी विचार करते हैं। एक वार्षिकी एक ऐसी नियत (अचर) राशि है तो प्रतिवर्ष प्राप्त होती है। मान लीजिए, P_0 एक ऐसी वार्षिकी का वर्तमान मूल्य है जो t वर्ष के पश्चात् प्रत्येक वर्ष के अंत में C रुपए देती हो।

हम पाते हैं कि

$$P_0 = \frac{C}{(1+r)} + \frac{C}{(1+r)^2} + \ldots + \frac{C}{(1+r)^t} = C\left[\frac{1}{(1+r)^1} + \frac{1}{(1+r)^2} + \ldots + \frac{1}{(1+r)^t}\right]$$

कोष्ठक [ ] में लिखे पदों का योग एक गुणोत्तर श्रेढ़ी के रूप में हैं। यह गुणोत्तर श्रेढ़ी r की दर पर t वर्ष के लिए वर्तमान मूल्य वार्षिकी घटक ($PVAF_{r,t}$) कहलाती है। इस अंकन पद्धति में इसे इस प्रकार व्यक्त किया जा सकता है–

$$P_0 = C.PVAF_{r,t}$$

जहाँ C अचर भुगतान राशि है। वर्तमान मूल्य वार्षिकी घटक को सूत्र

$$PVAF_{r,t} = \frac{1 - \left[{}^{1}\!/\!{}_{(1+r)^t}\right]}{r}$$

से भी व्यक्त किया जा सकता है।

इसी प्रकार हम किसी वार्षिकी का भविष्य मूल्य ज्ञात करने के लिए भी सूत्र ज्ञात करते हैं। यह सूत्र है–

$$FVA_t = C(1+r)^{t-1} + C(1+r)^{t-2} + \ldots + C = C\left[\frac{(1+r)^t - 1}{r}\right]$$

यह भी संभव है कि संयोजन और बट्टे में नकदी प्रवाह वर्ष में एक बार न होकर कई बार हो। मान लीजिए r ब्याज की दर तथा t वर्षों में समय अवधि को निरूपित करता है परंतु अब संयोजन वर्ष में एक बार न होकर m बार होता है।

ऐसी स्थिति में संयोजन सूत्र —

$$C_t = C_0 \left(1 + \frac{r}{m}\right)^{mt}$$

तथा बट्टा सूत्र—

$$C_0 = \frac{C}{\left(1 + \frac{r}{m}\right)^{mt}}$$

प्राप्त होता है।

2.18.3 वर्तमान मूल्य (Present Value)—वर्तमान मूल्य यह बताता है कि भविष्य के धन का आज कितना मूल्य है। मान लीजिए कि धन को 10% चक्रवृद्धि ब्याज की दर से निवेश किया जा सकता है जबकि ब्याज का संयोजन वार्षिक रूप से होता हो। तो 100 रुपए का निवेश एक वर्ष पश्चात् 110 रुपए हो जाएगा। इसी प्रकार वर्तमान के 100 रुपए का मान दो वर्ष के पश्चात् के $100 (1.1)^2 = 121$ रुपए के मान के बराबर है इससे भविष्य में मिलने वाली किसी राशि के वर्तमान मान/मूल्य की अवधारणा का अर्थ स्पष्ट हो जाता है। इसे विधि पूर्वक व्यक्त करने के लिए हम देखते हैं कि यदि निवेश की वर्तमान दर 10% है, तो एक वर्ष पश्चात् मिलने वाले 110 रुपए का वर्तमान मूल्य $\frac{110}{1.1} = 100$ रुपए है।

इसी प्रकार, दो वर्ष पश्चात् मिलने वाले 121 रुपए का वर्तमान मूल्य $\frac{121}{1.1^2} = 100$ रुपए है, इत्यादि। यहाँ प्रयुक्त निवेश दर को बट्टा दर भी कहा जाता है नीचे हम वर्तमान मूल्य ज्ञात करने का व्यापक सूत्र दे रहे हैं तथा इसे एक उदाहरण द्वारा स्पष्ट भी कर रहे हैं।

वर्तमान मूल्य सूत्र—राशि A, का जो कि t वर्ष में प्राप्त होने वाली है, 100% की बट्टा दर से वर्तमान मूल्य P निम्नलिखित सूत्र द्वारा प्राप्त किया जा सकता है

$$P = \frac{A}{(1+i)^t}$$

जहाँ,

P = वर्तमान मूल्य है
A = वर्ष पश्चात प्राप्त होने वाली राशि है
i = बट्टा दर (अनुपातिक रूप में) है
तथा t = वर्षों में समय अवधि है।

2.18.4 निक्षेप निधि (Sinking Fund for Debt Amortization)—

निक्षेप निधि एक ऐसी वार्षिकी होती है जिसका निवेश भविष्य में की गई वित्तीय प्रतिबद्धताओं को पूरा करने के लिए किया जाता है।

निक्षेप निधि का प्रयोग सामान्यतः निम्न उद्देश्यों के लिए किया जाता है—

- ऋण चुकाने के लिए
- किसी विद्यमान/वर्तमान संपत्ति/परिसंपत्ति के पूर्ण रूप से मूल्यह्रास होने के पश्चात् नई संपत्ति/परिसंपत्ति के लिए पूँजी उपलब्ध करवाने के लिए

उदाहरण के लिए, यदि 25,000 रुपए का ऋण तीन वर्ष के लिए 12% चक्रवृद्धि ब्याज पर लिया गया हो, तो तीसरे वर्ष के अंत में बकाया ऋण होगा : $25,000 (1.12)^3$ रुपए = 35123.20 रुपए। यदि धन का निवेश 9.5% की दर पर किया जा सकता है, तो हम वार्षिकी A का मान ज्ञात करना चाहेंगे, जिसके निवेश से 3 वर्ष में 35,123.20 की राशि प्राप्त हो सके। A का मान निम्न समीकरण द्वारा ज्ञात किया जा सकता है—

35,123.20	= A	+	A(1.095)	+	A(1.095)²
शेष ऋण	तीसरा भुगतान		दूसरा भुगतान		पहला भुगतान
	(जो भुगतान तीसरे वर्ष के अंत में किया गया)		(जिसका निवेश 1 वर्ष के लिए किया गया)		(जिसका निवेश 2 वर्ष के लिए किया गया)

अर्थात् $35123.20 = A(1 + 1.095 + 1.095^2)$

$35123.20 = A(3.2940)$

इसलिए, $A = \dfrac{35123.20}{3.2940} = 10662.78$

अतः निक्षेप निधि में वार्षिक भुगतान 10.662.78 रुपए होना चाहिए। इससे 3 वर्ष पश्चात् 9.5% की दर से 35,133.20 रुपए प्राप्त हो जाएँगे।

संख्यात्मक प्रश्न

प्रश्न 1. यह दिया हुआ है कि एक वस्तु की कीमत 3.50 रुपए प्रति इकाई है, यदि माँग 350 इकाई है। यदि माँग केवल 50 इकाई की है तो कीमत बढ़कर 5.50 रुपए प्रति इकाई हो जाती है। माँग और कीमत में रैखिक माँग फलन ज्ञात कीजिए।

उत्तर— माना रैखिक माँग फलन $P = a + bx$ है। इस फलन में $p = 3.5$ तथा $x = 250$ रखने पर हम पाते हैं कि

$3.5 = a + 250b$ ...(1)

इसी प्रकार $p = 5.5$ तथा $x = 50$ रखने पर, हम प्राप्त करते हैं—

$5.5 = a + 50b$ ...(2)

समीकरण (2) में से समीकरण (1) घटाने पर हम प्राप्त करते हैं कि

200b = –2 or b = –0.01
समीकरण (1) में b = –0.01 रखने पर हम प्राप्त करते हैं–
3.5 = a + (250) (–0.01)
3.5 = a – 2.5
∴ a = 6 और b = –0.01
अत:, माँग फलन p = 6 – 0.01x है।

प्रश्न 2. A (18, 8) और B (10, 2) के बीच की दूरी ज्ञात कीजिए।

उत्तर– यहाँ $x_1 = 18$, $y_1 = 8$, $x_2 = 10$ तथा $y_2 = 2$ है। दूरी सूत्र में x_1, y_1, x_2 तथा y_2 का मान रखने पर हम पाते हैं कि

$$d(A,B) = \sqrt{(x_2 - x_1)^2 + (y_2 - y_1)^2} = \sqrt{(18-10)^2 + (2-8)^2}$$
$$= \sqrt{(8)^2 + (-6)^2} = \sqrt{100} = 10$$

प्रश्न 3. बिंदुओं (3, 5) और (–1, 4) को मिलाने वाले रेखाखंड को 2 : 3 के अनुपात में विभाजित करने वाले बिंदु के निर्देशांक ज्ञात कीजिए।

उत्तर– इस प्रश्न में $x_1 = 3$, $y_1 = 5$, $x_2 = -1$ तथा $y_2 = 4$ है। साथ ही m = 2 तथा n = 3 है।

मान लीजिए, वांछित बिंदु के निर्देशांक (x, y) हैं।

अत:, $x = \dfrac{nx_1 + mx_2}{m+n}$

इसी प्रकार, $= \dfrac{3 \times 3 + 2 \times (-1)}{2+3} = \dfrac{7}{5}$

$y = \dfrac{ny_1 + my_2}{m+n}$

$y = \dfrac{3 \times 5 + 2 \times 4}{2+3} = \dfrac{23}{5}$

अत:, वांछित बिंदु के निर्देशांक $\left(\dfrac{7}{5}, \dfrac{23}{5}\right)$

प्रश्न 4. (क) रेखा **2x –3y = 6** का ढाल तथा y-अंत:खंड ज्ञात कीजिए।

उत्तर– दिए हुए समीकरण को प्रवणता–अंत:खंड रूप में लिखें–

2x –3y = 6   अथवा –3y = –2x + 6

$y = \dfrac{2}{3}x - 2$

इस रूप में लिखे समीकरण से हम सरलता से देख सकते हैं कि रेखा का ढाल $\dfrac{2}{3}$ तथा इसका y-अंत:खंड –2 है।

(ख) ढाल 3 तथा y-अंतःखंड $\frac{6}{7}$ वाली रेखा का समीकरण क्या होगा?

उत्तर— यदि $m = 3$ तथा $b = \frac{6}{7}$ है, तो हम $y = mx + b$ से प्राप्त करते हैं—

$$y = 3x + \frac{6}{7}$$

प्रश्न 5. ढाल –5 वाली और बिंदु (3, 7) से होकर निकलने वाली रेखा का समीकरण क्या होगा?

उत्तर— किसी रेखा के समीकरण के बिंदु–ढाल रूप से हमें प्राप्त होता है कि—

$y - 7 = -5(x - 3)$

अथवा $y - 7 = -5x + 15$

∴ $y = -5x + 22$

प्रश्न 6. XYZ मार्केटिंग कंपनी एक नए उपभोक्ता उत्पाद के विज्ञापन अभियान की व्यवस्था करती है। घर–घर जाकर होने वाले इस विज्ञापन अभियान पर होने वाले खर्च तथा नए उत्पाद की प्रारंभिक बिक्री में रैखिक संबंध पाया गया। यदि विज्ञापन पर रुपए 500/– खर्च करने पर उत्पाद की 100 इकाइयों की बिक्री होती है तथा रुपए 1200/– खर्च करने पर 240 इकाइयों की तो, रुपए 750/– खर्च करने पर उत्पाद की कितनी इकाइयों की बिक्री होगी।

उत्तर— यदि x = विज्ञापन पर खर्च किए गए रुपयों की संख्या और y = उत्पाद की प्रारंभिक बिक्री है तो (500, 100) और (1200, 240) अभीष्ट रेखा पर स्थित दो बिंदु हैं। रेखा के समीकरण के दो–बिंदु रूप का उपयोग करने पर हमें निम्नलिखित समीकरण प्राप्त होता है।

$$y - 100 = \frac{240 - 100}{1200 - 500}(x - 500)$$

अथवा $y - 100 = \frac{1}{5}(x - 500)$

अथवा $y = \frac{1}{5}x - 100 + 100$

∴ $y = \frac{1}{5}x$

इस समीकरण में $x = 750$ रखने पर, हमें प्राप्त होता है—

$x = \frac{1}{5} \times 750 = 150$ इकाइयाँ

अर्थात् हम पाते हैं कि यदि विज्ञापन पर रुपए 750/– खर्च किए जाएँ तो उत्पाद की 150 इकाइयों की बिक्री होगी।

प्रश्न 7. उस वृत्त का समीकरण ज्ञात कीजिए–

(क) जिसका केंद्र (2, –3) हो तथा जिसकी त्रिज्या 5 हो।

उत्तर– हम वृत्त के समीकरण के मानक रूप का उपयोग करेंगे।

हमें $(h, k) = (2, -3)$ तथा $r = 5$ दिया है।

अतः, अभीष्ट समीकरण है–$(x-2)^2 + [y-(-3)]^2 = 5^2$

अथवा $(x-2)^2 + (y+3)^2 = 25$

(ख) जिसका केंद्र मूलबिंदु हो तथा जिसकी त्रिज्या 4 हो।

उत्तर– पुनः, वृत्त के समीकरण के मानक रूप में $(h, k) = (0, 0)$ तथा $r = 4$ रखने पर, हम प्राप्त करते हैं–

$(x-0)^2 + (y-0)^2 = 4^2$

अथवा $x^2 + y^2 = 16$

प्रश्न 8. दर्शाइए कि समीकरण $x^2 + y^2 - 2x + 6y - 6 = 0$ का आलेख एक वृत्त है। इसके केंद्र तथा त्रिज्या का आंकलन भी करें।

उत्तर– हम एक जैसी घात वाले चरों को एक साथ संकलित करते हैं तथा प्रत्येक चर के लिए कोष्ठकों के पूर्ण वर्ग बनाते हैं–

$$(x^2 - 2x) + (y^2 + 6y) = 6$$

अथवा $(x^2 - 2x + 1) + (y^2 + 6y + 9) = 6 + 1 + 9$

इस समीकरण को पुनः मानक रूप में लिखते हैं–

$(x-1)^2 + (y+3)^2 = 16$

हम देख सकते हैं कि $(x-1)^2 + (y+3)^2 = 16$ का आलेख एक वृत्त है क्योंकि यह केंद्र $(1, -3)$ तथा त्रिज्या 4 वाले वृत्त का मानक रूप में समीकरण है।

प्रश्न 9. एक परिवलय की नाभि (3, 2) और उसकी नियता $x = -1$ है। परिवलय की परिभाषा का प्रयोग करते हुए इसका समीकरण ज्ञात कीजिए।

उत्तर– सर्वप्रथम, हम दी हुई जानकारी की मदद से एक रेखाचित्र बनाते हैं। परवलय की नाभि (3, 2) पर स्थित है तथा इसकी नियता $x = -1$ है। अब हम परवलय के शीर्ष का निर्धारण करते हैं जो कि नाभि एवं नियता के मध्य में अर्थात् बिंदु (1, 2) पर स्थित है।

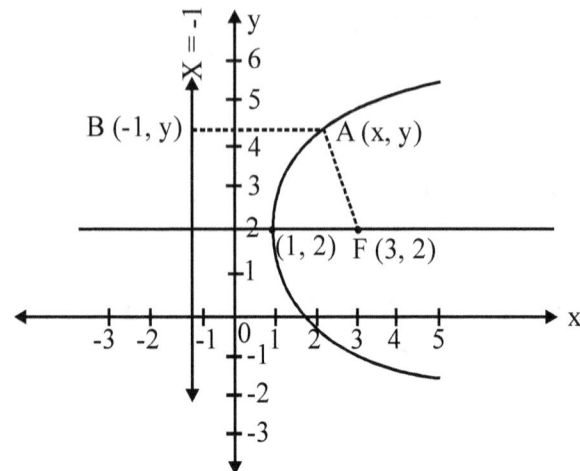

परवलय की परिभाषा के अनुसार, इस पर स्थित कोई भी बिंदु (x, y) नाभि F (3, 2) तथा नियता (x = –1) से बराबर दूरी पर होगा। अतः,

AF = AB

दूरी सूत्र के उपयोग से हम पाते हैं कि

$(x – 3)^2 + (y – 2)^2 = [x – (–1)]^2 + (y – y)^2$

इस समीकरण का सरलीकरण करने पर, हम प्राप्त करते हैं,

$x^2 – 6x + 9 + y^2 – 4y + 4 = x^2 + 2x + 1$

अथवा $y^2 – 4y = 8x – 12$

द्विघातीय व्यंजक में वर्ग पूर्ण करने पर तथा पदों को पुनर्व्यवस्थित करने पर, हम प्राप्त करते हैं–

$y^2 – 4y + 4 = 8x – 12 + 4$

अथवा $(y – 2)^2 = 8x – 8$

अथवा $(y – 2)^2 = 8(x – 1)$

ध्यान दें कि शीर्ष (1, 2) तथा नाभि (3, 2) के बीच की दूरी p = 2 इकाई है।

अतः, अभीष्ट समीकरण है

$(y – 2)^2 = 4(2) (x – 1)$

जो कि $(y – k)^2 = 4p (x – h)$ प्रकार का समीकरण है जहाँ p = 2 तथा नाभि (h, k) = (1, 2) है।

प्रश्न 10. सिद्ध कीजिए कि $y^2 + 4x = –8$ एक परवलय है।

उत्तर– हम दिए समीकरण को पुनः निम्न रूप में लिखते हैं–

$y^2 = – 4x – 8$

अथवा $y^2 = –4 (x + 2)$

अथवा $y^2 = 4(–1) (x + 2)$

अतः, यह दिए हुए समीकरण का परवलय का है जो कि x-अक्ष के सापेक्ष सममित है। इसकी नाभि (–2, 0) पर स्थित है और p = –1 है। क्योंकि p का मान ऋणात्मक है, इसलिए यह परवलय बाईं ओर खुलेगा।

प्रश्न 11. उस परवलय का समीकरण ज्ञात कीजिए जिसका अक्ष y-अक्ष है, जिसकी नाभि मूलबिंदु पर स्थित है तथा जो बिंदु (–4, 2) से होकर जाता है। इस परवलय की नाभिलंब जीवा की लंबाई भी ज्ञात कीजिए।

उत्तर— दी हुई जानकारी के अनुसार, परवलय का समीकरण का रूप
$(x – h)^2 = 4p(y – k)$ के साथ $(h, k) = (0, 0)$
होगा, जहाँ $(h, x) = (0, 0)$ है।
अतः यह समीकरण होगा— $x^2 = 4py$
बिंदु (–4, 2) परवलय पर स्थित है, अतः इसके निर्देशांक उपरोक्त समीकरण को संतुष्ट करेंगे।
अतः $(–4)^2 = 4p(2)$
इस समीकरण से हमें प्राप्त होता है— $p = \dfrac{16}{8} = 2$
अतः, अभीष्ट समीकरण है— $x^2 = 8y$

इस परवलय का अक्ष y-अक्ष है। अतः, इसकी नाभि y-अक्ष पर स्थित होगी और उसकी नाभि (0, 0) से दूरी 2 इकाई के बराबर होगी। ध्यान दें कि नाभिलंब जीवा, जो कि नाभि से होकर जाती है, परवलय को बिंदुओं (–4, 2) तथा (4, 2) पर काटेगी। इस जीवा की लंबाई 8 इकाई होगी, जो कि 4p के मान के बराबर है। अतः, यहाँ पर एक निष्कर्ष निकाला जा सकता है कि नाभिलंब जीवा की लंबाई |4a| के बराबर होती है।

अतः, परवलय का समीकरण $x^2 = 8y$ है तथा इसकी नाभिलंब जीवा की लंबाई 8 इकाई है।

प्रश्न 12. X ने 24000 रुपए उधार लिए तथा उसे 2000 रुपए प्रति माह की 12 किश्तों में तथा शेष मूलधन पर 1.5% ब्याज दर से चुकाने का निर्णय लिया। X द्वारा दी जाने वाली 10वीं किश्त की राशि क्या होगी?

उत्तर— पहली किश्त = ₹2000 + (0.015) (₹24000) = ₹2360
दूसरी किश्त = ₹2000 + (0.015) (₹22000) = ₹2330
तीसरी किश्त = ₹2000 + (0.015) (₹20000) = ₹2300
हम पाते हैं कि किश्तों में दी जाने वाली राशि एक समांतर श्रेढ़ी बनाती है जिसमें प्रथम पद a = 2360 रुपए तथा सार्वअंतर (d) = 30 रुपए है।
अतः, 10वीं किश्त = श्रेढ़ी का 10वाँ पद
= a + (10 – 1)d = ₹2360 + 9 (–₹30) = ₹2090.

प्रश्न 13. एक बिजली का सामान बनाने वाली कंपनी XYZ के पहले साल की बिक्री 2,00,000 रुपए थी। यदि उसके पश्चात् प्रति वर्ष कंपनी की बिक्री में 30000 रुपए की वृद्धि हुई तो कंपनी की 5वें वर्ष की बिक्री ज्ञात कीजिए। साथ ही, पहले पाँच वर्ष में कंपनी की कुल बिक्री भी ज्ञात कीजिए।

उत्तर— कंपनी XYZ की वार्षिक बिक्री एक समांतर श्रेढ़ी बनाती है जिसका प्रथम पद $a = 2,00,000$ तथा सार्व अंतर $d = 30,000$ है। अतः, पाँचवें वर्ष में होने वाली बिक्री सूत्र $a_n = a + (n-1)d$ में $n = 5$ रखकर प्राप्त की जा सकती है। अतः
$$a_5 = 2,00,000 + (5-1)30,000 = ₹3,20,000.$$

इसी प्रकार की प्रथम पाँच वर्षों में होने वाली बिक्री सूत्र $S_n = \frac{n}{2}[2a + (n-1)d]$ में $n = 5$ रखकर प्राप्त की जा सकती है। अतः,
$$S_5 = \frac{5}{2}[2(2,00,000) + (5-1)30,000] = ₹13,00,000.$$

प्रश्न 14. मान लीजिए X, 32,500 का एक ऋण पहले महीने में 300 रुपए देकर तथा उसके पश्चात् प्रत्येक माह 150 रुपए बढ़ाकर चुकाता है। उसे इस ऋण को चुकाने में कितना समय लगेगा?

उत्तर— क्योंकि X अपनी मासिक किश्त 150 रुपए की नियत राशि से बढ़ाता है, अतः यहाँ $d = 150$ होगा। साथ ही पहली किश्त $a = 200$ रुपए दी हुई है। इस प्रकार हमें एक समांतर श्रेढ़ी प्राप्त होती है। यदि वह पूरी राशि मासिक किश्तों में चुकाता है तो हम पाते हैं कि

$$S_n = \frac{n}{2}[2a + (n-1)d]$$

या $32500 = \frac{n}{2}[2(200) + (n-1)150]$

या $65000 = n(250 + 150n)$

या $15n^2 + 25n - 6500 = 0$

$$\therefore n = \frac{-25 \pm \sqrt{(25)^2 - 4 \times 15 \times (-6500)}}{2 \times 15} = \frac{-25 \pm 625}{30} = 20 \text{ or } -21.66$$

क्योंकि n एक धनात्मक पूर्णांक है इसलिए $n = -21.66$ नहीं हो सकता। अतः, X को पूरी राशि चुकाने में 20 महीने लगेंगे।

प्रश्न 15. X ने 1000 रुपए एक बैंक में जमा करवाएँ बैंक जमा राशि पर 10% प्रति वर्ष की दर से चक्रवृद्धि ब्याज देता है जो कि तिमाही संयोजित होता है। 5 साल पश्चात् X की कुल जमा राशि कितनी हो जाएगी?

उत्तर— X का मूलधन $P = 1000$ रुपए है। 10% वार्षिक ब्याज दर, 2.5% तिमाही ब्याज दर के समान है। अतः प्रथम तिमाही के पश्चात् धनराशि होगी—

$a_1 = 1000 + (1000)(0.025) = 1000(1.025)$

दूसरी तिमाही के अंत में राशि होगी—

a_2 = [प्रथम तिमाही के अंत में राशि] + [प्रथम तिमाही के अंत में राशि] (0.025)
  $= a_1 + a_1(0.025) = a_1(1.025)$
  $= 1000(1.025)(1.025) = 1000(1.025)^2$

तीसरी तिमाही के अंत में राशि होगी—

a_3 = [दूसरी तिमाही के अंत में राशि] [ ] (0.025)
  $= a_2 = a_2(0.025) - a_2(1.025)$
  $= 1000(1.025)^2(1.025)$
  $= 1000(1.025)^3$

इस प्रकार हम देखते हैं कि हमें निम्नलिखित गुणोत्तर श्रेढ़ी प्राप्त होती है—

$1000(1.025), 1000(1.025)^2, 1000(1.025)^3, \ldots$

जिसमें प्रथम पद $a = 1000(1.025)$ तथा सार्व अनुपात $r = 1.025$ है।

हम 5 वर्ष अर्थात् 20वीं तिमाही के अंत में राशि ज्ञात करना चाहते हैं। यह राशि हमारी श्रेढ़ी के 20वें पद के बराबर होगी। अतः,

$a_{20} = ar^{20-1} = [1000(1.025)](1.025)^{19}$
  $= 1000(1.025)^{20} \cong ₹1638.62$

प्रश्न 16. एक फर्म प्रत्येक वर्ष के प्रारंभ में एक ऐसी राशि का निवेश करने की योजना बनाती है जिससे पाँच वर्ष की समयावधि के पश्चात् 1,00,000 रुपए की कुल राशि प्राप्त हो सके। यदि चक्रवृद्धि ब्याज की वार्षिक दर 14% हो तथा ब्याज प्रतिवर्ष संयोजित होता हो, तो प्रतिवर्ष निवेश की जाने वाली राशि ज्ञात कीजिए।

उत्तर— मान लीजिए पाँच वर्ष तक, प्रत्येक वर्ष के प्रारंभ में B रुपयों का निवेश किया गया।

B रुपए का प्रथम निवेश पाँच वर्ष की अवधि समाप्त होने पर $B(1.14)^5$ हो जाता है, दूसरा निवेश इस समयावधि से अंत में $(1.14)^4$ हो जाता है, ... इत्यादि।

परंतु इन विभिन्न उपार्जित राशियों का योग 100000 रुपए के बराबर होना चाहिए। अर्थात्

$1,00,000 = B(1.14)^5 + B(1.14)^4 + \ldots + B(1.14)$
  $= B[1.14 + (1.14)2 + \ldots + (1.14)^5]$

$= B\left[\dfrac{1.14(1.14)^5 - 1}{1.14 - 1}\right] = B(7.5355)$

$1,00,000 = B(7.5355)$

$B = \dfrac{100{,}000}{7.5355} = ₹13270.52$

प्रश्न 17. एक कार 80,000 रुपए में खरीदी गई। यदि पहले तीन वर्षों के लिए मूल्यह्रास 5% प्रतिवर्ष की दर से तथा अगले तीन वर्ष के लिए यह 10% प्रति वर्ष की दर से परिकलित किया जाता है, तो 6 वर्ष के पश्चात् कार का आर्थिक मान ज्ञात कीजिए।

उत्तर— (i) पहले वर्ष में होने वाला मूल्यह्रास $= 80{,}000 \times \dfrac{5}{100}$

अतः, एक वर्ष के अंत में कार का घटा हुआ मूल्य
$$= 80{,}000 - \left(80{,}000 \times \dfrac{5}{100}\right)$$
$$= 80{,}000\left(1 - \dfrac{5}{100}\right)$$

(ii) दूसरे वर्ष में होने वाला मूल्यह्रास
= (प्रथम वर्ष के अंत में ह्रासित मूल्य) × (दूसरे वर्ष में अवमूल्यन की दर)
$$= 80{,}000\left(1 - \dfrac{5}{100}\right)\left(\dfrac{5}{100}\right)$$

अतः, दूसरे वर्ष के अंत में कार का ह्रासित मूल्य
= (पहले वर्ष के अंत में ह्रासित मूल्य) – (दूसरे वर्ष में मूल्यह्रास)
$$= 80{,}000\left(1 - \dfrac{5}{100}\right) - 80{,}000\left(1 - \dfrac{5}{100}\right)\left(\dfrac{5}{100}\right)$$
$$= 80{,}000\left(1 - \dfrac{5}{100}\right)\left(1 - \dfrac{5}{100}\right)$$
$$= 80{,}000\left(1 - \dfrac{5}{100}\right)^2$$

इसी प्रकार, तीसरे वर्ष के अंत में कार का ह्रासित मान
$$= 80{,}000\left(1 - \dfrac{5}{100}\right)^3$$

(iii) चौथे वर्ष का मूल्यह्रास $= 80{,}000\left(1 - \dfrac{5}{100}\right)^3 \left(\dfrac{10}{100}\right)$

अतः, चौथे वर्ष के अंत में कार का ह्रासित मान
= (तीसरे वर्ष के अंत में ह्रासित मूल्य) – (चौथे वर्ष में मूल्यह्रास)
$$= 80{,}000\left(1 - \dfrac{5}{100}\right)^3 - 80{,}000\left(1 - \dfrac{5}{100}\right)^3 \left(\dfrac{10}{100}\right)$$

इसी प्रकार परिकलन करते हुए हम पाते हैं कि, 6 वर्ष के अंत में कार का ह्रासित मूल्य हो जाता है—
$$= 80{,}000\left(1 - \dfrac{5}{100}\right)^3 \left(1 - \dfrac{5}{100}\right)^3 = ₹50224$$

एक स्वतंत्र चर के फलन

प्रश्न 18. एक फर्म ने एक वस्तु 8 वर्ष तक 20000 रुपए प्रतिवर्ष भुगतान की योजना के अंतर्गत खरीदी। भुगतान प्रत्येक वर्ष के प्रारंभ में किए जाते हैं। 20% वार्षिक ब्याज दर से भुगतानों के नकदी प्रवाह का कुल वर्तमान मूल्य क्या है?

उत्तर— पहले वर्ष के भुगतान का वर्तमान मूल्य = 20,000 रुपए

दूसरे वर्ष के भुगतान का वर्तमान मूल्य = $\dfrac{20,000}{1.2}$ रुपए

तीसरे वर्ष के भुगतान का वर्तमान मूल्य = $\dfrac{20,000}{(1.2)^2}$ रुपए

... ...
... ...
... ...

अंतिम वर्ष के भुगतान का वर्तमान मूल्य = $\dfrac{20,000}{(1.2)^7}$ रुपए

अतः भुगतान के कुल नकदी प्रवाह का वर्तमान मूल्य होगा—

$$20{,}000\left\{1 + \dfrac{1}{1.2} + \dfrac{1}{(1.2)^2} + \dots + \dfrac{1}{(1.2)^7}\right\}$$

यह सार्व अनुपात $r = \dfrac{1}{1.2}$ वाली एक गुणोत्तर श्रेणी है और हमें इसके प्रथम 8 पदों का योग अथवा S_8 ज्ञात करना है

$$S_8 = \dfrac{a(1 - r^8)}{1 - r}$$

$$= 20{,}000\left\{\dfrac{1 - \left(\dfrac{1}{1.2}\right)^8}{1 - \dfrac{1}{1.2}}\right\} = 1{,}20{,}000\left[1 - \dfrac{1}{(1.2)^8}\right] = 1{,}20{,}000(1 - 0.23)$$

= ₹92,400 लगभग

निवल वर्तमान मूल्य, जिसे हम संक्षेप में NPV से व्यक्त करते हैं, किसी परियोजना से संबंधित सभी नकदी प्रवाहों के वर्तमान मूल्यों के योग के बराबर होता है।

प्रश्न 19. एक ऐसी व्यापारिक परियोजना पर विचार किया जा रहा है जिसकी प्रारंभिक लागत 12000 रुपए है। इसमें आने वाले चार वर्षों में क्रमशः 8000 रुपए, 12000 रुपए, 10000 रुपए तथा 6500 रुपए का राजस्व/आय अपेक्षित है। यदि परियोजना में अगले चार वर्षों में होने वाली लागत क्रमशः 8500 रुपए, 3000 रुपए, 1500 रुपए तथा 1500 रुपए है और बट्टा दर 18.5% है, तो परियोजना का शुद्ध वर्तमान मूल्य अर्थात् NPV ज्ञात कीजिए।

उत्तर—

वर्ष	अंतर्वाह नकदी प्रवाह (a)	बहिर्वाह नकदी प्रवाह (b)	(a) – (b)	18.5 की दर से बट्टा घटक	वर्तमान मूल्य
1	—	12000	(12000)	$1.000 \left(= \dfrac{1}{(1+0.185^0)}\right)$	(12000)
2	8000	8500	(500)	$0.8439 \left(= \dfrac{1}{(1+0.185^1)}\right)$	(421.95)
3	12000	3000	9000	0.7121	6408.90
4	10000	1500	8500	0.6010	5108.50
5	6500	1500	5000	0.5071	2535.50
				शुद्ध वर्तमान मूल्य	1630.95

प्रश्न 20. एक समांतर श्रेढ़ी का तीसरा पद तथा ग्यारहवाँ पद क्रमशः 21 और 85 है। श्रेढ़ी के पहले पाँच पद लिखिए।

उत्तर— सूत्र $a_n = a + (n-1)d$, का प्रयोग करने पर हम प्राप्त करते हैं—
$a_3 = a + 2d = 21$ और $a_{11} = a + 10d = 85$
पहले समीकरण को दूसरे समीकरण में से घटाने पर हमें प्राप्त होता है—
$8d = 64$ or $d = 8$
d के इस मान को पहले समीकरण में रखने पर हम पाते हैं कि $a + 16 = 21$ अर्थात् $a = 5$ है।
अतः दी हुई समांतर श्रेढ़ी के पहले पाँच पद
5, 13, 21, 29, 37, ... हैं।

अवकलन गणित
(Differentiation)

भूमिका

कलन गणित की एक विशेष शाखा है जिसमें बीजगणित की छः मूल क्रियाओं को जोड़ना, घटाना इत्यादि के अतिरिक्त सीमाक्रिया का प्रयोग विशेष रूप से होता है। कलन दो भागों का आपसी मिलन है—समाकलन और अवकलन। दोनों भागों में एक खास विषय रहता है—अनंत और अतिसूक्ष्म राशियों की मदद से गणना करना।

फलन, सीमा, सातत्य, श्रेणी का अनंत तक योग, अत्यणु (Infinitesimal) आदि संकल्पनाओं की समझ और विकास ने कलन को जन्म दिया। अवकलन (Differentiation) किसी राशि के किसी अन्य राशि के सापेक्ष तत्कालिक बदलाव के दर का अध्ययन करता है, इस दर को 'अवकलज' (Derivative) कहते हैं।

3.1 किसी अनुक्रम की सीमा (Limits of a Sequence)

—गणित में अनुक्रम की सीमा वह मान है जिसकी ओर अनुक्रम के पद अग्रसर होते हैं। यदि इस तरह की कोई सीमा विद्यमान है तो अनुक्रम अभिसारी कहलाता है। यदि अनुक्रम अभिसरण नहीं करता, उसे अपसारी कहते हैं। अनुक्रम की सीमा का मान मूलभूत निरूपण है और सभी विश्लेषण इसके अनुसार परिभाषित किए जाते हैं।

व्यापक रूप में एक अनुक्रम—

- अनंत रूप से, समान अथवा बढ़ती हुई दर से
  $S = \{0, -1, -3, -8, -15...\}$ या $S = \{1, 5, 10, 17, 26,...\}$
- घटती हुई दर से बढ़ता हुआ (वर्धमान) या घटता हुआ (ह्रासमान) हो सकता है जैसे कि—
  $S = \{1, \frac{1}{2}, \frac{1}{3}, \frac{1}{4}, \frac{1}{5}...\}$ या $S = \{\frac{1}{2}, \frac{2}{3}, \frac{3}{4}, \frac{4}{5}...\}$
- बढ़ते हुए अंतर से प्रदोलित होता हुआ हो सकता है, जैसे कि—
  $S = \{-1, 5, -7, 17, -31...\}$
- कम होते हुए अंतर से प्रदोलित होता हुआ हो सकता है जैसे कि—
  $S = \{-1, 1, -1, 1, -1...\}$
- बिना अंतर बढ़ाए या कम किए प्रदोलित होते हुए, जैसे कि—
  $S = \{-\frac{1}{2}, \frac{1}{4}, -\frac{1}{8}, \frac{1}{16}...\}$

ऊपर दिए हुए गुणों के आधार पर अनुक्रमों को निम्न प्रकार से वर्गीकृत किया जा सकता है—

- अनंत की ओर (∞ या $-\infty$ की ओर) जाता हुआ।
- किसी सीमित संख्या की ओर जाता हुआ, जो कि धनात्मक, ऋणात्मक अथवा शून्य हो सकती है।
- कहीं न जाता हुआ (किसी मान की ओर न जाता हुआ)।

मान लीजिए $\{x_n\}_{n \geq 1}$ संख्याओं का एक अनुक्रम है। यदि ये संख्याएँ किसी संख्या L के समीप और समीपतर होती जाएँ (अर्थात् $x_n \approx L$ हो) तो हम कहते हैं कि अनुक्रम $\{x_n\}$ एक अभिसारी अनुक्रम है तथा इसकी सीमा L है।

इसे हम इस प्रकार व्यक्त कर सकते हैं—

$\lim_{n \to \infty} x_n = L$ या, $\underset{n \to \infty}{Lt} x_n = L$

या, $x_n \to L$ जब $n \to \infty$.

जब हम $n \to \infty$ लिखते हैं तो इससे हमारा आशय होता है कि n निरंतर बड़ा होता जा रहा है। यदि कोई अनुक्रम अभिसारी न हो तो उसे अपसारी अनुक्रम कहते हैं।

कोई अनुक्रम $\{x_n\}_{n\geq1}$ अभिसारी होता है यदि एक ऐसी संख्या L प्राप्त हो सके कि जैसे–जैसे n का मान बढ़ाया जाए संख्याएँ x_n, L के समीप और समीपतर होती जाएँ।

अर्थात्

- हम चाहते हैं कि $x_n \approx L$ हो
- हम यह सुनिश्चित करना चाहते हैं कि $|x_n - L| < \varepsilon$ हो, जहाँ ε, 0 से बड़ी कोई बहुत ही छोटी संख्या है।
- कथन (ii) तब सही होगा जब हम एक ऐसा पूर्णांक $N \geq 1$ प्राप्त हो सके कि प्रत्येक $n \geq N$ के लिए $|x_n - L| < \varepsilon$ हो।

यहाँ ε ग्रीक वर्णमाला का एक अक्षर है जिसे 'एपसाइलन' कहते हैं। यह एक यादृच्छिक छोटी धनात्मक राशि को निरूपित करता है। यह x_n और L के बीच के अंतर पर प्रतिबंध लगाता है। दूसरी ओर पूर्णांक N हमें यह बताता है कि अनुक्रम कितनी तेजी से सीमा की ओर अग्रसर होता है।

अतः अनुक्रम $\{x_n\}_{n\geq1}$ संख्या L की ओर अभिसरित होता है, यदि और केवल यदि, प्रत्येक $\varepsilon > 0$ के लिए, एक संख्या $N \geq 1$ प्राप्त हो जाएँ कि प्रत्येक $n \geq N$ के लिए $|x_n - L| < \varepsilon$ हो।

3.2 एक फलन की सीमा (Limit of a Function)—यदि एक फलन f(x) एक निश्चित संख्या l पर पहुँचता है जबकि x दाईं या बाईं ओर से a के समीप होता है तब l को f(x) की सीमा कहा जाता है।

$$\lim_{x\to a} f(x) = l$$

f(a) किसी फलन f(x) का बिंदु a पर मूल्य है। यदि f(x) में x के स्थान पर a रख दिया जाए और f(a) का निश्चित मूल्य आए तब फलन परिभाषित होता है अन्यथा नहीं। यदि f(x) में x = a रखने पर हर (Denominator) शून्य हो जाए अथवा वर्गमूल ऋणात्मक हो जाए तब दोनों ही स्थितियों में फलन परिभाषित नहीं होता। उदाहरण के लिए यदि $f(x) = \frac{1}{\sqrt{x-5}}$ में x = 5 या x के स्थान पर 5 से कोई भी कम मूल्य रखें तब यह फलन परिभाषित नहीं होगा अर्थात् इस फलन का ग्राफ x = 5 अथवा x < 5 पर विद्यमान नहीं होगा। केवल x > 5 पर ही फलन का ग्राफ होगा।

$$f(x) = \frac{1}{\sqrt{x-5}}$$

x = 5 रखने पर f(x) परिमित बन जाता है तथा x की कोई 5 से कम कीमत रखने पर हम एक अधिकल्पित (imaginary) कीमत पाते हैं। इसलिए $x \leq 5$ के लिए यह फलन अपरिभाषित (undefined) है।

$f(x)=\frac{x^2-9}{x-3}, x=3=\frac{0}{0}$ पर परिभाषित नहीं है।

अतः f(3) अस्तित्व में नहीं है। लेकिन हम x की ऐसी कीमतों वाली संख्या ज्ञात कर सकते हैं जिनकी कीमत 3 के समीप की हो, लेकिन f(3) अस्तित्व में नहीं है।

x =	2.8	2.9	2.99	2.999	3	3.0001	3.001	3.01
f(x) =	5.8	5.90	5.99	5.999	—	6.0001	6.001	6.01

इस तालिका से सुस्पष्ट है कि जैसे ही x कीमत 3 के पास आता है, f(x) 6 के लगभग अर्थात् प्रायः 6 कीमत धारण करता है क्योंकि x, 3 के लगभग है तब f(x) 6 के बहुत लगभग है।

$$\lim_{x\to 3} f(x)=\lim_{x\to 3}\frac{x^2-9}{x-3}=6$$

परिभाषा (Definition)—एक घनात्मक संख्या $\in$ जो बहुत ही छोटी है अर्थात् हम एक संख्या छोटी से छोटी की कल्पना इस प्रकार कर सकते हैं कि $|f(x)-l|<\in$ जबकि $x, |x-a|<\delta$ को संतुष्ट करता है तब उस स्थिति में हम कह सकते हैं f(x) की सीमा l है जबकि $x \to a$ यथा $\lim_{x\to a} f(x)=l$

यदि $\lim_{x\to a} f(x)=A$ और $\lim_{x\to a}\phi(x)=B$, तब–

- $\lim_{x\to a}\left[f(x)\pm\phi(x)\right]=\lim_{x\to a} f(x)\pm\lim_{x\to a}\phi(x)=A\pm B$
- $\lim_{x\to a}\left[f(x)\times\phi(x)\right]=\lim_{x\to a} f(x).\lim_{x\to a}\phi(x)=AB$
- $\lim_{x\to a} Kf(x)=K\lim_{x\to a} f(x)=KA$
- $\lim_{x\to a}\frac{f(x)}{\phi(x)}=\frac{\lim_{x\to a} f(x)}{\lim_{x\to a}\phi(x)}=\frac{A}{B}$, जहाँ $\lim_{x\to a}\phi(x)\neq 0$
- $\lim_{x\to a}\frac{1}{f(x)}=\frac{1}{\lim_{x\to a} f(x)}$ बशर्ते $\lim_{x\to a} f(x)\neq 0$
- $\lim_{x\to a}\log f(x)=\log\lim_{x\to a} f(x)=\log A, A>0$

दाईं और बाईं ओर की सीमाएँ (Left Hand and Right Hand Limits)—यदि $f(x)\to l$ जबकि $x\to a^{+}$ तब l को दाईं ओर की सीमा कहते हैं। यदि $f(x)\to l$ जबकि $x\to a^{-}$ तब l को बाएँ ओर की सीमा कहते हैं।

यथा– $\lim_{x\to(1^+)} f(x)=1$ (दाईं ओर की सीमाएँ)

$\lim_{x\to(1^-)} f(x)=1$ (बाईं ओर की सीमाएँ)

किसी फलन की सीमा होने के लिए यह आवश्यक है कि $\lim_{x\to(1^+)} f(x) = \lim_{x\to(1^-)} f(x) = l$ दोनों ओर की सीमाएँ विद्यमान होनी चाहिए एवं समान होनी चाहिए।

3.3 सीमाओं के परिकलन की बीजगणितीय विधि–

3.3.1 सीमा के परिकलन के नियम (Reules for Evaluating a Limit)–

सीमाएँ बीजगणित के सामान्य नियम जैसे योग, व्यवकलन, गुणा तथा भाग इत्यादि का पालन करती हैं। आइए, दो फलनों $y = f(x)$ और $y = g(x)$ के लिए नीचे दिए नियमों पर विचार करें जबकि हमें ज्ञात है कि $\underset{x\to a}{\text{Lt}}\ f(x) \to L_1$ और $\underset{x\to a}{\text{Lt}}\ g(x) \to L_2$ है।

- एक अचर फलन $f(x) = c$ की सीमा अचर होती है

  $\underset{x\to a}{\text{Lt}}\ c = c$

- दो फलनों के योग/अंतर की सीमा, उनकी सीमाओं के योग/अंतर के बराबर होती है।

  $\underset{x\to a}{\text{Lt}}\ \{f(x) \pm g(x)\} = \underset{x\to a}{\text{Lt}}\ f(x) \pm \underset{x\to a}{\text{Lt}}\ g(x) = L_1 \pm L_2$

- अतः एक अचर तथा एक फलन के योग की सीमा उनकी सीमाओं के योग के बराबर होती है

  $\underset{x\to a}{\text{Lt}}\ \{c + f(x)\} = \underset{x\to a}{\text{Lt}}\ f(x) \times \underset{x\to a}{\text{Lt}}\ g(x) = L_1 \times L_2$

- दो फलनों के भागफल की सीमा, उनकी सीमाओं के भागफल के बराबर होती है, यदि हम में उपस्थित फलन की सीमा शून्य न हो।

  $\underset{x\to a}{\text{Lt}} \left\{\frac{f(x)}{g(x)}\right\} = \frac{\underset{x\to a}{\text{Lt}}\ f(x)}{\underset{x\to a}{\text{Lt}}\ g(x)} = \frac{L_1}{L_2}$ यदि $L_2 \neq 0$ हो।

- किसी फलन के विलोम की सीमा, फलन की सीमा के विलोम के बराबर होती है, यदि फलन की सीमा शून्य न हो।

  $\underset{x\to a}{\text{Lt}} \left\{\frac{1}{g(x)}\right\} = \frac{1}{\underset{x\to a}{\text{Lt}}\ g(x)} = \frac{1}{L_1}$ यदि $L_1 \neq 0$ हो।

- किसी फलन के वर्गमूल को n से गुणा करने पर प्राप्त होने वाले फलन की सीमा, फलन की सीमा के वर्गमूल को n से गुणा करके प्राप्त की जा सकती है, यदि फलन की सीमा शून्य या शून्य से अधिक हो।

  $\underset{x\to a}{\text{Lt}}\ n\sqrt{f(x)}\ n \cdot \underset{x\to a}{\text{Lt}} \sqrt{f(x)} = n\sqrt{L_1}$ यदि $L \geq 0$ हो।

3.3.2 कुछ मानक सीमाएँ–

- $\underset{x\to a}{Lt} \left[\frac{x^n - a^n}{x - a}\right] = na^{n-1}, a > 0$

- $\underset{x \to \infty}{Lt} \left[1 + \dfrac{1}{x}\right]^x = e = 2.71828$

- $\underset{x \to 0}{Lt} \left[1 + x\right]^{1/x} = e = 2.71828$

- $Lt_{x \to 0} \dfrac{a^x - 1}{x} = \log_e a,\ a > 0$

- $Lt_{x \to 0} \dfrac{e^x - 1}{x} = \log_e e = 1$

[टिप्पणी : $\log_e a$ को l_{na} भी लिखा जाता है]

3.3.3 परिमित तथा अपरिमित सीमाएँ (Finite and Infinite Limits)

—ऐसी सीमाएँ जिनका मान एक परिमित संख्या हो, परिमित सीमाएँ कहलाती हैं। उदाहरण के लिए, $\underset{x \to 2}{Lt}(5x + 7) = 17$ जहाँ 17 एक सीमित संख्या है। इसी प्रकार, ऐसी सीमाएँ जिनका मान एक परिमित संख्या न होकर, $+\infty$ या $-\infty$ हो, अनंत सीमाएँ कहलाती हैं।

उदाहरण के लिए, $\underset{x \to 0}{Lt}\left(\dfrac{5}{x^2}\right) = \dfrac{5}{(0)^2} = \dfrac{5}{0} = \infty$

3.4 सांतत्य (Continuity)

—सहज बोध से, फलन $f(x)$ सतत होता है बशर्ते कि इसका आलेख सतत हो, यथा एक सतत फलन अपने आलेख के किसी भी बिंदु पर कोई विलोपन नहीं दर्शाता है।

अधिक औपचारिक रूप से, फलन $f(x)$ को $x = a$ के लिए सतत कहा जाता है, बशर्ते कि $\underset{x \to a}{\lim} f(x)$ अस्तित्वपरक, शून्येतर और a के बराबर हो।

यथा, $f(x)$ को $x = a$ पर सतत होने के लिए हमारे पास होना चाहिए—

$\underset{x \to a^+}{\lim} f(x) = \underset{x \to a^-}{\lim} f(x) = f(a)$

यदि $f(x)$ अपने प्रांत में x के प्रत्येक मान के लिए सतत हो तो इसे संपूर्ण अंतराल में सतत कहा जाता है।

वह फलन जो किसी बिंदु पर सतत न हो तो उसे उस बिंदु पर असातत्य रखने वाला कहा जाता है।

उदाहरण—किसी फलन के आलेख संबंधी उदाहरणों में, $x = 0$ पर प्रथम फलन सतत होता और द्वितीय व तृतीय फलन असतत होंगे। अन्यथा, वे प्रांत के अन्य बिंदुओं पर सतत होंगे। ऐसा $x = 0$ पर दोनों फलनों के लिए सीमांत अनास्तित्वपरक होने के कारण होता है।

विश्लेषण की दृष्टि से, फलन $f(x)$ $x = a$ पर सतत होगा, बशर्ते कि $f(a)$ अस्तित्व रखता हो और कोई भी पूर्व-निर्दिष्ट धनात्मक राशि ε के लिए, कितनी भी छोटी, हम एक धनात्मक राशि δ इस प्रकार निर्धारित कर सकते हैं कि x के सभी मानों के लिए $|f(x) - f(a)| < \varepsilon$ जैसे $\delta \leq x \leq a + \delta$

(1) यदि $f(a+0) \neq f(a-0)$ तब $f(x)$ को $x = a$ पर एक साधारण असातत्य वाला कहा जाता है।

उदाहरण— $\lim_{x \to a} \sqrt{x-a}$

इस स्थिति में $f(a)$ अस्तित्व रख अथवा नहीं रख सकता।

(2) यदि $f(a+0) = f(a-0) \neq f(a)$, अथवा $f(a)$ अस्तित्व नहीं रखता, तो $f(x)$ को $x = a$ पर निराकरणीय असातत्य वाला कहा जाता है।

उदाहरण— $f(x) = \dfrac{x^2-1}{x-1}$

यहाँ, $\lim_{x \to 1} f(x) = 2$, पर $f(1)$ यहाँ अस्तित्व नहीं रखता।

किसी बिंदु $x = a$ पर निराकरणीय असातत्य वाला फलन किसी विशिष्ट बिंदु, जैसे $f(1) = 1$ पर फलन को परिभाषित कर सतत बनाया जा सकता है।

(1) और (2) को एक साथ सरल असातत्य कहा जाता है।

(3) यदि एक अथवा दोनों $f(a+0)$ अथवा $f(a-0)$ अनंत की ओर प्रवृत्त हों तो $f(a)$ को $x = a$ पर एक अनंत असातत्य वाला कहा जाता है। यहाँ $f(a)$ अस्तित्व रख अथवा नहीं रख सकता।

जैसे कि $f(x) = \dfrac{1}{x}, \lim_{x \to 0} f(x) \to \infty$

(4) ऐसे बिंदु पर दोलायमान असातत्य हो सकता है जहाँ फलन सीमित रूप से अथवा अनंत रूप से दोलायमान हो सकता है और किसी सीमांत अथवा $\pm\infty$ की ओर अभिमुख नहीं होता।

उदाहरण—

(क) $f(x) = (-1)^x$, $\lim_{x \to \infty} f(x)$ सीमित रूप से,

(ख) $f(x) = (-2)^x$, $\lim_{x \to \infty} f(x)$ अनंत रूप से,

सतत फलनों के कुछ गुणधर्म—

(1) दो सतत फलनों का योग अथवा अंतर एक सतत फलन होता है। यह परिणाम फलनों की किसी भी शून्येतर संख्या के लिए मान्य होता है।

(2) दो सतत फलनों का गुणनफल एक सतत फलन होता है। यह परिणाम भी फलनों की किसी भी शून्येतर संख्या के लिए मान्य होता है।

(3) दो सतत फलनों का भागफल एक सतत फलन होता है, बशर्ते हर विचाराधीन मानों के परिसर हेतु कहीं भी शून्य न हो।

(4) यदि $f(x)$, $x = a$ और $f(a) \neq 0$, पर सतत हो, तो $x = a$ की सन्निकटता में $f(x)$ वही चिह्न रखता है जो $f(a)$ के पास होता है, यथा हम एक धनात्मक राशि δ इस प्रकार प्राप्त कर सकते हैं कि $f(x)$ अंतराल $a - \delta < x < a + \delta$ में $f(x)$ के प्रत्येक मान के लिए $f(a)$ वाला चिह्न ही बनाए रखता है।

(5) यदि f(x) संपूर्ण अंतराल (a, b) में सतत हो, और f(a) व f(b) विलोम चिह्न हों तो अंतराल के भीतर x का कम से कम एक मान, माना ξ होता है, जिसके लिए $f(\xi) = 0$।

(6) मान लीजिए, f(x) संपूर्ण अंतराल (a, b) और $f(a) \neq f(b)$ में सतत है। तब f(x) अंतराल में कम–से–कम एक बार f(a) और f(b) के बीच प्रत्येक मान लेता है।

(7) वह फलन जो किसी संपूर्ण प्रतिबंधित अंतराल में सतत रहता है, उसमें परिबंधित होता है।

(8) किसी अंतराल में एक सतत फलन वस्तुतः उस अंतराल में, कम से कम एक बार प्रत्येक अपने उच्च और निम्न परिबंधन प्राप्त कर लेता है।

(9) कोई फलन f(x), किसी प्रतिबंधित अंतराल [a, b] में सतत, उस अंतराल में, कम से कम एक बार, अपने उच्च एवं निम्न परिबंधों के बीच प्रत्येक मध्यवर्ती मान प्राप्त करता है।

3.5 किसी फलन की सीमा ज्ञात करने की विधियाँ—किसी फलन की सीमा ज्ञात करने की प्रमुख विधियाँ निम्न हैं—

(1) गुणनखंड विधि (Method of factors)—इस विधि में फलन के हर तथा अंश के गुणनखंड बनाते हैं तथा जो गुणनखंड अंश और हर में सार्व (Common) हों उन्हें काट देते हैं जैसे— $\lim\limits_{x\to 3}\dfrac{x^3-27}{x^2-9} = \lim\limits_{x\to 3}\dfrac{(x-3)(x^2+3x+9)}{(x-3)(x+3)} = \dfrac{x^2+3x+9}{x+3} = \dfrac{27}{6} = \dfrac{9}{2}$.

(2) प्रतिस्थापन विधि (Method of Substitution)—इस विधि में हम x = a + h के बराबर लिखते हैं जहाँ $x \to a, h \to 0$ और h की उच्चतर घातों (higher powers) को अनदेखा कर देते हैं। एक प्रकार से हम दाईं ओर की सीमा (RHL) ज्ञात कर लेते हैं। जैसे—

$$\lim_{x\to 2}\frac{x^3-8}{x-2} = \lim_{h\to 0}\frac{(2+h)^3-8}{(2+h)-2}\left[\because (a+b)^3 = a^3+3a^2b+3ab^2+b^3\right]$$

$$= \lim_{h\to 0}\frac{8+12h+6h^2+h^3-8}{h} = \lim_{h\to 0}\frac{h\left[h^2+12+6h\right]}{h}$$

$$= \lim_{h\to 0}\left(h^2+12+6h\right) = 0+12+0 = 12.$$

(3) परिमेयकरण विधि (Method of Rationalisation)—जब फलन वर्गमूल में दिया हो तब ऐसे फलन की सीमा ज्ञात करने के लिए उसे परिमयकरण विधि अपना कर, सीमा ज्ञात की जाती है। जैसे—

$$\lim_{x\to 0}\frac{\sqrt{9+2x}-3}{x} = \lim_{x\to 0}\frac{\sqrt{9+2x}-3}{x}\times\frac{\sqrt{9+2x}+3}{\sqrt{9+2x}+3}$$

$$= \lim_{x\to 0}\frac{9+2x-9}{\times\left(\sqrt{9+2x}+3\right)} \qquad \left[\because (a-b)(a+b) = a^2-b^2\right]$$

$$= \lim_{x \to 0} \frac{2x}{x\left(\sqrt{9+2x}+3\right)} = \lim_{x \to 0} \frac{2}{\sqrt{9+2x}+3} = \frac{2}{\sqrt{9+0}+3} = \frac{2}{3+3} = \frac{1}{3}.$$

3.6 असंतत फलन (Discontinuous Function)—कोई फलन जो संतत न हो असंतत फलन कहलाता है। किसी फलन के संतत होने के लिए निम्नलिखित शर्तें सत्य होनी चाहिए—

- f (a) परिभाषित हो
- $\lim_{x \to a} f(x)$ का अस्तित्व होना चाहिए अर्थात् $\lim_{x \to a} f(x) = \lim_{x \to a^+}$ तथा
- $\lim_{x \to a} f(x) = f(a)$ है।

स्पष्टतया:, किसी फलन के लिए यदि इनमें से कोई भी कथन असत्य हो तो वह फलन असंतत होगा।

3.6.1 असांतत्य के प्रकार (Types of Discontinuity)—हम असांतत्य के प्रकारों को दो वर्गों में बाँट सकते हैं—

- **अनिवारणीय असांतत्य फलन**—f (x) का बिंदु x = a पर असांतत्य अनिवारणीय होता है यदि $x \to a$ के लिए फलन की सीमा, का अस्तित्व न हो।
- **निवारणीय सांतत्य**—बिंदु x = a पर किसी फलन का असांतत्य निवारणीय कहलाता है यदि $\lim_{x \to a} f(x)$ का अस्तित्व हो अर्थात् $\lim_{x \to a} f(x) \neq f(a)$ हो परंतु $\lim_{x \to a} f(x)$ का मान $f(a)$ के मान के बराबर न हो।
  अर्थात् $\lim_{x \to a} f(x) \neq f(a)$ हो।

3.7 मध्यवर्ती–मान प्रमेय (Intermediate-value Theorem)—मान लीजिए फलन y = f(x) अंतराल [a, b] पर संतत है, जहाँ b > a है। इससे हम पाते हैं कि फलन f (x) , f(a) और f(b) के बीच का प्रत्येक मान लेगा, जहाँ f(a) और f(b) अंतराल [a, b] के अंत्यबिंदुओं a और b पर फलन f (x) के मान है। यह परिणाम मध्यवर्ती–मान प्रमेय कहलाता है क्योंकि x = a तथा x = b के मानों के बीच x के मान के लिए प्रमेय कहलाता है क्योंकि x = a तथा x = b के मानों के बीच x के मान के लिए फलन f (a) और f (b) के मध्य का प्रत्येक मान लेता है। यदि फलन असंतत है तो इस प्रमेय का सत्य होना आवश्यक नहीं है।

अत:, माना f (x), एक संवृत अंतराल [a, b] पर परिभाषित एक संतत फलन है तथा $f(a) \neq f(b)$ है। ऐसी अवस्था में, f(x) और f(b) के मध्य किसी भी मान $\bar{y}$ के लिए, x का a और b के मध्य कम से कम एक ऐसा बिंदु x = d (मान लीजिए) अवश्य होगा जिसके लिए $\bar{y} = f(d)$ हो।

3.8 अवकलज (Derivatives)

अवकलज की धारणा बहुत महत्त्वपूर्ण है। वास्तव में अवकलज परिवर्तन की दर को स्पष्ट करती है। उदाहरण के लिए दो चर मूल्य x और y हैं और उनमें संबंध है। x में परिवर्तन होने पर y में किस अनुपात में परिवर्तन होगा यही अवकलज है। किसी फलन के अवकलज को ज्ञात करने की प्रक्रिया को अवकलन कहते हैं। माना $Y = f(x)$ को ग्राफ द्वारा प्रदर्शित किया है। A तथा B दो बिंदु हैं जो इस वक्र पर दिए हुए हैं। इनके निर्देशांक क्रमशः (x_1, y_1) और (x_2, y_2) हैं।

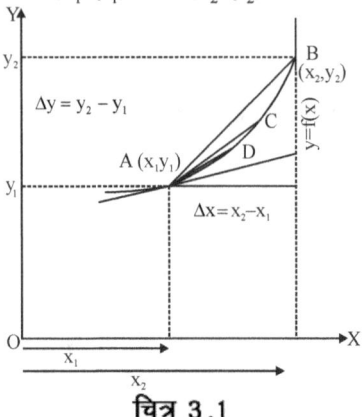

चित्र 3.1

चित्र 3.1 द्वारा A और B बिंदु के बीच औसत ढाल को उनके बीच की सरल रेखा की ढाल द्वारा मापा जाता है यह मानते हुए कि B, A के बहुत निकट है।

सरल रेखा AB की ढाल $= \dfrac{y_2 - y_1}{x_2 - x_1} = \dfrac{\Delta y}{\Delta x}$

यह मानते हुए कि वक्र का गणितीय समीकरण $y = f(x)$ द्वारा दिया गया है।

$y_1 = f(x)$ में $x = x_1$ की कीमत $= f(x_1)$

$y_2 = f(x_2)$

$\therefore \dfrac{\Delta y}{\Delta x} = \dfrac{y_2 - y_1}{x_2 - x_1} = \dfrac{f(x_2) - f(x_1)}{x_2 - x_1}$

$x_2 > x_1$ के रूप में यह मान कर चलते हुए कि $x_2 = x_1 + \Delta x_1$

$\Delta x_1 = x_1$, में लघु बदलाव

$f(x_2) = f(x_1 + \Delta x_1)$

$\therefore \dfrac{\Delta y}{\Delta x} = \dfrac{f(x_1 + \Delta x_1) - f(x_1)}{\Delta x_1}$

परंतु यह सरल रेखा AB का ढाल है न कि वक्र AB का, यदि हम Δx को बहुत छोटा मान लें कि वक्र केवल एक बिंदु A पर स्पर्श करे तब B बिंदु A के बहुत ही निकट होगा। अब

यदि $\Delta x \to 0$, $\dfrac{\Delta y}{\Delta x}$ जैसे ही $\Delta x \to 0 = \dfrac{dy}{dx}$ = बिंदु A पर ढाल

∴ बिंदु A पर ढाल $= \lim_{\Delta x_1 \to 0} \left[\dfrac{f(x_1 + \Delta x_1) - f(x_1)}{\Delta x_1} \right]$

∴ $\dfrac{dy}{dx}$ = y में x से संबंधित परिवर्तन की दर $= \lim_{\Delta x \to 0} \left[\dfrac{f(x + \Delta x) - f(x)}{\Delta x} \right]$

हम कह सकते हैं कि किसी फलन का अवकलन गुणांक ही उस बिंदु पर उसका ढाल है। y = f(x), तब $\dfrac{dy}{dx}$ ही ढाल है।

v od y t d ks $f'(x), \dfrac{dy}{dx}$ अथवा Df से प्रकट किया जाता है। बिंदु x_0 पर f'(x) के मान को $f'(x_0)$ से प्रकट किया जाता है। यदि f'(x) का अस्तित्व हो तो हम कहते हैं कि x पर f अवकलनीय (differentiable) है। यदि f अपने प्रांत D के प्रत्येक बिंदु पर अवकलनीय हो तो f को D पर अवकलनीय फलन (differentiable function) कहा जाता है।

फलन f', D के प्रत्येक बिंदु x का संबंध f'(x) से स्थापित करता है। इस फलन को f का व्युत्पन्न फलन (derived function) कहा जाता है। इस तरह, व्युत्पन्न फलन का प्रांत $\{x \in D : f'(x)$ का अस्तित्व है$\}$ है।

अनुपात $\dfrac{f(x + \delta x) - f(x)}{\delta x}$ की सीमा ज्ञात करके फलन का अवकलज प्राप्त करने की प्रक्रिया को प्रथम सिद्धांत से अवकलन (differentiation from first principles) करना कहा जाता है।

3.9 स्पर्श रेखा अवकलज के रूप में—रेखाचित्र 3.2 पर विचार करें जो अवकलज का ज्यामितीय प्रतिरूप है।

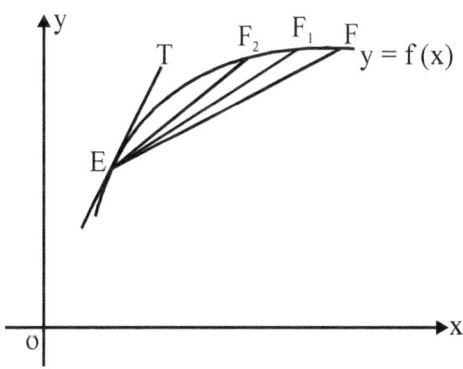

चित्र 3.2

माना E और F, एक फलन y = f(x) द्वारा वर्णित वक्र पर दो बिंदु हैं। मान लीजिए E के निर्देशांक (x_1, y_1) तथा F के निर्देशांक $(x_1 + \Delta x, y_1 + \Delta y)$ हैं। हम यह भी मान लेते हैं कि E

एक स्थिर बिंदु है तथा F एक गतिमान बिंदु जो कि वक्र के साथ–साथ बिंदु E की ओर अग्रसर है। यदि हम बिंदुओं E और F को एक सरल रेखा द्वारा मिला दे तो रेखा E F एक जीवा कहलाती है। जैसे–जैसे बिंदु F, बिंदु E की ओर जाता है, जीवा E F की स्थिति निरंतर बदलती है। उदाहरण के लिए, F_1 पर, इसकी स्थिति EF_1 हो जाती है और F_2 पर EF_2 हो जाती है। हम इस रेखाचित्र में देख सकते हैं कि जैसे–जैसे बिंदु F, बिंदु E की ओर जाता है, जीवा E के सापेक्ष पर वामावर्त घूमती है। इस घूमने की प्रक्रिया में, यह जीवा निरंतर छोटी होती जाती है तथा जीवा और वक्र की चाप के मध्य का क्षेत्रफल निरंतर कम होता जाता है। वास्तव में, जब बिंदु F, बिंदु E तक पहुँचता है, जीवा EF, वक्र के बिंदु E पर एक स्पर्श रेखा (मान लीजिए ET) बन जाती है। अतः, स्पर्श रेखा ET की व्याख्या जीवा EF की सीमांत स्थिति के रूप में की जा सकती है जबकि E बिंदु F की ओर जाता हो। परंतु, यह सीमांत स्थिति का अस्तित्व केवल तभी होगा जब वह वक्र बिंदु E पर संतत हो।

हम जानते हैं कि दो बिंदुओं के बीच किसी रेखा की ढाल, y के मान में परिवर्तन और x के मान में परिवर्तन के अनुपात से प्राप्त होती है। अतः, यदि गतिमान बिंदु की मूल स्थिति F है, तो जीवा EF की ढाल E और F के दिए हुए निर्देशांकों से प्राप्त की जा सकती है। इसका मान $\frac{\Delta y}{\Delta x}$ प्राप्त होता है। रेखाचित्र से यह स्पष्ट है कि जैसे–जैसे बिंदु F बिंदु E की ओर बढ़ता है तो Δx और Δy के मानों में परिवर्तन होता है जिसके फलस्वरूप जीवा EF की विभिन्न स्थितियों के लिए इसकी ढाल $\frac{\Delta y}{\Delta x}$ भी परिवर्तित होती रहती है। अंततः, जब बिंदु F, बिंदु E तक पहुँचता है और $\Delta x \to 0$ की ओर जाता है, यह ढाल एक सीमा की ओर पहुँचती है जो कि $\underset{\Delta x \to 0}{Lim} \frac{\Delta y}{\Delta x}$ द्वारा प्राप्त होती है और यह सीमा $\frac{\Delta y}{\Delta x}$ कहलाती है। जब F, E की ओर जाता है तो Δx का मान निरंतर कम होता जाता है अर्थात् Δx, 0 की ओर जाता है जिसे हम $\Delta x \to 0$ से व्यक्त करते हैं।

जैसे–जैसे बिंदु F, बिंदु E की ओर जाता है, दो राशियाँ/मात्राएँ (quantities) एक साथ अपनी–अपनी सीमाओं की ओर जाती हैं– जीवा EF एक सीमांत स्थिति की ओर जाती है जो कि वक्र के बिंदु E पर एक स्पर्श रेखा है और जीवा EF की ढाल $\frac{\Delta y}{\Delta x}$ भी अपनी सीमा की ओर जाती है जो कि $\frac{dy}{dx}$ के बराबर है। इसलिए, हम कह सकते हैं कि सीमा पर स्पर्श रेखा की ढाल $\frac{dy}{dx}$ है। हमें यह पहले से ही ज्ञात है कि $\frac{dy}{dx}$, x के किसी फलन y का अवकलज है। अतः, फलन $y = f(x)$ का $x = x_1$ पर अवकलज का निर्वचन दिए हुए फलन $y = f(x)$ के वक्र के $x = x_1$ के संगत बिंदु पर स्पर्श रेखा की ढाल के रूप में किया जा सकता है। परंतु, अवकलज तथा स्पर्श रेखा दोनों के अस्तित्व के लिए यह आवश्यक है कि फलन और वक्र दोनों ही x के दिए हुए मान पर संतत हो।

रेखाचित्र 3.3 में एक फलन y = f(x) का वक्र दर्शाया गया है। इस वक्र पर, एक दूसरे के समीप, A(x, y) और $B[(x+\Delta x),(y+\Delta y)]$ दो बिंदु लिए गए हैं। AB को मिलाकर आगे बढ़ाया गया है जिससे यह रेखा, x-अक्ष को बिंदु D पर काटती है तथा x-अक्ष के साथ कोण θ बनाती है।

A और B को मिलाती हुई इस रेखा AB की ढाल

$\tan\theta = \dfrac{\Delta y}{\Delta x}$ अर्थात् लंब/आधार है।

माना Δx, 0 की ओर जाता है अर्थात् $(\Delta x \to 0)$ है। इससे बिंदु B बिंदु A की ओर जाएगा (अर्थात् $B \to A$ होगा) और धीरे–धीरे रेखा AB, वक्र के बिंदु A(x, y) पर एक स्पर्श रेखा बन जाएगी जो कि विस्तार करने पर x-अक्ष के साथ एक नया कोण, ψ, बनाएगी। इस स्पर्श रेखा की ढाल $\tan\psi$ है जो कि $\tan\theta$ का सीमांत मान है जब $\Delta x (= AC) \to 0$ हो।

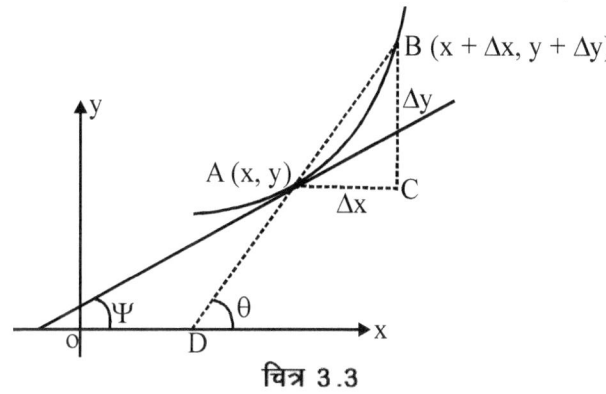

चित्र 3.3

सांकेतिक रूप में इसे इस प्रकार लिखा जा सकता है,

$\tan\psi = \lim\limits_{\Delta x \to 0} \dfrac{\Delta y}{\Delta x} = \dfrac{dy}{dx}$

अर्थात्,

किसी फलन y = f(x) का अवकल गुणांक या अवकलज, अंतर अनुपात $\dfrac{\Delta y}{\Delta x}$ का सीमांत मान होता है जबकि Δx शून्य की ओर जाता है।

फलन y = f(x) के किसी भी बिंदु A पर $\dfrac{dy}{dx}$ उस बिंदु पर स्पर्श रेखा की ढाल ($\tan\psi$) के बराबर होता है। और यदि किसी बिंदु x = a पर अंतर अनुपात $\dfrac{\Delta y}{\Delta x}$ की सीमा का अस्तित्व हो तो हम कह सकते हैं कि–

- f(x) फलन x = a पर फलन y = f(x) की सीमा है।
- फलन y = f(x), x = a पर संतत है।
- फलन y = f(x), x = a पर अवकलनीय है।

संततता और अवकलनीयता–किसी फलन के स्वतंत्र चर के किसी मान पर अवकलज के अस्तित्व के लिए स्वतंत्र चर के उस मान पर फलन का संतत होना आवश्यक है। ज्यामितीय रूप में, इसका अर्थ है कि दिए हुए फलन के वक्र पर संगत बिंदु पर स्पर्श रेखा के अस्तित्व के लिए वक्र उस बिंदु पर संतत होना चाहिए। संतता अवकलनीयता के लिए एक अनिवार्य शर्त है परंतु पर्याप्त नहीं। एक ऐसा फलन जो संतत भी हो और अवकलनीय भी, एक मसृण (smooth) फलन कहलाता है।

3.10 कुछ मानक फलनों के अवकलज तथा अवकलन के नियम–कुल मानक फलनों के अवकलज निम्न हैं–

- $\frac{d\left(ax^n\right)}{dx} = anx^{n-1}$ {जबकि x परिमेय संख्या है}
- $\frac{d\left(e^{nx}\right)}{dx} = ne^{nx}$
- $\frac{da^x}{dx} = a^x \log_e a$
- $\frac{d(\log x)}{dx} = \frac{1}{x}$
- $\frac{d}{dx}(\sin x) = \cos x$
- $\frac{d}{dx}(\cos x) = -\sin x$
- $\frac{d}{dx}(\tan x) = \sec^2 x, \{x \neq \frac{1}{2}(2n+1)\pi\}$
- $\frac{d}{dx}(\cot x) = -\operatorname{cosec}^2 x, \{x \neq n\pi\}$
- $\frac{d}{dx}(\sec x) = \sec x \tan x, \{x \neq \frac{1}{2}(2n+1)\pi\}$
- $\frac{d}{dx}(\operatorname{cosec} x) = -\operatorname{cosec} x \cot x, \{x \neq n\pi\}$

अवकलन के नियम निम्न हैं–

- $\frac{d}{dx}\left[cf(x)\right] = c\frac{d}{dx}\left[f(x)\right]$

अवकलन गणित 93

- $\dfrac{dc}{dx} = 0$

- $\dfrac{d}{dx}[f(x) \pm g(x)] = \dfrac{d}{dx}[f(x)] \pm \dfrac{d}{dx}[g(x)]$

- $\dfrac{d}{dx}[f(x).g(x)] = f(x)\dfrac{d}{dx}[g(x)] + g(x)\dfrac{d}{dx}[f(x)]$

- $\dfrac{d}{dx}[f(x).g(x).r(x)] = f(x)g(x)r'(x) + f(x)r(x)g'x + g(x)r(x)f'(x)$

- $\dfrac{d}{dx}\left[\dfrac{f(x)}{g(x)}\right] = \dfrac{g(x)f'(x) - f(x)g'(x)}{[g(x)]^2}$

- माना $y = f(u)$ और $u = g(x)$ तो $\dfrac{dy}{dx} = \dfrac{dy}{du} \cdot \dfrac{du}{dx}$

इस नियम को फलन का अवकलन कहते हैं।

3.11 लघुगणकीय अवकलन तथा प्राचलित फलन—

लघुगणकीय अवकलन—दो अथवा अधिक फलनों के गुणन अथवा एक फलन को दूसरे फलन द्वारा भाग करने अथवा जब एक फलनक दूसरे फलन की घात हो – ऐसे फलनों को, अवकलन से पहले, उनका लघुगणक लेकर अवकलन करना आसान हो जाता है। यदि $u^v, \left(\dfrac{u}{v}\right)$ अथवा uv में से किसी प्रकार के फलनों, जहाँ u तथा v दोनों ही x के फलन हों, का अवकलन करना हो तो; ऐसे फलन दोनों ओर का लघुगणक लेकर आसानी से अवकलित किए जा सकते हैं। इस अवकलन करने के तरीके को लघुगणकीय अवकलन (logarithmic differentiation) कहते हैं।

जब u तथा v दोनों ही x के फलन हैं तो u^v का अवकलन इस प्रकार ज्ञात करेंगे—
माना $y = u^v$
दोनों ओर का लघुगणक लेते हुए—
$\log y = \log u^v = v \log u$

$\therefore \dfrac{1}{y}\dfrac{dy}{dx} = v\dfrac{1}{u}\dfrac{du}{dx} + \log u \dfrac{dv}{dx} \Rightarrow \dfrac{dy}{dx} = y\left[\dfrac{v\,du}{u\,dx} + \log u . \dfrac{dv}{dx}\right]$

$\qquad = u^v\left[\dfrac{v\,du}{u\,dx} + \log u . \dfrac{dv}{dx}\right]$

प्राचलित फलन (Parametric Function)—यदि दो चर मूल्य, माना कि x तथा y किसी तीसरे चर मूल्य t के फलनक हैं, तब x और y को t के पदों के व्यंजक बनाने को प्राचलि**r** फलन कहते हैं। चर t को फलन का प्राचल कहते हैं।

माना x = f(t), y = g(t) एक प्राचलित फलन है।

माना कि δ x तथा δ y क्रमशः t में δ t वृद्धि के अनुरूप x तथा y में आई वृद्धियाँ हैं।

$x + \delta x = f(t + \delta t)$ तथा $y + \delta y = g(t + \delta t)$

$\delta x = f(t + \delta t) - f(t)$ तथा $\delta y = g(t + \delta t) - g(t)$

$$\therefore \frac{\delta y}{\delta x} = \frac{\frac{\delta y}{\delta t}}{\frac{\delta x}{\delta t}}$$

अतः $\lim\limits_{\delta x \to 0} \frac{\partial y}{\partial x} = \lim\limits_{\delta x \to 0} \frac{\frac{\delta y}{\delta t}}{\frac{\delta x}{\delta t}} = \frac{\frac{dy}{dt}}{\frac{dx}{dt}}$ केवल तभी वैध है जब $\frac{dx}{dt} \neq 0$.

3.1 2 अर्थशास्त्र में अवकलजों के अनुप्रयोग—अवकलज का अर्थशास्त्र में व्यापक अनुप्रयोग होता है। हमें आर्थिक समस्याओं का अध्ययन करते समय फलनक संबंधों से भी सरोकार रखना होता है। इन फलनक संबंधों से क्रिया–व्यवहार कभी–कभी हमें एक (पराश्रित) चर की परिवर्तन दर दूसरे (अनाश्रित) चर के परिवर्तन के कारण ज्ञात करने को प्रवृत्त करता है।

(1) औसत आय और उपांत आय—किसी सदोष बाजार में विक्रेताओं द्वारा निर्धारित मूल्य (p) उत्पादन की उस मात्रा (q) पर निर्भर करता है जो विक्रेता बेचने की आशा करता है, यथा p = f(q). यही प्रतिलोम माँग फलन कहलाता है। विक्रेता द्वारा अर्जित कुल आय (R) होगी–R = p.q = f(q).q. इस प्रकार, R केवल q का फलन, यथा R = ø(q) इसका अर्थ है कि R, q में किसी विचरण की प्रतिक्रियास्वरूप घटता–बढ़ता है। हमें दो अवधारणाएँ मिलती हैं–औसत आय और उपांत आय। R का औसत मान, औसत (AR) q के मानों के एक परिसर में R के औसत विचरण को मापता है जो शून्य से एक विशेष निर्दिष्ट मान तक विस्तीर्ण रहता है। q का निर्दिष्ट मान वह मान होता है जिस पर हम R का औसत मान प्राप्त करने का प्रयास करते हैं। इस प्रकार, $AR = \frac{R}{q} = \frac{pq}{q} = p = f(q)$

इस प्रकार, फलन p = f(q) ग्राफ पर आलेखित किए जाने पर AR वक्र देता है। R का उपांत मान अथवा, उपांत राजस्व (MR) सीमांत पर R के विचरण को मापता है।

इस प्रकार, $MR = \frac{dR}{dq} = f(q) + q.f'(q)$

हम MR और AR के बीच एक संबंध स्थापित कर सकते हैं—MR = AR + q.f'(q)
यह संबंध बताता है कि MR और AR के बीच अंतर सदा q f'(q) के बराबर होगा। चूँकि q सदा गैर-ऋणात्मक होता है और चूँकि f'(q) < 0, हमें प्राप्त होता है MR – AR < 0
यथा, सभी q के लिए MR < AR.

इस प्रकार, जब AR वक्र अधोमुखी प्रवण होता है, MR वक्र सदा AR वक्र के नीचे अवस्थित होता है। तथापि, यदि AR वक्र ऊर्ध्वमुखी उन्नत होता है तो MR > AR और MR वक्र से ऊपर अवस्थित होगा। जब f'(q) = 0, तो MR वक्र और AR वक्र सम्पाती होते हैं। ऐसा तब होता है जब P एक प्रदत्त राशि हो और सभी q के लिए नियत हो। AR वक्र तब क्षैतिज अक्ष को छूती एक समानांतर रेखा प्रतीत होगा।

जब q = 0, AR = f(0) और MR = f(0), इस प्रकार q = 0 पर दो वक्र परस्पर प्रतिच्छेद करते हैं।

(2) औसत लागत और उपांत लागत—किसी फर्म की कुल लागत (c) कुल किए गए उत्पादन (q) पर निर्भर करती है, यथा c = c(q). यहाँ औसत लागत $(AC) = \dfrac{c(q)}{q}$ और उपांत लागत $(MC) = \dfrac{dc(q)}{dq}$

पुनः, हम AC और MC के नीचे एक संबंध स्थापित कर सकते हैं।

$$\frac{d}{dq}\left(\frac{c}{q}\right) = \frac{\frac{dc}{dq}.q - c.1}{q^2} = \frac{1}{q}\left(\frac{dc}{dq} - \frac{c}{q}\right) = \frac{1}{q}(MC - AC)$$

यदि AC वक्र अधोमुखी प्रवण होता है तो $\dfrac{d}{dq}\left(\dfrac{c}{q}\right) < 0$ अथवा, $\dfrac{1}{q}(MC - AC) < 0$ अथवा MC < AC यथा, MC वक्र AC के गिरने पर AC वक्र के नीचे अवस्थित होता है। जब MC ऊपर की ओर प्रवण होता है तो हम कह सकते हैं कि MC वक्र AC वक्र के ऊपर अवस्थित है। AC वक्र MC वक्र को परिच्छेद करेगा यदि AC वक्र का प्रावण्य शून्य हो।

(3) माँग की सुनम्यता—माँग एक बहुचर फलन होता है। हम अपने विश्लेषण को मुख्यतः दो कारकों पर माँग को निर्भर मानकर करते हैं—मूल्य और आय। यदि एक अथवा दोनों ये कारक बदलते हैं तो माँग में भी तद्नुसार परिवर्तन होता है। माँग की सुनम्यता इन दो चरों में से एक चर में एक प्रतिशत परिवर्तन के कारण माँग की गई मात्रा में प्रतिशतता परिवर्तन को मापती है।

मान लीजिए, माँग फलन q = f(p) द्वारा दिया जाता है जहाँ p मूल्य दर्शाता है और q माँग की गई मात्रा। तब परिभाषा के अनुसार, माँग की मूल्य सुनम्यता (e_d) निम्नवत् दर्शाई जाती है—

$$e_d = \frac{\Delta q/q \times 100}{\Delta p/p \times 100} = \frac{\Delta q}{\Delta p}.\frac{p}{q}$$

जहाँ Δq और Δp क्रमशः माँग की अधिक मात्रा और मूल्य में वृद्धि हैं। इस तरीके से परिभाषित माँग की मूल्य सुनम्यता माँग की चाप मूल्य सुनम्यता कहलाती है। यदि हम अब Δp को अत्यंत सूक्ष्म मान लें तो हमें माँग की बिंदु–मूल्य सुनम्यता संबंधी संकल्पना (ε_d) प्राप्त होती है।

जहाँ, $$\varepsilon_d = \lim_{\Delta p \to 0} \frac{\Delta q}{\Delta p} . \frac{p}{q} = \frac{p}{q} . \lim_{\Delta p \to 0} \frac{\Delta q}{\Delta p} = \frac{p}{q} . \frac{dq}{dp} \qquad ...(1)$$

p और q केवल गैर–ऋणात्मक मानों तक सीमित रहते हैं। चूँकि माँग वक्र आमतौर पर अधोमुखी प्रवण होता है, यथा $\frac{dq}{dp} < 0$, इसलिए माँग की मूल्य सुनम्यता सामान्यतः ऋणात्मक होती है। (1) में दाएँ व्यंजक का ऋणात्मक मान अचर सुनम्यता दर्शाता है। इस प्रकार,

$$|\varepsilon_d| = -\frac{p}{q} . \frac{dq}{dp}$$

यह शून्य और अनंत के बीच कोई भी मान हो सकता है। माँग को कहा जाता है–

(क) पूर्णतः अनम्य यदि $|\varepsilon_d| = 0$

(ख) अनम्य यदि $0 < |\varepsilon_d| < 1$

(ग) ऐकिक सुनम्य यदि $|\varepsilon_d| = 1$

(घ) सुनम्य यदि $1 < |\varepsilon_d| < \infty$ 0

(ङ) पूर्णतः सुनम्य यदि $|\varepsilon_d| \to \infty$

नोट–चूँकि ε_d का मान आरंभिक मूल्य–मात्रा संयोजन पर निर्भर करता है, माँग वक्र के प्रावण्य और मूल्य सुनम्यता के बीच कोई आवश्यक संबंध नहीं होता। विभिन्न प्रवणों वाला वक्र एक ही सुनम्यता रख सकता है और विभिन्न सुनम्यताओं वाले वक्र एक ही प्रवण रख सकते हैं।

अब, मान लीजिए कि मूल्य वही रहता है और आय बदलती है। इस स्थिति में माँग फलन को $q = f(y)$ के रूप में लिखा जा सकता है। माँग की आय सुनम्यता (η_d) आय (y) में एक प्रतिशत परिवर्तन के कारण माँग की गई मात्रा में प्रतिशत परिवर्तन को मापती है।

इस प्रकार, $$\eta_d = \frac{dq/q \times 100}{dy/y \times 100} = \frac{dq}{dy} . \frac{y}{q}$$

माँग की आय सुनम्यता को मापने में हम मान सकते हैं कि मूल्य एक निश्चित स्तर पर नियत किया जाए। इस स्थिति में माँग वक्र इस निम्नलिखित वैकल्पिक रूप में लिखा जा सकता है–$q = q(y)$. इस रूप में, माँग वक्र को एंजेल वक्र कहा जाता है। माँग की आय सुनम्यता तद्नुसार एंजेल वक्र की सुनम्यता होती है।

एंजेल वक्र की आकृति विचाराधीन प्रश्न में उपभोक्ता–वस्तु की प्रकृति पर निर्भर करती है। यदि माल कोई विलासिता वस्तु है तो इसकी माँग बढ़ती आय के साथ बढ़ेगी और एंजेल वक्र ऊपर की ओर प्रवण होगा। इस प्रकार, विलासिता वस्तुओं के लिए η_d धनात्मक होता है। पुनः विलासिता वस्तुओं के लिए माँग न केवल आय में वृद्धि के साथ बढ़ती है, वरन् यह आय में वृद्धि की अपेक्षा अधिक आनुपातिक रूप से बढ़ती है। तद्नुसार,

$$\frac{dq}{q} > \frac{dy}{y} \rightarrow \frac{dq}{dy}\Big/\frac{q}{y} > 1 \rightarrow \eta_d > 1$$

आवश्यक वस्तुओं के लिए $0 < \eta_d < 1$ और निकृष्ट वस्तुओं के लिए $\eta_d < 0$.

(4) अचर सुनम्य माँग वक्र—माँग की मूल्य सुनम्यता किसी माँग वक्र पर विभिन्न बिंदुओं पर भिन्न–भिन्न होती है। परंतु हम एक विशेष प्रकार का माँग वक्र रख सकते हैं, जिसका प्रत्येक बिंदु एक ही अचर सुनम्यता दर्शाता हो। घातीय माँग फलन इसी प्रकृति के होते हैं। अचर सुनम्यता माँग वक्र का सामान्य स्वरूप $q = Ap^{\alpha}$ से दर्शाया जाता है, जहाँ A, α अचर है।

$$\varepsilon_d = \frac{p}{q}.\frac{dq}{dp} = \frac{p}{q}.\frac{d}{dp}\left(Ap^{\alpha}\right) = \frac{p}{q}.A\alpha.p^{\alpha-1} = \frac{p}{q}.\frac{q}{p}.Ap^{\alpha} = Ap^{\alpha}$$

इस प्रकार, ε_d एक संख्या मात्र है और संपूर्ण वक्र में अचर।

एक विशिष्ट स्थिति पर विचार करें जब $\alpha = -1$ तब, $\varepsilon_d = Ap^{-1}$ अथवा $p\varepsilon_d = A$

इस स्थिति में, $\frac{p}{q}.\frac{dq}{dp} = -1$ इस प्रकार का पद और वक्र आयताकार परवलय द्वारा प्रस्तुत किया जाता है।

3.13 अवकलजों के अवकलज (Derivatives of Derivatives)—यह किसी दिए हुए फलन के अवकलज का अवकलज होता है। उदाहरण के लिए यदि $y = f(x)$ है, तो इसका प्रथम–कोटि अवकलज $\frac{dy}{dx} = f'(x)$ होता है। इस फलन का द्वितीय–कोटि अवकलज $\frac{d}{dx}f'(x) = f''(x)$ होगा। इसे $f_2(x)$ या $\frac{d^2y}{dx^2}$ से भी व्यक्त किया जाता है।

द्वितीय–कोटि अवकलन के लिए भी वही नियम/सिद्धांत लागू होते हैं जो कि प्रथम–कोटि अवकलन की स्थिति में प्रयोग होते हैं।

उदाहरण 1—यदि $y = 100, \frac{dy}{dx} = 0, \frac{d^2y}{dx^2} = 0$ होगा।

उदाहरण 2—यदि $y = ax^5 + bx^4 - cx^2, \frac{dy}{dx} = 5ax^4 + 4bx^3 - 2cx$ है, तो

$$\frac{d^2y}{dx^2} = \frac{d}{dx}\left(\frac{dy}{dx}\right) - 20ax^3 + 12bx^2 - 2c$$ होगा।

उदाहरण 3—यदि $y = x^5$, $\frac{dy}{dx} = 5x^4$ है, तो और $\frac{d^2y}{dx^2} = 5 \times 4 \times x^3 = 20x^3$ होगा।

उदाहरण 4—यदि $y = 10x^3$, $\frac{dy}{dx} = 30x^2$ है, तो $\frac{d^2y}{dx^2} = 30 \times 2 \times x = 60x$ होगा।

उच्च–कोटि अवकलज (Higher Order Derivatives)—x के एक फलन, f'(x), का अवकलज सामान्यतया x का एक फलन ही होता है। यह नया फलन एक अवकलज रख सकता है, जिसे द्वितीय अवकलज (अथवा द्वितीय अवकल गुणांक) अथवा f"(x) कहते हैं। मूल अवकलज प्रथम अवकलज (अथवा प्रथम अवकलज गुणांक) कहलाता है। इसी प्रकार, nवें अवकलज के लिए द्वितीय अवकलज का अवकलज तृतीय अवकलज कहलाता है, इत्यादि।

उदाहरण—यदि, $y = 4x^5 + 7x^4 + 3x + 9$

तब, $\frac{dy}{dx} = 20x^4 + 28x^3 + 3$

$\frac{d^2y}{dx^2} = \frac{d}{dx}\left(\frac{dy}{dx}\right) = 80x^3 + 84x^2$

$\frac{d^3y}{dx^3} = \frac{d}{dx}\left(\frac{d^2y}{dx^2}\right) = 240x^2 + 168x$.

3.14 अवतलता और उत्तलता (Concavity and Convexity)—एक बढ़ता हुआ/वर्धमान या एक घटता हुआ/ह्रासमान फलन, जिसके बढ़ने या घटने की दर समान, बढ़ती हुई या घटती हुई हो, या तो

(1) रैखिक

अथवा

(2) अरैखिक हो सकता है।

हम नीचे ऐसे फलनों के आलेखीय निरूपण प्रस्तुत कर रहे हैं (चित्र 3.4 – A, B, C, D, E और F देखें)

(A)

(i) रैखिक
(ii) घटता हुआ/ह्रासमान
(iii) समान दर पर

(B)

(i) रैखिक
(ii) बढ़ता हुआ/वर्धमान
(iii) समान दर पर

(C)

(i) अरैखिक
(ii) घटता हुआ/ह्रासमान
(iii) घटती हुई दर पर

(D)

(i) अरैखिक
(ii) बढ़ता हुआ/ह्रासमान
(iii) बढ़ती हुई दर पर

(E)

(i) अरैखिक
(ii) बढ़ता हुआ/वर्धमान
(iii) बढ़ती हुई दर पर

(F)

(i) अरैखिक
(ii) बढ़ता हुआ/वर्धमान
(iii) घटती हुई दर पर

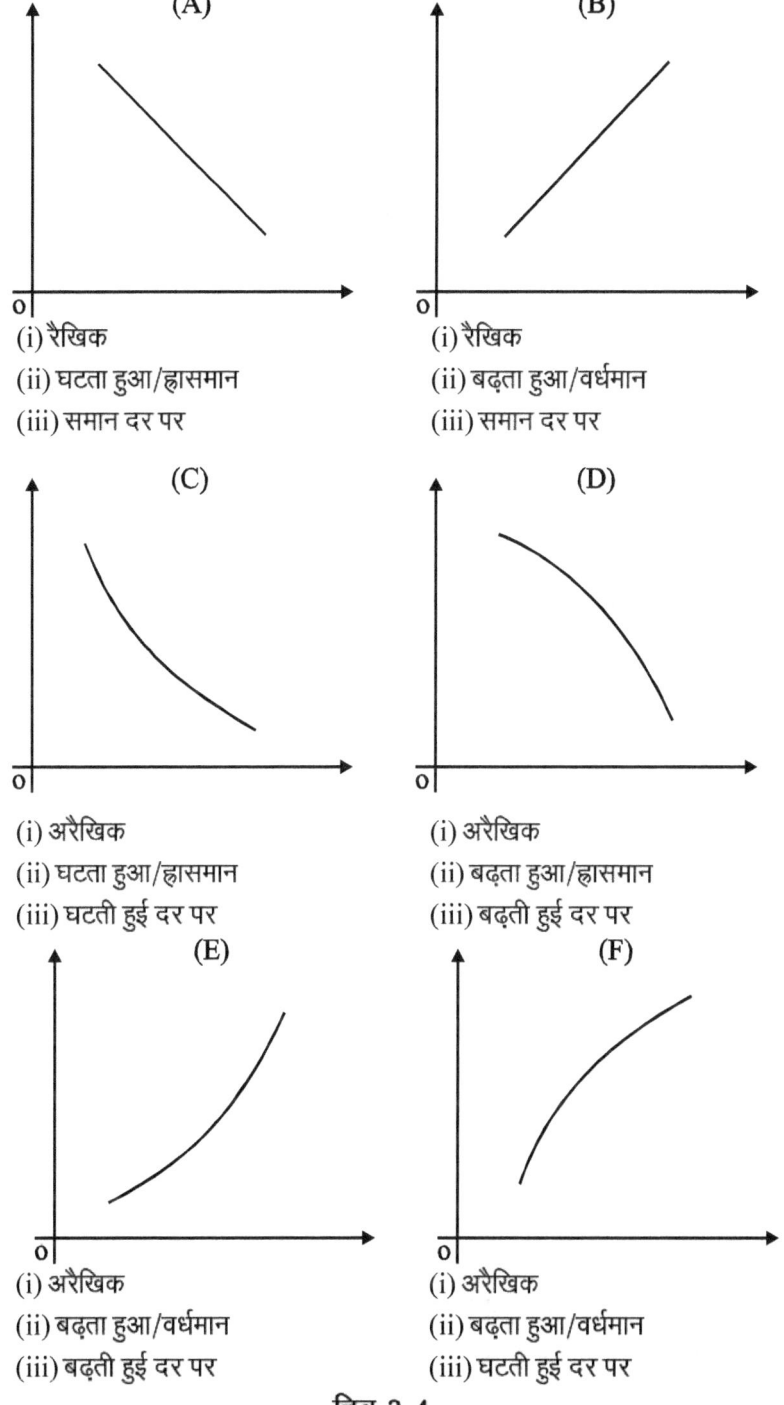

चित्र 3.4

प्रथम–कोटि तथा द्वितीय–कोटि अवकलज के चिह्न हमें अर्थशास्त्रीय विश्लेषण में उपयोगी विभिन्न प्रकार की परिस्थितियों की पहचान करने में सहायता करते हैं। इनमें निम्नलिखित स्थितियाँ सम्मिलित हैं–

(1) एक उत्तल फलन जैसे कि समभाव वक्र,

(2) एक अवतल फलन जैसे की उत्पादन संभावना वक्र,

(3) किसी फलन का उच्चिष्ठ, जेसे की कुल उत्पाद का अधिकतमीकरण,

(4) नतिवर्तन बिंदु इत्यादि।

मान लीजिए $y = f(x)$ एक ऐसा फलन है जो कम से कम दो बार अवकलनीय है। निम्नलिखित स्थितियाँ फलन के आलेख और विशिष्टताओं को, उसके प्रथम और द्वितीय–कोटि अवकलजों के चिह्न के आधार पर, चित्रित करती हैं।

स्थिति (1)– $\boxed{\begin{matrix} f'(x) > 0 \\ f''(x) > 0 \end{matrix}}$ $\Rightarrow x$ –अक्ष के सापेक्ष उत्तल

(क) $f'(x) > 0$ का अर्थ है, फलन वर्धमान है

(ख) $f''(x) > 0$ का अर्थ है, फलन बढ़ती हुई दर से बढ़ रहा है ($\theta_2 > \theta_1$ है)।

बढ़ती हुई दर से बढ़ता हुआ फलन है। चित्र (3.5 A देखें)

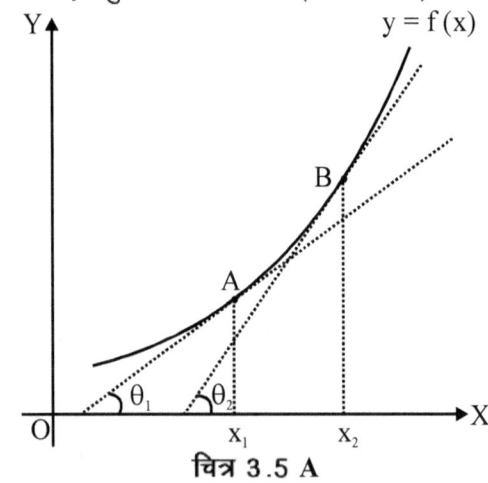

चित्र 3.5 A

स्थिति (2)– $\boxed{\begin{matrix} f'(x) > 0 \\ f''(x) < 0 \end{matrix}}$ $\Rightarrow$ x-अक्ष के सापेक्ष अवतल

(क) $f'(x) > 0$ का अर्थ है कि फलन बढ़ता हुआ है।

(ख) $f''(x) < 0$ का अर्थ है कि फलन घटती हुई दर पर बढ़ता है ($\theta_2 < \theta_1$ है)।

(क) और (ख) दोनों को एक साथ देखने पर हम पाते हैं कि यह फलन घटती हुई दर से बढ़ता हुआ फलन है (चित्र 3.5 B देखें)।

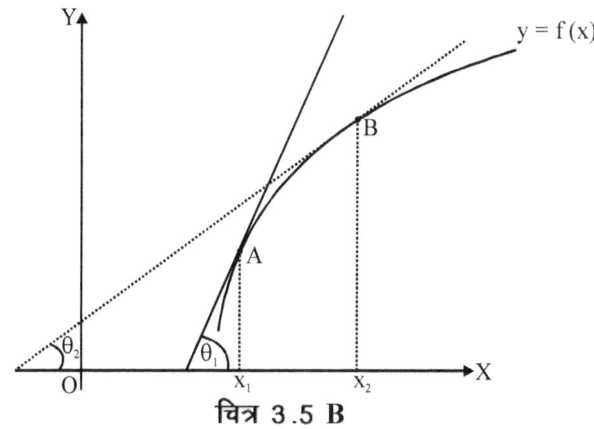

चित्र 3.5 B

स्थिति (3)– $\boxed{\begin{matrix} f'(x) < 0 \\ f''(x) > 0 \end{matrix}}$ ⇒ मूलबिंदु के सापेक्ष उत्तल

(क) $f'(x) < 0$ का अर्थ है कि फलन घटता हुआ ह्रासमान है।

(ख) $f''(x) > 0$ का अर्थ है, फलन बढ़ती हुई दर से घट रहा है ($\theta_2 > \theta_1$ है)।

(क) और (ख) दोनों को एक साथ देखने पर हम पाते हैं कि यह फलन बढ़ती हुई से घटता हुआ फलन है (चित्र 3.5 C देखें)।

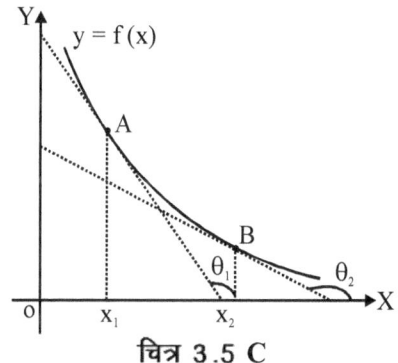

चित्र 3.5 C

स्थिति (4)– $\boxed{\begin{matrix} f'(x) < 0 \\ f''(x) < 0 \end{matrix}}$ ⇒ मूलबिंदु के सापेक्ष अवतल

(क) $f'(x) < 0$ का अर्थ है कि फलन घटता हुआ। ह्रासमान है।

(ख) $f''(x) < 0$ का अर्थ है कि फलन घटती हुई दर पर बढ़ता है ($\theta_2 < \theta_1$ है)।

(क) और (ख) को एक साथ देखने पर हम पाते हैं कि वक्र की ढाल ऋणात्मक है तथा यह घटती हुई दर से घटती है। अर्थात्, स्पर्श रेखा/रेखाओं का आनति कोण गिरता है/कम होता है (रेखाचित्र 3.5 D देखें)। मूलबिंदु के सापेक्ष वक्र नीचे की ओर अवतल या ऊपर से उत्तल है। उत्पादन संभावना वक्र इस प्रकार का एक उपयुक्त उदाहरण है।

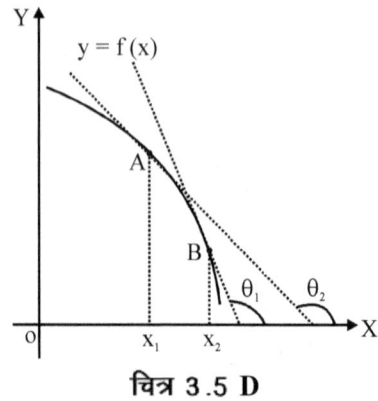

चित्र 3.5 D

स्थिति (5)– $f'(x) = 0$, $f''(x) > 0$ ⇒ अल्पिष्ठ बिंदु

(क) यह एक स्तब्ध बिंदु (stationary point) है। इसे क्रांतिक बिंदु (critical point) भी कहते हैं। यह तय करने के लिए हमें द्वितीय कोटि–अवकलज की आवश्यकता होती है।

(ख) $f''(x) > 0$ का अर्थ है कि A के किसी प्रतिवेश (neighbourhood) में A अल्पिष्ठ बिंदु/न्यूनतम मान बिंदु है। वक्र $y = f(x)$ U – आकार का है जिसकी तीन अवस्थाएँ हैं–

   (i) **ह्रासमान अवस्था**–बिंदु A के बाईं ओर, बिंदु A तक वक्र ह्रासमान/गिरता हुआ है (अर्थात् इसकी ढाल ऋणात्मक है)। वक्र के इस भाग में $f'(x) < 0$ है।

   (ii) बिंदु A पर वक्र का मान न्यूनतम है।

   (iii) **वर्धमान अवस्था**–बिंदु A के पश्चात् (बिंदु A के दाईं ओर) वक्र वर्धमान है (अर्थात् इसकी ढाल धनात्मक है) वक्र के इस भाग में $f'(x) > 0$ है (चित्र 3.5 E देखें)।

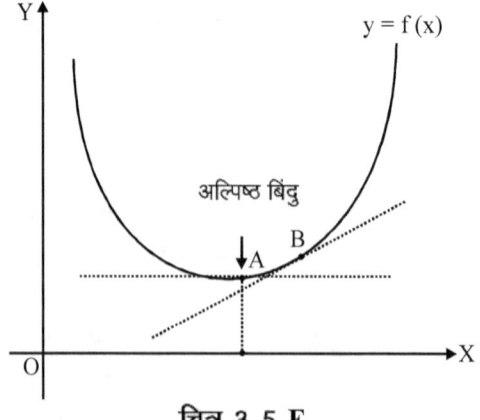

चित्र 3.5 E

शर्त $f'(x) = 0$ को प्रथम–कोटि शर्त या अल्पिष्ठ बिंदु के लिए अनिवार्य शर्त कहते हैं। ध्यान रहे $f'(x) = 0$ सभी चरम मानों के लिए (उच्चिष्ठ, अल्पिष्ठ और नतिपरिवर्तन बिंदु) अनिवार्य शर्त है। यह जानने के लिए कि कौन सी स्थिति है, हम द्वितीय–कोटि अवकलज शर्त का प्रयोग है। उदाहरण के लिए अल्पिष्ठ (न्यूनतम मान) बिंदु के लिए $f''(x) > 0$ होना चाहिए। यह एक पर्याप्त शर्त है और प्रकृति से पुष्टिकारी है। उदाहरण के लिए मान लीजिए $y = f(x)$ औसत लागत वक्र (AC) है। मान लीजिए यह संबंध $AC = 5x^2 - 20x + 170$ से निरूपित है। आइए हम इसका न्यूनतम मान बिंदु (अल्पिष्ठ) ज्ञात करें। अल्पिष्ठ AC के लिए स्तब्ध बिंदु ज्ञात करने के लिए प्रथम–कोटि की अनिवार्य शर्त है–

$$\frac{d}{dx}(AC) = 0$$

$$\frac{d}{dx}(5x^2 - 20x + 170) = 0$$

$$10x - 20 = 0$$

$$10x = 20$$

$$x = 2$$

यह तय करने के लिए कि यह बिंदु उच्चिष्ठ है या अल्पिष्ठ द्वितीय–कोटि या पर्याप्त शर्त है–

$$\frac{d}{dx}\left(\frac{d}{dx}AC\right) > 0$$

$$\frac{d}{dx}(10x - 20) > 0$$

$$10 > 0$$

अतः, फलन का न्यूनतम मान $x = 2$ पर है।

अब AC के न्यूनतम मान के लिए हम AC फलन में $x = 2$ रखते हैं।

$\therefore$ न्यूनतम $AC = 5(2)^2 - 20(2) + 170 = 151$

स्थिति (6)– $\boxed{\begin{array}{l} f'(x) = 0 \\ f''(x) < 0 \end{array}}$ $\Rightarrow$ उच्चिष्ठ बिंदु

(क) जैसा कि हमने स्थिति V में देखा $f'(x) = 0$ का अर्थ है कि एक विशिष्ट बिंदु पर फलन न तो वधर्ममान है, न ही ह्रासमान। रेखाचित्र 3.5 E में बिंदु A पर स्पर्शरेखा क्षैतिज है। इसका अर्थ है कि स्पर्श रेखा की ढाल शून्य है। यह एक स्तब्ध बिंदु है जो या तो एक अधिकतम मान बिंदु हो सकता है या न्यूनतम मान बिंदु अथवा एक नति परिवर्तन बिंदु। जैसा कि हमने पहले देखा $f'(x) = 0$ का अर्थ है कि एक विशिष्ट बिंदु पर फलन न तो वर्धमान है, न ही ह्रासमान। रेखाचित्र 3.5 E में बिंदु A पर स्पर्शरेखा क्षैतिज है। इसका अर्थ है कि स्पर्श रेखा की ढाल शून्य है।

(ख) $f''(x) < 0$ का अर्थ है कि A के किसी प्रतिवेश में A उच्चिष्ठ बिंदु [अधिकतम मान बिंदु] है। फलन $y = f(x)$ द्वारा निरूपित वक्र उल्टे U के आकार का है जिसका अधिकतम मान बिंदु A पर है।

उदाहरण—मान लीजिए $\pi = 500 + 160x - 2x^2$ एक लाभ फलन है, जहाँ x विापन पर किया गया खर्च है। हम जानना चाहते हैं कि विापन पर किया जाने वाला खर्च (x) कितना हो कि लाभ अधिकतम हो जाए।

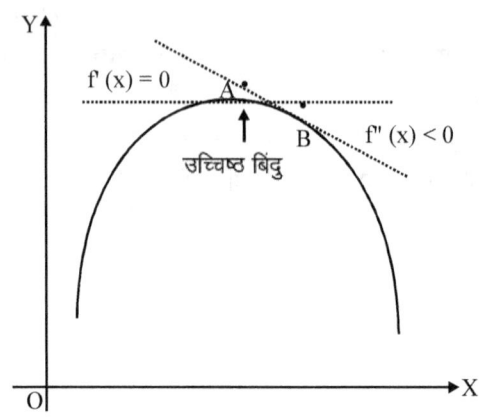

चित्र 3.5 F

अधिकतम लाभ (π) के लिए स्तब्ध बिंदु ज्ञात करने के लिए प्रथम–कोटि/अनिवार्य शर्त

$$\frac{d}{dx}(\pi) = 0$$

$$\frac{d}{dx}\left(500 + 160x - 2x^2\right) = 0$$

$$160 - 4x = 0$$

$$x = 40$$

बिंदु के अधिकतम मान बिंदु होने के लिए पर्याप्त शर्त है–

$$\frac{d}{dx}\left(\frac{d}{dx}\pi\right) < 0$$

$$\frac{d}{dx}(160 - 4x) < 0$$

$$-4 < 0$$

$\therefore$ यदि विज्ञापन पर खर्च (x) 40 इकाई के बराबर है तो लाभ अधिकतम होगा।

अतः अधिकतम लाभ

$$\pi = 500 + 160(40) - 2(40)^2 = 500 + 6400 - 3200 = 3700$$

होगा। अतः, हम पाते हैं कि यदि विज्ञापन पर 40 इकाई खर्च किया जाएँ तो लाभ अधिकतम होगा जो कि 3700 रुपए के बराबर है।

स्थिति (7)– $\boxed{\begin{matrix} f'(x) = 0 \\ f''(x) = 0 \end{matrix}}$ $\Rightarrow$ नतिपरिवर्तन बिंदु

किसी एक चर के फलन y = f(x) के लिए, एक नतिपरिवर्तन बिंदु वह बिंदु है जहाँ पर

वक्र स्पर्श रेखा की एक ओर से दूसरी ओर चला जाता है। एक नतिपरिवर्तन बिंदु वक्रता में परिवर्तन को दर्शाता है। जब वक्र किसी नतिपरिवर्तन बिंदु में से होकर गुजरता है तो उसकी वक्रता या तो उत्तल से अवतल या अवतल से उत्तल हो जाती है।

नतिपरिवर्तन बिंदुओं के दो वर्ग—

वर्ग (क)—वक्रता का उत्तल से अवतल में परिवर्तन, चाहे स्पर्श रेखा की ढाल कुछ भी (धनात्मक अथवा ऋणात्मक) हो, (रेखाचित्र 3.6 A और B देखें)

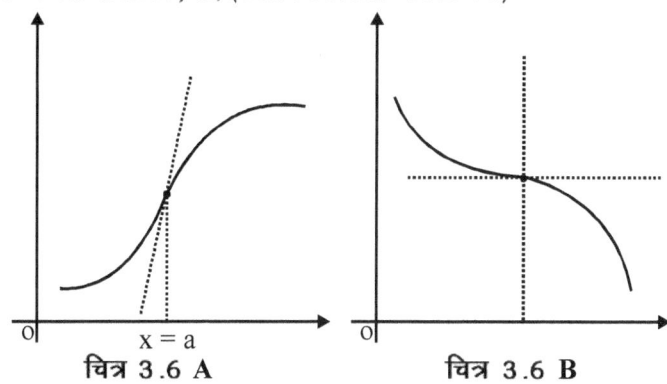

चित्र 3.6 A चित्र 3.6 B

वर्ग (ख)—वक्रता में अवतल से उत्तल में परिवर्तन, चाहे स्पर्श रेखा की ढाल कुछ भी हो (धनात्मक या ऋणात्मक) (रेखाचित्र 3.6 C और D देखें)

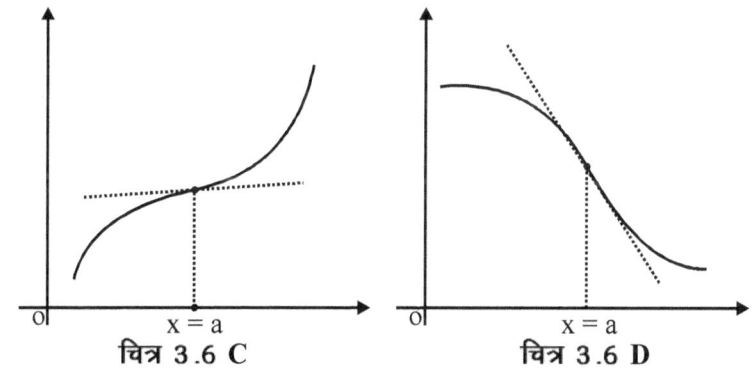

चित्र 3.6 C चित्र 3.6 D

स्पर्शरेखा का समीकरण—किसी फलन $y = f(x)$ के अवकलन गुणांक $\dfrac{dy}{dx}$ का एक अत्यंत महत्त्वपूर्ण प्रयोग, फलन के वक्र पर स्थित किसी बिंदु (x_1, y_1) पर स्पर्श रेखा का समीकरण ज्ञात करना है।

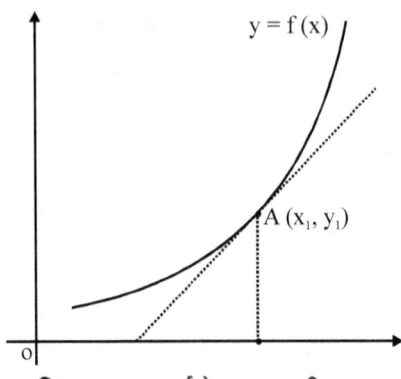

चित्र 3.7: स्पर्श रेखा का समीकरण

यह समीकरण बिंदु ढाल समीकरण के रूप में लिखा जा सकता है। यह समीकरण है–

$y - y_1 = m\,(x - x_1)$

जहाँ m स्पर्श रेखा की ढाल है तथा $A(x_1, y_1)$. स्पर्श रेखा का फलन $y = f(x)$ के वक्र से स्पर्श बिंदु है। हम जानते हैं कि किसी बिंदु पर वक्र की ढाल, फलन के प्रथम–कोटि अवकलज $\frac{dy}{dx}$ के बराबर होती है।

अतः, स्पर्श रेखा के समीकरण को इस प्रकार भी लिखा जा सकता है–

$$y - y_1 = \frac{dy}{dx}(x - x_1)$$

यदि स्पर्श बिंदु A(a, b) है, स्पर्श रेखा का समीकरण इस प्रकार लिखा जा सकता है–

$$y - b = \frac{dy}{dx}(x - x_1)\ .$$

3.15 टेलर श्रृंखला सूत्र तथा औसत मान प्रमेय (Taylor Series Formula and Mean Value Theorem)–हम जानते हैं कि अवकलक $dy = f'(x)dx$ का प्रयोग, चर x में एक दिए हुए परिवर्तन, $dx \cong \Delta x$ के सापेक्ष चर y में होने वाले परिवर्तन $dx \cong \Delta y$ का सन्निकटन प्राप्त करने के लिए किया जा सकता है। y में वास्तविक परिवर्तन Δy के स्थान पर dy को एक सन्निकटन के रूप में प्रयोग करने के कारण होने वाली प्रतिशत त्रुटि को स्वेच्छ रूप से छोटा किया जा सकता है यदि हम x में स्वेच्छ रूप में छोटे परिवर्तन लेने के लिए तैयार हों। परंतु, यह संभव है कि हम इस शर्त को स्वीकार करने के लिए तैयार न हों कि Δx अति सूक्ष्म हो और यदि चर x में परिवर्तन अति सूक्ष्म न हो, तो y के प्राप्त होने वाले सन्निकटन का परिशुद्ध होना आवश्यक नहीं होगा।

टेलर शृंखला का विस्तार हमें इस विषय पर गहन अध्ययन में सहायता करता है। टेलर शृंखला सूत्र की पृष्ठभूमि में मुख्य बिंदु यह है कि यदि हमें किसी फलन $y = f(x)$ का किसी विशिष्ट बिंदु $x = a$ पर मान ज्ञात हो तथा साथ ही फलन $f(x)$ के अवकलज का मान भी इस

बिंदु x पर ज्ञात हो, हम बिंदु x = a के किसी प्रतिवेश में स्थित किसी अन्य बिंदु x = x_0 पर फलन का मान ज्ञात कर सकते हैं। मान लीजिए f एक ऐसे विवृत अंतराल पर परिभाषित एक फलन है जिसमें बिंदु a और x सम्मिलित हैं। साथ ही यह भी मान लीजिए कि f इस अंतराल पर (n + 1) – बार अवकलनीय है। तो टेलर प्रमेय के अनुसार

$$f(x) = f(a) + \frac{f'(a)(x-a)}{1!} + \frac{f''(a)(x-a)^2}{2!}$$
$$+ \frac{f^{(3)}(a)(x-a)^3}{3!} + \frac{f^{(4)}(a)(x-a)^4}{4!} + \ldots + \frac{f^n(a)(x-a)^n}{(n)!} + R_n(x)$$

होगा, जहाँ $R_n(x) = \frac{f^{(n+1)}(c)(x-a)^{n+1}}{(n+1)!}$ है और c, a और x के बीच में स्थित कोई बिंदु है। ऊपर दिए गए सूत्र को टेलर शृंखला विस्तार सूत्र को टेलर शृंखला विस्तार सूत्र का शेषफल स्वरूप भी कहते हैं, जहाँ $R_n(x)$ को शेषफल पद कहते हैं। ध्यान रहे $f^{(n)}(a)$ का प्रयोग, f के nवें अवकलज के बिंदु a पर मान के लिए किया गया है और यह माना गया है कि इसका अस्तित्व है। हम इसी सूत्र को पुन:, संकलन चिह्न का प्रयोग करते हुए, इस प्रकार लिख सकते हैं।

$$f(x) = f(a) + \sum_{k=1}^{n-1}\left[\frac{f^k(a)(x-a)^k}{k!}\right] + R_n(x)$$ फलन f (x) के (n + 1) –कोटि तक

सभी अवकलजों का अस्तित्व है, यह माना गया है। जब हमें यह सूत्र ज्ञात है तो हम देख सकते हैं कि यदि हमें फलन f(x) का मान x = x_0 पर ज्ञात हो और हम इस सूत्र

$$f(x_0)f(a) + \sum_{k=1}^{n-1}\left[\frac{f^k(a)(x_0-a)^k}{k!}\right] + R_n(x_0)$$ का प्रयोग, फलन का मान किसी और बिंदु

x = x_0 पर ज्ञात करने के लिए करें तो यह, यह ज्ञात करने के समान होगा कि x में $\Delta x = x_0 - a$ के बराबर परिवर्तन के फलस्वरूप, फलन f में किस प्रकार परिवर्तन होता है। ऊपर प्राप्त व्यंजक में पद f(a) को बाईं ओर स्थानांतरित करके यह सरलता से देखा जा सकता है, क्योंकि $f(x_0) - f(a) \equiv \Delta y$ होगा।

टेलर शृंखला सूत्र की सहायता से औसत मान प्रमेय का पुनर्कथन—हम ऊपर दिए टेलर शृंखला सूत्र में केवल एक पद लेकर अर्थात् n = 0 लेकर, अवकलज के लिए औसत मान प्रमेय को स्पष्ट कर सकते हैं— f(x) = f(a) + f'(c)(x–a) जहाँ c, x और a के बीच कोई बिंदु है। इस प्रकार हम औसत मान प्रमेय प्राप्त करते हैं—

यदि f(x) एक ऐसा फलन है जो अंतराल [a, b] पर संतत तथा अंतराल (a, b) पर अवकलनीय है, तो ऐसा एक बिंदु c ∈ (a, b) अवश्य मिलेगा जिसके लिए $f'(c) = \frac{f(b) - f(a)}{b - a}$ सत्य हो।

पदों को पुन: व्यवस्थित करने पर, हम प्राप्त करते हैं—

f (b) = f (a) + f' (c) (b–a) यह एक प्रकार से n = 0 के लिए टेलर प्रमेय ही है।

संख्यात्मक प्रश्न

प्रश्न 1. ज्ञात कीजिए क्या $\lim_{x \to 0} f(x)$ अस्तित्व रखता है, यदि $f(x) = \dfrac{x}{|x|}$.

उत्तर— यहाँ, $f(x)$, $x = 0$ के लिए परिभाषित नहीं है। $x < 0$ के लिए $|x| = -x$, तो

$$f(x) = \dfrac{x}{|x|} = \dfrac{x}{-x} = -1 \Rightarrow \lim_{x \to 0^-} f(x) = -1$$

और $x > 0$ के लिए $|x| = x$, तो

$$f(x) = \dfrac{x}{|x|} = \dfrac{x}{x} = 1 \Rightarrow \lim_{x \to 0^+} f(x) = +1$$

यहाँ, $\lim_{x \to 0^-} f(x) \neq \lim_{x \to 0^+} f(x)$

अतः यह सिद्ध होता है कि $\lim_{x \to 0} f(x)$ का अस्तित्व नहीं है।

प्रश्न 2. सिद्ध कीजिए— $\lim_{x \to 1} \dfrac{x^3 - 1}{x - 1} = 3$.

उत्तर— यहाँ, $\dfrac{x^3 - 1}{x - 1} - 3 = \dfrac{x^3 - 3x + 2}{x - 1} = (x-1)(x+2)$

यदि $\varepsilon > 0$ दिया हुआ हो और हम $\delta = \min\left(\dfrac{2\varepsilon}{7}, \dfrac{1}{2}\right)$ लें तो

$$|x - 1| < \dfrac{1}{2} \Rightarrow x < \dfrac{3}{2} \Rightarrow x + 2 < \dfrac{7}{2} \text{ और}$$

$$\left|\dfrac{x^3 - 1}{x - 1} - 3\right| = |(x-1)(x+2)| < \dfrac{7}{2}|x - 1| < \dfrac{7}{2} \cdot \dfrac{2\varepsilon}{7} = \varepsilon$$

अर्थात् $|x - 1| < \delta \Rightarrow \left|\dfrac{x^3 - 1}{x - 1} - 3\right| < \varepsilon$

इसलिए $\lim_{x \to 1}\left(\dfrac{x^3 - 1}{x - 1}\right) = 3$.

प्रश्न 3. दिखाइए कि—

(क) $\lim_{x \to \infty} \dfrac{1}{x} = 0$

उत्तर— यदि $\varepsilon > 0$ दिया हुआ हो और हम $K = 1/\varepsilon$ लें तो

$$x > K \Rightarrow \left|\frac{1}{x} - 0\right| = |1/x| < 1/K = \varepsilon$$

इस तरह, $\lim_{x \to \infty} \frac{1}{x} = 0$.

(ख) $\lim_{x \to \infty} \left(\frac{1}{x} + \frac{3}{x^2} + 5\right) = 5$

उत्तर— यदि $\varepsilon > 0$ दिया हुआ हो और हम $K = 1/\sqrt{\varepsilon}$ लें तो

$x > K \Rightarrow |1/x^2 - 0| = |1/x^2| < 1/K^2 = \varepsilon$

इसलिए $\lim_{x \to \infty} 1/x^2 = 0$

अब $\lim_{x \to \infty} (1/x + 3/x^2 + 5) = \lim_{x \to \infty} 1/x + 3\lim_{x \to \infty} 1/x^2 + 5 = 5$.

प्रश्न 4. हल कीजिए—

$\lim_{x \to 4} \dfrac{x^2 - 16}{(x+4)^2}$

उत्तर— यहाँ, $\lim_{x \to 4} \dfrac{x^2 - 16}{(x+4)^2} = \lim_{x \to 4} \dfrac{(x-4)(x+4)}{(x+4)^2}$

$= \lim_{x \to 4} \dfrac{(x-4)}{(x+4)} = \dfrac{4-4}{4+4} = \dfrac{0}{8} = 0$.

प्रश्न 5. यदि हो $q = \dfrac{(1-V^2)}{(1-V)}$ ज्ञात कीजिए $\lim_{V \to L} q$.

उत्तर— दिया है, $q = \dfrac{(1-V^2)}{(1-V)}$

माना $V \to L$, तब q में V का मान रखने पर,

$\lim_{V \to L} q = \lim_{V \to L} \dfrac{(1-V^2)}{(1-V)} = \dfrac{(1-L^2)}{(1-L)} = \dfrac{(1-L)(1+L)}{(1-L)} = 1 + L$.

प्रश्न 6. $q = \dfrac{(3V+5)}{(V+2)}$ की सीमा ज्ञात कीजिए जैसे (as) $V \to -1$.

उत्तर— दिया है, $q = \dfrac{(3V+5)}{(V+2)}$

माना, $V \to -1$, तब q में V का मान रखने पर,

$$\lim_{V \to -1} q = \lim_{V \to -1} \dfrac{(3V+5)}{(V+2)} = \dfrac{(3 \times -1)+5}{-1+2} = \dfrac{-3+5}{1} = 2.$$

प्रश्न 7. यदि $f(x) = \begin{cases} 1 & \text{जबकि } x \in z \\ -1 & \text{जबकि } x \notin z \end{cases}$ से परिभाषित फलन $f : R \to R$ दिया हुआ हो, तो क्या (क) $x = 1$ पर (ख) $x = -3/2$ पर f संतत है?

उत्तर— (क) f, $x = 1$ पर संतत नहीं है। $\varepsilon = 1$ और किसी $\delta > 0$ के लिए यदि x कोई अपूर्णांक $\in\ ]1-\delta, 1+\delta[$ हो, तो $|f(x) - f(1)| = |-1-1| = 2 > \varepsilon$.

(ख) f, $-3/2$ पर संतत है क्योंकि किसी दिए हुए $\varepsilon > 0$ के लिए यदि हम $\delta < \dfrac{1}{2}$ लें, तो $|x - (-3/2)| < \dfrac{1}{2} \Rightarrow -2 < x < -1 \Rightarrow x \notin z$

अतः $|f(x) - f(-3/2)| = 0 < \varepsilon$.

प्रश्न 8. प्रदर्शित करें कि $x = 2$ पर $\dfrac{2\left[3^{\frac{1}{x-2}} - 1\right]}{3^{\frac{1}{x-2}} + 1}$ फलन असतत है।

उत्तर— माना, $f(x) = \dfrac{2\left[3^{\frac{1}{x-2}} - 1\right]}{3^{\frac{1}{x-2}} + 1}$

तब, $f(2) = \dfrac{2[3^{\infty} - 1]}{3^{\infty} + 1}$ = परिभाषित नहीं है।

$$\therefore \lim_{x \to 2^+} f(x) = \lim_{h \to 0} f(2+h) = \lim_{h \to 0} \dfrac{2\left[3^{\frac{1}{2+h-2}} - 1\right]}{3^{\frac{1}{2+h-2}} + 1} = \lim_{h \to 0} \dfrac{2\left[3^{\frac{1}{h}} - 1\right]}{3^{\frac{1}{h}} + 1}$$

$$= \lim_{h \to 0} \dfrac{2\left[1 - \dfrac{1}{3^{1/h}}\right]}{1 + 3^{-1/h}} = \lim_{h \to 0} \dfrac{2\left[1 - 3^{\frac{-1}{h}}\right]}{1 + 3^{-\frac{1}{h}}}$$

$$= \frac{2[1-0]}{1+0} = 2 \qquad \left[h \to 0, \frac{1}{h} \to \infty\right]$$

तथा दाईं ओर का सीमाबंधन $= 2$

अब, बाईं ओर का सीमाबंधन $\lim_{x \to 2^-} f(x) = \lim_{h \to 0} f(2-h)$

$$= \lim_{h \to 0} \frac{2\left[3^{\frac{1}{2-h-2}} - 1\right]}{3^{\frac{1}{2-h-2}} + 1} = \frac{2[0-1]}{0+1} = -2$$

यहाँ दाईं ओर का सीमाबंधन तथा बाईं ओर का सीमाबंधन विद्यमान है लेकिन बराबर नहीं है, अतः फलन सततता की आवश्यक शर्तों में से एक असफल है।

अतः $x = 2$ पर $f(x)$ असतत है।

प्रश्न 9. प्रदर्शित करें कि $y = \frac{x^2 - 1}{x - 1}$, $x = 1$ पर असतत हैं। यह भी प्रदर्शित करें कि $x = 1$ निर्विष्ट होने पर यदि y की कीमत 2 हो तो यह सतत फलन बन जाता है।

उत्तर– दिया है, $y = \frac{x^2 - 1}{x - 1}$

तब, $f(1) = \frac{0}{0}$, अतः $x = 1$ के लिए फलन परिभाषित नहीं है।

यहाँ दाईं ओर का सीमाबंधन $= \lim_{x \to 1^+} f(x) = \lim_{h \to 0} f(1+h)$

$$= \lim_{h \to 0} \frac{(1+h)^2 - 1}{1+h-1} = \lim_{h \to 0} (1 + h + 1) = 2$$

तथा बाईं ओर का सीमाबंधन $= \lim_{x \to 1^-} f(x) = \lim_{h \to 0} f(1-h)$

$$= \lim_{h \to 0} \frac{(1-h)^2 - 1}{1-h-1} = \lim_{h \to 0} (1 - h + 1) = 2$$

यहाँ दाईं ओर का सीमाबंधन = बाईं ओर का सीमाबंधन, अतः परिमित है लेकिन $x = 1$ पर $f(x)$ परिभाषित नहीं है तथा इसलिए $x = 1$ पर फलन असतत है।

यदि, $x = 1$ पर $y = 2$ है तो नया फलन बन जाता है $g(x) = (x + 1)$

अब बाईं ओर का सीमाबंधन = दाईं ओर का सीमाबंधन = फलन की उस बिंदु पर कीमत (वास्तव में फलन परिभाषित है) इसलिए $x = 1$ पर $g(x)$ सतत है।

प्रश्न 10. कुल अवकलज $\frac{dz}{dt}$ का पता लगाइए, यदि दिया हो $z = x^2 - 8xy - y^3$ जहाँ $x = 3t$ और $y = 1 - t$.

उत्तर— यहाँ, $\frac{dz}{dt}$ का कुल अवकलज $= f_x(x,y)\frac{dx}{dt} + f_y(x,y)\frac{dy}{dt}$

$\therefore \frac{dz}{dt} = (2x-8y)(3) + (-8x-3y^2)(-1) = 6(x-4y) + (8x+3y^2)$

$= 3y^2 + 14x - 24y$

t के पदों पर लिखने पर, हम पाएँगे—

$\frac{dz}{dt} = 3(1-t)^2 + 14(3t) - 24(1-t) = 3(1-2t+t^2) + 42t - 24 + 24t$

$= 3 - 6t + 3t^2 + 66t - 24 = 3t^2 + 60t - 21.$

प्रश्न 11. $f(x) = \frac{2+5x+7x^{-1}}{x^5}$ को तीन अलग-अलग विधियों से अवकलित कीजिए।

उत्तर— (क) $f(x) = 2x^{-5} + 5x^{-4} + 7x^{-6}$

$f'(x) = -10x^{-6} - 20x^{-5} - 42x^{-7}$

(ख) $f'(x) = \frac{x^5(5-7x^{-2}) - 5x^4(2+5x+7x^{-1})}{x^{10}}$

$= x^{-10}(-20x^5 - 42x^3 - 10x^4) = -20x^{-5} - 42x^{-7} - 10x^{-6}$

(ग) $f(x) = x^{-5}(2 + 5x + 7x^{-1})$

$f'(x) = x^{-5}(5 - 7x^{-2}) - 5x^{-6}(2 + 5x + 7x^{-1})$

$= -20x^{-5} - 42x^{-7} - 10x^{-6}.$

प्रश्न 12. $\sin x + 4\cos x - 3\tan x$ को अवकलित कीजिए।

उत्तर— यहाँ, $\frac{d}{dx}(\sin x + 4\cos x - 3\tan x)$

$= \frac{d}{dx}(\sin x) + \frac{d}{dx}(4\cos x) - \frac{d}{dx}(3\tan x)$

$= \cos x + 4\frac{d}{dx}(\cos x) - 3\frac{d}{dx}(\tan x) = \cos x - 4\sin x - 3\sec^2 x$

प्रश्न 13. $\frac{dy}{dx}$ मालूम करें, जब

(1) $y = \sqrt{\frac{1-x}{1+x}}$

उत्तर— दिया है, $y = \dfrac{(1-x)^{1/2}}{(1+x)^{1/2}}$

$$\therefore \dfrac{dy}{dx} = \dfrac{1/2(1-x)^{-1/2}(-1)(1+x)^{1/2} - 1/2(1+x)^{-1/2}(1-x)^{1/2}}{1+x}$$

$$= -\dfrac{1}{2}\left[\dfrac{\dfrac{(1+x)^{1/2}}{(1-x)^{1/2}} + \dfrac{(1-x)^{1/2}}{(1+x)^{1/2}}}{(1+x)}\right] = \dfrac{-1}{2(1+x)}\left[\dfrac{1+x+1-x}{(1-x)^{1/2}(1+x)^{1/2}}\right]$$

$$= \dfrac{-1}{2(1+x)}\left[\dfrac{2}{(1-x)^{1/2}(1+x)^{1/2}}\right] = -\left[\dfrac{1}{(1+x)^{3/2}(1-x)^{1/2}}\right].$$

(2) $y = \sqrt{\dfrac{1-2x}{1+2x}}$

उत्तर— दिया है, $y = \dfrac{(1-2x)^{1/2}}{(1+2x)^{1/2}}$

$$\therefore \dfrac{dy}{dx} = \dfrac{1/2(1-2x)^{-1/2}(-2)(1+2x)^{1/2} - 1/2(1+2x)^{-1/2}(2)(1-2x)^{1/2}}{(1+2x)}$$

$$= \dfrac{-1}{(1+2x)}\left[\dfrac{(1+2x)^{1/2}}{(1-2x)^{1/2}} + \dfrac{(1-2x)^{1/2}}{(1+2x)^{1/2}}\right]$$

$$= \dfrac{-1}{(1+2x)}\left[\dfrac{1+2x+1-2x}{(1-2x)^{1/2}(1+2x)^{1/2}}\right] = \dfrac{-2}{(1+2x)^{3/2}(1-2x)^{1/2}}.$$

प्रश्न 14. यदि $y = \dfrac{2(x+1)}{x^2+2x-3}, x = 2t^2+3t, \dfrac{dy}{dt}$ मालूम कीजिए।

उत्तर— यहाँ y, x का फलन है तथा x, t का फलन है।

$$\therefore \dfrac{dy}{dx} = \dfrac{2(x^2+2x-3) - (2x+2)(2x+2)}{(x^2+2x-3)^2} = \dfrac{2x^2+4x-6-4x^2-8x-4}{(x^2+2x-3)^2}$$

$$= \dfrac{-2x^2-4x-10}{(x^2+2x-3)^2}$$

और $\frac{dx}{dt} = 4t + 3$

$\therefore \frac{dy}{dt} = \frac{dy}{dx} \times \frac{dx}{dt} = \frac{-2x^2 - 4x - 10}{(x^2 + 2x - 3)^2}(4t + 3).$

प्रश्न 15. यदि $x^{1/2} + y^{1/2} = a^{1/2}$, $x = a$ पर $\frac{d^2y}{dx^2}$ की कीमत मालूम कीजिए।

उत्तर— प्रथम अवकलित करने पर हम पाते हैं—

$\frac{1}{2}x^{-1/2} + \frac{1}{2}y^{-1/2}\frac{dy}{dx} = 0 \Rightarrow -x^{-1/2} = y^{-1/2}\frac{dy}{dx}$

$\therefore \frac{dy}{dx} = -\frac{x^{-1/2}}{y^{-1/2}} = -\frac{\sqrt{y}}{\sqrt{x}} = -\sqrt{\frac{y}{x}}$

इसे दोबारा अवकलित करते हुए, $\frac{d^2y}{dx^2} = -\left[\dfrac{\frac{1}{2}y^{-1/2}\frac{dy}{dx}\sqrt{x} - \frac{1}{2}x^{-1/2}\sqrt{y}}{x}\right]$

$= -\frac{1}{2x}\left[\frac{\sqrt{x}}{\sqrt{y}}\frac{dy}{dx} - \frac{\sqrt{y}}{\sqrt{x}}\right]$

$= -\frac{1}{2x}\left[\frac{\sqrt{x}}{\sqrt{y}}\left(\frac{-\sqrt{y}}{\sqrt{x}}\right) - \frac{\sqrt{y}}{\sqrt{x}}\right] \qquad \left[\frac{dy}{dx} = -\sqrt{\frac{y}{x}}\ \text{कीमत लगाते हुए}\right]$

$= +\frac{1}{2x}\left[1 + \frac{\sqrt{y}}{\sqrt{x}}\right]$

$\therefore \frac{d^2y}{dx^2} = \frac{1}{2x}\left[\frac{\sqrt{x} + \sqrt{y}}{\sqrt{x}}\right]$

जब $x = a$, $y^{1/2} = a^{1/2} - a^{1/2} = 0$

$\therefore \frac{d^2y}{dx^2} = \frac{1}{2a}\left[\frac{\sqrt{a} + 0}{\sqrt{a}}\right] = \frac{1}{2a}.$

प्रश्न 16. यदि $\frac{x^2}{a^2} + \frac{y^2}{b^2} = 1$ सिद्ध करें कि $\frac{d^2y}{dx^2} = -\frac{b^4}{a^2 y^3}.$

उत्तर— दिया है, $\frac{x^2}{a^2} + \frac{y^2}{b^2} = 1$ x से संबंधित अवकलन करते हुए—

$$\frac{1}{a^2}(2x) + \frac{2y}{b^2} \cdot \frac{dy}{dx} = 0 \qquad \ldots(1)$$

$$\Rightarrow \frac{y}{b^2} \times \frac{dy}{dx} = -\frac{x}{a^2} \Rightarrow \frac{dy}{dx} = -\frac{b^2 x}{a^2 y}$$

x से संबंधित अवकलन दोबारा करते हुए—

$$\frac{2}{a^2} + \frac{2}{b^2}\left[y\frac{d^2y}{dx^2} + \left(\frac{dy}{dx}\right)^2\right] = 0$$

$$\Rightarrow -\frac{b^2}{a^2} = \frac{y d^2 y}{dx^2} + \left(\frac{dy}{dx}\right)^2 \Rightarrow -\frac{b^2}{a^2} - \left(\frac{dy}{dx}\right)^2 = y\frac{d^2y}{dx^2}$$

$$\Rightarrow -\frac{b^2}{a^2} - \frac{b^4 x^2}{a^4 y^2} = y\frac{d^2y}{dx^2} \Rightarrow -\frac{b^2}{a^2}\left[1 + \frac{b^2 x^2}{a^2 y^2}\right] = y\frac{d^2y}{dx^2}$$

$$-\frac{b^2}{a^2}\left[\frac{a^2 y^2 + b^2 x^2}{a^2 y^2}\right] = y\frac{d^2y}{dx^2}$$

अब, $\frac{x^2}{a^2} + \frac{y^2}{b^2} = 1$ अत: $b^2 x^2 + a^2 y^2 = a^2 b^2$

इसलिए, $-\frac{b^2}{a^2} \times \frac{a^2 b^2}{a^2 y^2} = y\frac{d^2y}{dx^2}$

$$\therefore \frac{d^2y}{dx^2} = -\frac{b^4}{a^2 y^3}$$ सिद्ध हुआ।

प्रश्न 17. (1) एक माँग फलन $xp^n = k$ द्वारा दिया गया है जहाँ n तथा k अचर मूल्य हैं। माँग लोच की कीमत ज्ञात कीजिए।

उत्तर— दिया गया माँग वक्र है— $x = kp^{-n}$ ...(1)

समीकरण (1) का p से संबंधित अवकलन करते हुए हम पाते हैं कि—

$$\frac{dx}{dp} = k(-n)p^{-n-1}$$

माँग की लोच $e_d = -\frac{p}{x} \times \frac{dx}{dp} = -\frac{p}{kp^{-n}} \times k(-n)p^{-n-1} = n$

इसलिए माँग वक्र $xp^n = k$ की लोच सभी कीमत स्तरों पर n है।

(2) जब p = 40 – x, x की कीमत ज्ञात करें जिसके लिए $e_d = 1$ है।

उत्तर— दिया गया माँग फलनक है— p = 40 – x अथवा x = 40 – p

p से संबंधित अवकलन करते हुए हम पाते हैं $\frac{dx}{dp} = -1$

माँग की लोच $e_d = -\frac{p}{x}\times\frac{dx}{dp} = -\left(\frac{40-x}{x}\right)\times -1 = \frac{40-x}{x}$

जब $e_d = 1$ अथवा $= \frac{40-x}{x} = 1 \Rightarrow 40 - x = x \Rightarrow 2x = 40 \Rightarrow x = 20.$

प्रश्न 1 8 . (1) यदि $q = 30 - 4p - p^2$ है तथा q माँग की मात्रा, p कीमत हैं और $p = 3$ है तो माँग की कीमत लोच तथा सीमांत आय ज्ञात कीजिए।

उत्तर– $q = 30 - 4p - p^2$

$\therefore \frac{dq}{dp} = -4 - 2p = -4 - 2\times 3 = -10$ $[\because p = 3]$

लोच $e_d = \frac{\text{सीमांत कीमत}}{\text{औसत कीमत}} = -\frac{dq/dp}{q/p} = -\frac{dq}{dp}\times\frac{p}{q}$

$= +10\times\frac{3}{9}$ (जब, $p = 3, q = 30 - 12 - 9 = 9$)

$= \frac{10}{3}$

अब, औसत आय $AR = p = 3$

तब, लोच $e_d = \frac{AR}{AR - MR} \Rightarrow \frac{10}{3} = \frac{3}{3 - MR}$

$\Rightarrow 30 - 10MR = 9 \Rightarrow - 10MR = -21$

$\therefore$ सीमांत आय $MR = \frac{21}{10}.$

(2) एक एकाधिकारी का माँग वक्र $p = \frac{50-x}{5}$ द्वारा दिया गया है। किसी उत्पादन x के लिए सीमांत आय ज्ञात कीजिए। यदि $x = 0$ तथा $x = 25$ तो सीमांत आय क्या होगी?

उत्तर– $p = 10 - \frac{1}{5}x$

यहाँ, कुल आय $TR = p\times x = 10x - \frac{1}{5}x^2$

तब, सीमांत आय $MR = TR$ का अवकलन $= 10 - \frac{2}{5}x$

जब x = 0, सीमांत आय $MR = 10 - \frac{2}{5} \times 0 = 10$

जब x = 25, सीमांत आय $MR = 10 - \frac{2}{5} \times 25 = 0$.

प्रश्न 19. प्रदर्शित करें कि $e = \frac{AR}{AR - MR}$ होगा जब p = 5 हो तथा जहाँ माँग वक्र p = 50 – 3x द्वारा दिया गया हो।

उत्तर— हमारे पास माँग वक्र है p = 50 – 3x
जब p = 5, तो 5 = 50 – 3x ⇒ x = 15

अब, $\frac{d}{dp}(p) = \frac{d}{dp}(50 - 3x)$

$1 = -3\frac{dx}{dp}$ अथवा $\frac{dx}{dp} = -\frac{1}{3}$

लोच $e_d = -\frac{dx}{dp} \times \frac{p}{x} = \frac{5}{15} \times \frac{1}{3} = \frac{1}{9}$

x = 15 पर औसत आय AR तथा सीमांत आय MR का निर्धारण करते हुए कुल आय को R = कीमत × मात्रा द्वारा दिया जाता है।

∴ कुल आय $R = p \times x = (50 - 3x)x$
यथा आय $R = 50x - 3x^2$

∴ सीमांत आय $MR = \frac{d}{dx}(50x - 3x^2)$

$= \frac{d}{dx}(50x) - \frac{d}{dx}(3x^2) = 50 - 6x$

जब, x = 15, MR = 50 – 6 × 15 = 50 – 90 = –40

तब, औसत आय $AR = \frac{\text{कुल आय}}{\text{उत्पादन की मात्रा}} = \frac{50x - 3x^2}{x} = 50 - 3x$

जब, x = 15, AR = 50 – 3 × 15 = 50 – 45 = 5
तब औसत आय AR तथा सीमांत आय MR प्रस्थापित करते हुए—

लोच $e_d = \frac{AR}{AR - MR} = \frac{5}{5 - (-40)} = \frac{5}{45} = \frac{1}{9}$.

प्रश्न 20. प्रदर्शित करें कि वक्र $y = x + \dfrac{1}{x}$ में एक उच्चिष्ठ (maxima) तथा एक निम्निष्ठ (minima) है।

उत्तर— यहाँ, $y = x + \dfrac{1}{x} \Rightarrow y = x + x^{-1}$

$\therefore \dfrac{dy}{dx} = 1 - x^{-2}$

यहाँ अचल बिंदु के लिए $\dfrac{dy}{dx} = 0$

$\therefore 1 - \dfrac{1}{x^2} = 0$ अथवा $x^2 = 1$ अथवा $x = +1$ तथा $x = -1$

और, $\dfrac{d^2y}{dx^2} = +2x^{-3} = \dfrac{2}{x^3}$

$x = +1$ पर, $\dfrac{d^2y}{dx^2} > 0$ तथा $x = -1$ पर, $\dfrac{d^2y}{dx^2} < 0$

इसलिए $x = +1$ पर, वक्र निम्निष्ठ (minima) है और $x = -1$ पर, उच्चिष्ठ (maxima) है।

प्रश्न 21. $f(x, y) = x + y$. ज्ञात कीजिए f_{xx}, f_{yy}.

उत्तर— यहाँ, $f_x = \dfrac{d(x+y)}{dx}$ \qquad (x का प्रथम अवकलज)

$= 1$

$\therefore f_{xx} = 0$ \qquad (x का द्वितीय अवकलज)

इसी प्रकार, $f_y = \dfrac{d(x+y)}{dy}$ \qquad (y का प्रथम अवकलज)

$= 1$

$\therefore f_{yy} = 0$ \qquad (y का द्वितीय अवकलज)

अध्याय 4

एक चर अभीष्टीकरण
(Single Variable Optimisation)

भूमिका

अभीष्टतम का अर्थ होता है उच्चिष्ठ (उच्चतम) अथवा अल्पिष्ठ (निम्नतम)। किसी फलन के अभीष्टम बिंदु ज्ञात करने की प्रक्रिया को अभीष्टी कहते हैं। मूल विचार यह है कि किसी निर्णय करने वाले (जैसे कि कोई उपभोक्ता या कोई फर्म) के समक्ष एक उद्देश्य फलन है, जिसके अभीष्टीकरण का अर्थात् उसका उच्चतम या निम्नतम ज्ञात करने का वह प्रयास कर रहा है। एक अर्थशास्त्रीय कर्ता को एक विशेष विकल्प चुनना होता है जो कि या तो किसी को अधिकतम कर दे (जैसे कि एक उत्पादक अपना लाभ अधिकतम करना चाहेगा या एक उपभोक्ता अपनी उपयोगिता को अधिकतम करना चाहेगा) या न्यूनतम कर दे (जैसे कि किसी उत्पाद की दी हुई मात्रा के उत्पादन की लागत) अर्थशास्त्र में यह उच्चतम अथवा निम्नतम ज्ञात करने की प्रक्रिया 'अभीष्टीकरण का प्रक्रम' अथवा 'सर्वश्रेष्ठ की खोज' कहलाती है।

4.1 उत्तल समुच्चय तथा उत्तल फलन (Convex Set and Convex Functions)–R^2 या R^3 के बिंदुओं का एक समुच्चय S एक उत्तल समुच्चय कहलाता है यदि इस समुच्चय के किन्हीं भी दो बिंदुओं के लिए, इन बिंदुओं को मिलाने वाला रेखाखंड पूर्णतया इसी समुच्चय में स्थित हो। इस परिभाषा के अनुसार प्रत्येक सरल रेखा एक उत्तल समुच्चय है। इसी प्रकार केवल एक बिंदु वाला प्रत्येक समुच्चय भी एक उत्तल समुच्चय है। उत्तलता की यह ज्यामितीय परिभाषा त्रिआयामी ज्यामितीय आकृतियों के लिए भी सत्य है। उदाहरण के लिए, एक ठोस घन एक उत्तल समुच्चय है परंतु एक खोखला बेलन उत्तल समुच्चय नहीं है।

4.1.1 उत्तल संयोजन तथा उत्तल समुच्चय (Convex Combination and Convex Sets)–दो बिंदुओं u और v का रैखिक संयोजन $k_1u + k_2v$ के रूप में लिखा जा सकता है, जहाँ k_1 तथा k_2 वास्तविक संख्याएँ हैं। यदि k_1 और k_2

दोनों संवृत्त अंतराल [0, 1] में स्थित हों तथा उनका योग 1 के बराबर हो, तो रैखिक संयोजन, एक उत्तल संयोजन कहलाता है तथा इसे इस प्रकार व्यक्त किया जा सकता है–

$k_1u + (1 - k_1)v, 0 \leq k_1 \leq 1$

इस संकल्पना के आधार पर, एक उत्तल समुच्चय को इस प्रकार परिभाषित किया जा सकता है–

एक समुच्चय S एक उत्तल समुच्चय कहलाता है यदि और केवल यदि समुच्चय के प्रत्येक दो बिंदुओं $u \in$ S तथा किसी भी संख्या $\theta \in [0,1]$ के लिए, $w = \theta u + (1-\theta)v \in S$ सत्य हो। दूसरे शब्दों में, एक समुच्चय θ उत्तल होगा यदि θ के सभी बिंदुओं v_0 और v_1 के लिए और अंतराल [0, 1] में स्थित प्रत्येक बिंदु λ के लिए, बिंदु $(1-\lambda)v_0 + \lambda v_1$ भी समुच्चय θ का एक अवयव हो। गणितीय आगमन के सिद्धांत से, कोई समुच्चय θ उत्तल होता है यदि और केवल यदि θ के अवयवों का प्रत्येक उत्तल संयोजन, θ में स्थित हो। परिभाषा के अनुसार, किसी सदिश समष्टि (वेक्टर स्पेस) के किसी, अनुक्रमित उपसमुच्चय $\{v_0, v_1, ..., v_D\}$ का उत्तल संयोजन, $v_0, v_1, ..., v_D$ के सभी ऐसे पदों का भारित औसत $\lambda_0 v_0 + \lambda_1 v_1 + ... + \lambda_D v_D$ होता है जहाँ $\{\lambda_D\}$ अऋणात्मक वास्तविक संख्याओं का एक अनुक्रमित समुच्चय है तथा प्रतिबंध $\lambda_0 + \lambda_1 + ... + \lambda_D = 1$ को संतुष्ट करता है।

उत्तल समुच्चय की परिभाषा से यह निष्कर्ष निकलता है कि दो उत्तल समुच्चयों का उभयनिष्ठ (intersection) पुनः एक उत्तल समुच्चय होता है। व्यापक रूप में हम कह सकते हैं कि उत्तल समुच्चयों के किसी समूह का उभयनिष्ठ पुनः एक उत्तल समुच्चय होता है। कोई भी आकृति जो कि खोखली अथवा पिचकी हुई (dented) हो उत्तल नहीं हो सकती। (चित्र 4.1 देखें) चित्र 4.1(a) में, समुच्चय Q उत्तल है क्योंकि इस समुच्चय के किन्हीं भी दो बिंदुओं (जैसे कि v_0 और v_1 को मिलाने वाला रेखाखंड पूर्णतयः समुच्चय Q के अंदर स्थित

है। दूसरी ओर, चित्र 4.1 (b) में दिया हुआ समुच्चय R उत्तल नहीं है। हम देख सकते हैं कि समुच्चय R में यह आवश्यक नहीं है कि दो बिंदुओं के प्रत्येक युग्म के लिए (जैसे कि x_2 तथा x_3), उनको मिलाने वाला रेखाखंड पूर्णतयः R के भीतर ही स्थित हो यह देख पाना कठिन नहीं है कि रिक्त समुच्चय उत्तल होता है।

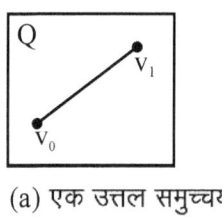

(a) एक उत्तल समुच्चय

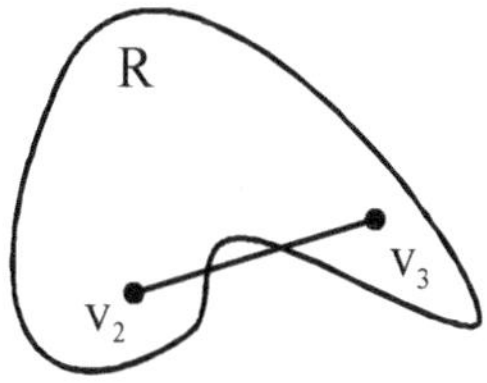

(b) गैर–उत्तल समुच्चय

चित्र 4.1

4.1.2 उत्तल समुच्चय, उत्तल एवं अवतल फलन (Convex Sets, Convex and Concave Functions)—फलन के संदर्भ में शब्द 'उत्तल' दर्शाता है कि वक्र या सतह किस तरह मुड़े हुए हैं अर्थात् यह विशेषण वक्र के उभार को वर्णित करता है। दूसरी ओर एक समुच्चय के संदर्भ में, शब्द उत्तल या निर्दिष्ट करता है कि समुच्चय में बिंदु किस प्रकार व्यवस्थित हैं अर्थात् समुच्चय कितना सघन है। यद्यपि गणितीय रूप से उत्तल समुच्चय एवं उत्तल फलन अलग–अलग संकल्पनाएँ है तो भी ये सर्वथा असंबंधित नहीं है। हम जानते हैं कि कोई फलन उत्तल तभी होता है जब उसका प्रांत उत्तल हो। एक उत्तल फलन एक ऐसा फलन होता है जिसमें फलन के ग्राफ पर स्थित तथा उसके ऊपर वाले बिंदु एक उत्तल समुच्चय बनाएँ। ऊपर दी गई परिभाषा के पदों में, एक फलन उत्तल फलन कहलाता है यदि फलन के ग्राफ पर स्थित किसी भी दो बिंदुओं को मिलाने वाली जीवा, ग्राफ पर अथवा उसके ऊपर स्थित हो (चित्र 4.2)। किसी भी उत्तल फलन के लिए, फलन पर और उससे ऊपर स्थित बिंदुओं का समुच्चय उत्तल होता है।

बीजगणितीय शैली में उत्तल फलनों का वर्णन इस प्रकार किया जा सकता है : एक प्रदत्त फलन f उत्तल होगा यदि और केवल यदि

$f(\alpha x_1 + (1-\alpha)x_2) \leq \alpha f(x_1) + (1-\alpha) f(x_2)$ हो, जहाँ x_1, x_2 और α वास्तविक संख्याएँ हैं, तथा $0 \leq \alpha \leq 1$ है। ऊपर दिए व्यंजक में, यदि असमता विशुद्ध हो (अर्थात् '$\leq$' के स्थान पर '$<$' हो) तो फलन f विशुद्ध सुनिश्चित उत्तल फलन कहलाता है। उत्तल फलनों का एक महत्त्वपूर्ण गुणधर्म यह है कि दो उत्तल फलनों का योग भी एक उत्तल फलन ही होता है। इसी प्रकार यदि किसी उत्तल फलन को एक धनात्मक अचर से गुणा किया जाए, तो हमें एक और उत्तल फलन प्राप्त होता है।

अवतल फलन के लिए, फलन के नीचे स्थित बिंदुओं का समुच्चय उत्तल होना चाहिए। साथ ही, ध्यान रहे कि एक अवतल फलन में असमता उल्टी हो जाती है अर्थात् '$\leq$' के स्थान पर '$\geq$' हो जाता है।

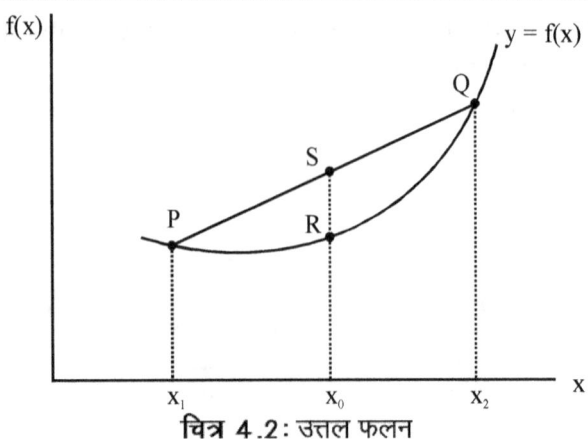

चित्र 4.2: उत्तल फलन

फलन y = f(x) में मान लीजिए f एक उत्तल अवकलनीय फलन है। मान लीजिए $x_1 < x_2$ है और $0 < \alpha < 1$ है तथा $x_o = \alpha x_1 + (1-\alpha)x_2$ है। अब, मान लीजिए कि P, Q, R और S, xy - तल में चार बिंदु है जैसे कि चित्र 4.2 में दर्शाया गया है। क्योंकि f एक उत्तल फलन है, बिंदु R बिंदु S से ऊपर नहीं हो सकता। अतः जीवा PR की ढाल जीवा PQ की ढाल से अधिक नहीं हो सकती। यह असमिका तब भी सत्य होगी जब $\alpha, 1$ की ओर अग्रसर हो। इस स्थिति में (अर्थात् जब $\alpha, 1$ की ओर अग्रसर होता है) तो R, वक्र के साथ–साथ चलते हुए P की ओर जाता है तथा PR की ढाल बिंदु P पर वक्र की ढाल की ओर अग्रसर होती है। अतः, बिंदु P पर वक्र की ढाल, जीवा PQ की ढाल से कम होगी।

$$f'(x_1) \leq \frac{f(x_2) - f(x_1)}{x_2 - x_1}$$

इसी प्रकार, जब $\alpha, 0$ की ओर जाता है, हम पाते हैं कि

$$f'(x_2) \geq \frac{f(x_2) - f(x_1)}{x_2 - x_1}$$

इस प्रकार, हम अवकलनीय उत्तल फलनों के महत्त्वपूर्ण गुणधर्म प्राप्त करते हैं–

गुणधर्म 1 –यदि f एक अवकलनीय उत्तल फलन है, प्रत्येक a और h के लिए तो, $f(a+h) \geq f(a) + h f'(a)$ होगा।

गुणधर्म 2 –एक अवकलनीय फलन उत्तल होगा यदि और केवल यदि $f'(a) \leq f'(b)$ हो जब भी $a \leq b$ है।

हम जानते हैं कि एक दिया हुआ फलन अवतल होता है यदि फलन के ग्राफ पर स्थित तथा उसके नीचे स्थित सभी बिंदुओं का समुच्चय एक उत्तल समुच्चय हो। हम वह कह सकते हैं कि एक फलन f अवतल होता है यदि और केवल यदि फलन –f उत्तल हो।

अवतल फलनों के गुणधर्म उत्तल फलनों के संगत गुणधर्मों से प्राप्त किए जा सकते हैं। अर्थात्, एक फलन f अवतल फलन होगा यदि और केवल यदि

$$f(ax_1+(1-\alpha)x_2) \geq \alpha f(x_1)+(1-\alpha)f(x_2)$$

हो। तथा यदि फलन f एक अवकलनीय अवतल फलन है तो

$$f(a+h) \leq f(a)+hf'(a)$$

अतः फलन f विशुद्ध अवतल फलन होगा यदि –f विशुद्ध उत्तल फलन हो।

4.2 अवतल और उत्तल फलन एवं उनके गुणधर्म (Concave and Convex Functions and their Characteristics)–

4.2.1 अवतल एवं उत्तल फलन–किसी फलन f(x) के प्रथम अवकलन का चिह्न यह निर्धारित करता है कि फलन वर्धमान है अथवा ह्रासमान : (a, b) पर $f'(x) \geq 0 \Leftrightarrow (a,b)$ पर f(x) वर्धमान है और (a, b) पर $f'(x) \leq 0 \Leftrightarrow (a,b)$ पर f(x) ह्रासमान है। यहाँ चिह्न $\Leftrightarrow$ व्यंजक 'यदि और केवल यदि' के लिए प्रयोग किया गया है। अब द्वितीय अवकलन प्रथम अवकलन का अवकलन है। किसी अंतराल में द्वितीय अवकलन के अऋणात्मक होने का अर्थ होगा कि उस अंतराल में प्रथम अवकलन वर्धमान होगा। हम द्वितीय अवकलन के चिह्न और प्रथम अवकलन के व्यवहार (वर्धमान या ह्रासमान होने के संदर्भ में) को इस प्रकार व्यक्त कर सकते हैं–

(a, b) पर $f''(x) \geq 0 \Leftrightarrow (a,b)$ पर f '(x) वर्धमान है तथा (a, b) पर $f''(x) \leq 0 \Leftrightarrow (a,b)$ पर f '(x) ह्रासमान है। किसी फलन f (x) के लिए किसी बिंदु पर प्रथम अवकलन, उस बिंदु पर f के वक्र पर स्पर्शरेखा के ढाल को निरूपित करता है। अतः, प्रथम अवकलन के वर्धमान होने का अर्थ है कि स्पर्श रेखा की ढाल वर्धमान है। इसका अर्थ है कि जैसे–जैसे x का मान बढ़ता है वैसे–वैसे वक्र f (x) पर स्पर्श रेखा की ढाल उत्तरोत्तर रूप से अधिक होती जाती है। स्पर्शरेखा की प्रवणता में यह परिवर्तन हमें द्वितीय अवकलन के प्रयोग से उत्तलता की संकल्पना की ओर ले जाता है।

माना एक फलन $f(x) = x^2$ है। इसका प्रथम अवकलज 2x है तथा दूसरा अवकलज 2 है। प्रांत $x < 0$ में, $f'(x) = 2x$ है परंतु चूँकि $x < 0$ है, $2x < 0$ होगा। अतः प्रांत $x < 0$ में $f(x) = x^2$ एक ह्रासमान फलन है। जब x का मान बढ़ता है, ढाल का निरपेक्ष मान कम होता है। इसका अर्थ है कि, चूँकि ढाल ऋणात्मक है, ढाल का मान वास्तव में x के मान के साथ बढ़ रहा है। अतः, द्वितीय अवकलन धनात्मक है। हम कहते हैं कि कोई दो बार अवकलनीय फलन f (x) उत्तल होता है यदि अपने प्रांत के प्रत्येक बिंदु पर $f''(x) > 0$ हो। कोई दो बार अवकलनीय फलन विशुद्ध उत्तल फलन होता है यदि अपने प्रांत के बिंदुओं पर $f''(x) > 0$ हो, संभवतः एक बिंदु को छोड़कर। उदाहरण के लिए फलन $f(x) = x^4$ लीजिए। इसका द्वितीय अवकलज $12x^2$ है जो धनात्मक है सिवाय $x = 0$ पर जहाँ द्वितीय अवकलज शून्य हो जाता है। अब हम फलन $f(x) = 10 - x^2$ पर विचार करते हैं। हम देख सकते हैं कि इसका प्रथम अवकलज –2x तथा द्वितीय अवकलज –2 है। यह फलन, $f(x) = 10 - x^2$ प्रत्येक $x > 0$ के लिए ह्रासमान है तथा प्रत्येक $x < 0$ के लिए वर्धमान। परंतु इसकी ढाल x के प्रत्येक

मान के लिए कम हो रही है (अर्थात् ह्रासमान है)। इसका अर्थ है कि जब $f'(x) > 0$ है तो फलन कम ढालू (steep) हो रहा है तथा जब $f'(x) < 0$ है तो फलन निरपेक्ष मान में अधिक ढालू हो रहा है परंतु फलन की ढाल अधिक ऋणात्मक हो रही है। क्योंकि फलन $f(x) = 10 - x^2$ का द्वितीय अवकलन ऋणात्मक है, इसके गुण एक उत्तल फलन से एकदम विपरीत होंगे। यह एक अवतल फलन है। कोई दो बार अवकलनीय फलन $f(x)$ अवतल फलन होता है यदि प्रांत के प्रत्येक बिंदु के लिए $f''(x) \leq 0$ हो। इसी प्रकार कोई दो बार अवकलनीय फलन विशुद्ध अवतल होगा यदि अपने प्रांत के सभी बिंदुओं पर $f''(x) < 0$, संभवतः एक बिंदु को छोड़ कर।

नोट—

- एक रैखिक फलन एक उत्तल फलन तथा एक अवतल फलन दोनों के प्रतिबंधों को संतुष्ट करता है क्योंकि इसका द्वितीय अवकलज 0 के बराबर होता है।
- क्योंकि –1 से गुणा करने पर एक असमिका पलट जाती है, हम कह सकते हैं कि $f(x)$ अवतल होगा यदि $-f(x)$ उत्तल है और $f(x)$ विशुद्ध अवतल होगा यदि $-f(x)$ उत्तल है और $f(x)$ विशुद्ध अवतल होगा यदि $-f(x)$ विशुद्ध उत्तल है।

माना I एक अंतराल है और मान लीजिए कि $f(x)$ अंतराल I में संतत है तथा I के अंतःस्थ में दो बार अवकलनीय है। I के अंतःस्थ का अर्थ है कि अंतराल I के परिसीमा बिंदुओं को छोड़कर शेष सभी बिंदुओं का समुच्चय। इसे I^0 से व्यक्त किया जाता है। अब हम निम्नलिखित परिभाषाएँ दे सकते हैं—

फलन f अंतराल I पर उत्तल है $\Leftrightarrow I^0$ के सभी बिंदुओं के लिए $f''(x) \geq 0$ है।

फलन f अंतराल I पर अवतल है $\Leftrightarrow I^0$ के सभी बिंदुओं के लिए $f''(x) \leq 0$ है।

किसी बिंदु $x = a$ पर द्वितीय अवकलन का चिह्न उपयोगी जानकारी उपलब्ध करवाता है। यदि $f''(a)$ धनात्मक है, तो $f(x)$ बढ़ती हुई दर से परिवर्तित होता है जब x, a से होता हुआ बढ़ता है और वक्र $y = f(x)$ पर स्पर्श रेखा की ढाल बढ़ती है जैसे ही हम बिंदु $x = a$ से होकर निकलते हैं। वक्र पर स्पर्श रेखा वामावर्त दिशा में मुड़ता है और यदि हम इस बिंदु से देखें तो वक्र नीचे से उत्तल है। दूसरी ओर, यदि $f''(a)$ ऋणात्मक है, तो $f(x)$ घटती हुई दर से परिवर्तित होता है, स्पर्श रेखा दक्षिणावर्त घूमती है, और बिंदु $x = a$ पर वक्र नीचे से अवतल है। द्वितीय अवकलन से संबंधित ये परिणाम $f'(a)$ के मान पर निर्भर नहीं है और इस पर भी निर्भर नहीं है कि वक्र की बिंदु $x = a$ पर ढाल शून्य है, बढ़ता हुआ या कम होता हुआ है। इसलिए—

- $f''(a) \geq 0$ उपलक्षित करता है कि जब फलन बिंदु a से होकर गुजरता है तो वह बढ़ती हुई दर से परिवर्तित होता है और बिंदु $x = a$ पर नीचे से उत्तल है।

- $f''(a) \le 0$ उपलक्षित करता है कि जब फलन बिंदु a से होकर गुजरता है तो वह घटती हुई दर से परिवर्तित होता है और बिंदु x = a पर नीचे से अवतल है।

f ''(a) का संख्यात्मक मान यह दर्शाता है कि f (x) के मान में परिवर्तन कितनी तेजी से होता है और बिंदु x = a पर वक्र/फलन y = f(x) की वक्रता कितनी अधिक है।

4.2.2 नतिवर्तन बिंदु (Point of Inflection)–ऐसे बिंदु, जहाँ कोई फलन उत्तल से अवतल अथवा अवतल से उत्तल फलन में परिवर्तित होता है, नतिवर्तन बिंदु कहलाते हैं। ऐसे बिंदुओं पर वक्र स्पर्शरेखा के एक ओर से दूसरी ओर आ जाता है। संक्षेप में, x = k एक नतिवर्तन बिंदु कहलाता है यदि x = k पर f ''(x) अपना चिह्न बदलता है। बिंदु [k, f (k)] फलन के आलेख वक्र पर नतिवर्तन बिंदु कहलाता है। बिंदु x दो बार अवकलनीय फलन f का नतिवर्तन बिंदु होता है यदि एक ऐसा अंतराल (a, b) हो जिसमें k स्थित हो तथा नीचे दिए गए प्रतिबंधों में से एक सत्य हो–

- a < x < k के लिए $f''(x) \ge 0$ हो तथा k < x < b के लिए $f''(x) \le 0$ हो।
- a < x < k के लिए $f''(x) \le 0$ हो तथा k < x < b के लिए $f''(x) \ge 0$ हो

एक नतिवर्तन बिंदु का सबसे महत्त्वपूर्ण गुण यह है कि यह फलन की वक्रता में परिवर्तन को दर्शाता है। जैसे ही हम वक्र पर नतिवर्तन बिंदु के बाएँ से दाएँ ओर चलते हैं फलन या तो उत्तल से अवतल हो जाता है अथवा अवतल से उत्तल। वक्रता में परिवर्तन के अतिरिक्त, नतिवर्तन बिंदु का एक ओर महत्त्वपूर्ण गुणधर्म यह है कि यह (नतिवर्तन) बिंदु सदा फलन की स्पर्श रेखा की ढाल के चरम (अधिकतम या न्यूनतम) बिंदु से संबद्ध होता है। किसी भी फलन f (x) के लिए, जिस बिंदु पर फलन का मान अधिकतम या न्यूनतम होता है, वहाँ f '(x) = 0 होता है। नतिवर्तन बिंदु पर फलन की स्पर्श रेखा की ढाल अधिकतम अथवा न्यूनतम होती है। अब यदि फलन f(x) है तो f(x) पर स्पर्श रेखा की ढाल f '(x) से प्राप्त होती है। इसका अवकलज f ''(x) होगा। अतः किसी बिंदु को f (x) का नतिवर्तन बिंदु होने के लिए f ''(x) = 0 होना चाहिए। साथ ही जब हम वक्र पर नतिवर्तन बिंदु की एक ओर से दूसरी ओर जाते हैं तो f ''(x) के चिह्न में परिवर्तन होना अनिवार्य है हम किसी बिंदु के लिए नतिवर्तन होने के मापदंड पुनः इस प्रकार से व्यक्त कर सकते हैं–

- यदि k एक नतिवर्तन बिंदु है तो f ''(k) = 0 होगा
- यदि f ''(k) = 0 है तथा f ''(x) , k के बाएँ से दाएँ जाते हुए अपना चिह्न बदलता है तो, k एक नतिवर्तन बिंदु है।

इनमें से पहला प्रतिबंध k के नतिवर्तन बिंदु होने के लिए अनिवार्य प्रतिबंध है और दूसरा एक पर्याप्त प्रतिबंध हैं यदि f (x) का तृतीय अवकलन भी अस्तित्व रखता हो तो नतिवर्तन बिंदु का एक वैकल्पिक मापदंड तृतीय अवकलन के पदों में प्राप्त किया जा सकता है। यदि x = k पर f ''(k) = 0 है तथा f ''(k) ऋणात्मक है, तो f '(x) का मान x = k पर अधिकतम

होगा (ध्यान दें कि यहाँ f (x) नहीं, f '(x) अधिकतम है)। यदि f "(k) = 0 है तथा f "(x) धनात्मक है, तो x = k पर f '(x) का मान न्यूनतम होगा।

4.3 अर्ध–अवतलता तथा अर्ध–उत्तलता (Quasi-Concavity and Quasi-Convexity)–माना x और y एक फलन f के प्रांत में दो भिन्न बिंदु हैं और मान लीजिए कि फलन के प्रांत में रेखाखंड xy, फलन के आलेख पर एक चाप CD बनाता है। मान लीजिए बिंदु D की ऊँचाई, बिंदु C की ऊँचाई के बराबर या उससे अधिक है। फलन f अर्ध–अवतल कहलाता है यदि चाप CD पर स्थित सभी बिंदु (C और D के अतिरिक्त) बिंदु C जितनी ऊँचाई पर या उससे अधिक ऊँचाई पर स्थित हों। फलन f अर्ध–उत्तल होगा यदि चाप CD पर स्थित सभी बिंदु, D जितनी ऊँचाई पर या उससे कम ऊँचाई पर स्थित हों। फलन f विशुद्ध अर्ध–अवतल (अर्ध–उत्तल) होगा यदि चाप के सभी बिंदु, C से अधिक (D से कम) ऊँचाई पर हों। यह देखना सरल है कि प्रत्येक विशुद्ध अर्ध–अवतल (विशुद्ध अर्ध–उत्तल) फलन अर्ध–अवतल (अर्ध–उत्तल) होता है परंतु इसका विलोम/विपरीत कनि सतय नहीं है। सामान्यतः, एक अर्ध–अवतल फलन जो अवतल नहीं है एक घंटी के आकार का या घंटी के हिस्से के आकार का होता है और एक अर्ध–उत्तल फलन जो उत्तल नहीं है, एक उल्टी घंटी के आकार का होता है। एक अवतल फलन कुछ–कुछ एक गुंबद के आकार का तथा एक उत्तल फलन उल्टे गुंबद आकार का होगा।

एक फलन f अर्ध–अवतल होता है यदि और केवल यदि f के उत्तल समुच्चय प्रांत में किन्हीं भी दो भिन्न बिंदुओं x और y के लिए और $0<\lambda<1$ के लिए

$$f(y) \geq f(x) \Rightarrow f[\lambda x+(1-\lambda)y] \geq f(x)$$

एक फलन f अर्ध–उत्तल होता है यदि f के उत्तल समुच्चय प्रांत में किन्हीं भी दो भिन्न बिंदुओं x और y के लिए और $0<\lambda<1$ के लिए

$$f(y) \geq f(x) \Rightarrow f\left[\lambda x+(1-\lambda)y\right] \leq f(y)$$

इन परिभाषाओं को विशुद्ध–अवतलता और विशुद्ध–उत्तलता के अनुकूल बनाने के लिए, दुर्बल/अनिश्चित असमिकाओं ($\leq$ और $\geq$) को विशुद्ध असमिकाओं ($<$ और $>$) में बदल दें। इन परिभाषाओं से हम नीचे दिए तीन परिणाम सरलता से ज्ञात कर सकते हैं–

परिणाम 1 – यदि f(x) अर्ध–अवतल (विशुद्ध अर्ध–अवतल) है तो – f(x) अर्ध–उत्तल (विशुद्ध अर्ध–उत्तल) होगा।

परिणाम 2–प्रत्येक अवतल (उत्तल) फलन अर्द्ध–अवतल (अर्द्ध–उत्तल) होता है परंतु इसका विलोम/विपरीत कथन सत्य नहीं है। इसी प्रकार प्रत्येक विशुद्ध अवतल (विशुद्ध उत्तल) फलन विशुद्ध अर्द्ध–अवतल (विशुद्ध अर्द्ध–उत्तल) होता है परंतु इसका विलोम/विपरीत कथन सत्य नहीं है।

परिणाम 3–यदि f (x) एक रैखिक फलन है तो वह अर्द्ध–अवतल भी होगा और अर्ध–उत्तल भी।

4.4 उत्तलता और अवतलता के अर्थशास्त्र में अनुप्रयोग (Economic Applications of Convexity and Convavity)–

उत्तलता का अर्थशास्त्र में अनुप्रयोग–अर्थशास्त्र में प्रयोग में आने वाली सबसे अधिक महत्त्वपूर्ण संकल्पनाओं में से एक उत्तलता को माना गया है। उदाहरण के लिए, उपयोगिता अधिकतमीकरण समस्याओं में वस्तुओं की एक अभीष्ट टोकरी होती है जिसमें उपभोक्ता का उत्तल वरीयता समुच्चय उसके बजट प्रतिबंधों द्वारा समर्थित होता है। एक दिए हुए उपयोगिता फलन और किसी संदर्भित संयोजन X (x, y) के लिए, जहाँ x और y दो वस्तुएँ हैं, उन सभी संयोजनों का समुच्चय जो कि कम से कम संयोजन X जितने अच्छे हैं एक उपरि स्तर समुच्चय माना जाता है। यह समुच्चय एक उत्तल समुच्चय है। इस उपरि स्तर समुच्चय में एक समभाव वक्र तथा उसके ऊपर स्थित सभी x और y का समुच्चय सम्मिलित होते हैं (चित्र 4.3 में छायारंजित क्षेत्र देखें)। इस समुच्चय को उत्तल मानने का अर्थ है कि उपभोक्ता आत्यानितक संयोजनों की बजाय दो वस्तुओं के उत्तल संयोजन के उपभोग से अधिक उपयोगिता प्राप्त करता है, अर्थात्, यदि उपभोक्ता दो संयोजनों A और B में कोई अंतर नहीं करता (अर्थात् तटस्थ है) तो वह एक औसत A या B के स्थान पर संयोजन C को वरीयता देगा जिसका मान $\lambda A+(1-\lambda)$ B हो जहाँ $\lambda \in[0,1]$ है। उत्तल वरीयताओं के फलस्वरूप हमें ऐसे समभाव वक्र प्राप्त होते हैं जो मूलबिंदु की ओर उत्तल होते हैं। उत्तलता द्वारा हम पाते हैं कि $C=\lambda A+(1-\lambda)B$, जहाँ $\lambda \in[0,1]$ है, एक ऊँचे समभाव वक्र पर स्थित होगा।

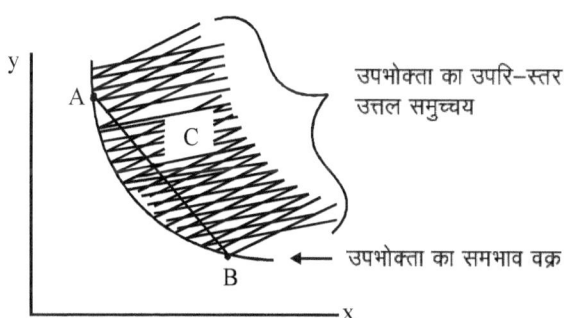

चित्र 4.3: समभाव वक्र और उत्तल समुच्चय

यदि वरीयता समुच्चय (preference set) उत्तल है, तो उपभोक्ता के अभीष्ट निर्णयों का समुच्चय एक उत्तल समुच्चय होगा, उदाहरण के लिए, एक अद्वितीय अभीष्ट समुच्चय (या फिर अभीष्ट समुच्चयों की सरल रेखा) यदि वरीयता समुच्चय उत्तल नहीं है, तो कुछ कीमतों पर एक ऐसा बजट प्राप्त हो सकता है जो दो अलग–अलग अभीष्ट उपभोग निर्णयों का समर्थन करता हो (उदाहरण के लिए यह तब हो सकता है जब उपभोक्ता के पास दो विकल्पों में चयन की सुविधा उपलब्ध हो। इस स्थिति में समभाव वक्र दो वस्तुओं, जिन्हें यहाँ x और y लिया गया है, के अलग–अलग संयोजन दर्शाता है जो कि उपभोक्ता को समान संतुष्टि (या उपयोगिता) प्रदान करते हैं। ध्यान दे कि यह वक्र कम होती है (ऋणात्मक) ढाल का तथा उत्तल हैं किसी समभाव वक्र की

ढाल को सीमांत प्रतिस्थापन की दर (Marginal Rate of Substitution - MRS) कहते हैं। यह वह दर है जिस पर एक उपभोक्ता वस्तुओं x और y में परस्पर प्रतिस्थापन करने को तैयार है, $MRS = \frac{\Delta y}{\Delta x}$ या $\frac{MU_x}{MU_y}$ जहाँ MU_x और MU_y क्रमशः वस्तु x तथा वस्तु y की अतिरिक्त इकाइयों के उपभोग को प्राप्त सीमांत उपयोगिता को व्यक्त करते हैं, [उपयोगिता फलन U(x, y) के लिए, $MU_x = \frac{\partial U}{\partial x}$ और $MU_y = \frac{\partial U}{\partial y}$ है] (चित्र 4.4) समभाव वक्र (IC) की घटती हुई या ऋणात्मक ढाल यह दर्शाती है कि संतुष्टि का स्तर स्थिर रखने के लिए, यदि एक वस्तु उपभोग में वृद्धि की जा रही है, तो दूसरी वस्तु के उपभोग में कमी करनी पड़ेगी। एक वक्र की उत्तलता उसके सीमांत प्रतिस्थापन की घटती हुई दर को दर्शाती है। इसका सीधा अर्थ यह है कि जैसे–जैसे एक वस्तु का उपभोग बढ़ता जाता है, उपभोक्ता दूसरी वस्तु के त्याग की मात्रा कम और कमतर करता जाएगा अर्थात् $\frac{d^2y}{dx^2} \geq 0$ होगा। इसका अर्थ है कि जैसे–जैसे हम समभाव वक्र पर नीचे की ओर जाते है वक्र पर स्पर्श रेखा की ढाल कम होती जाती है (चित्र 4.5)।

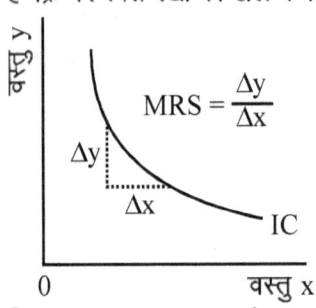

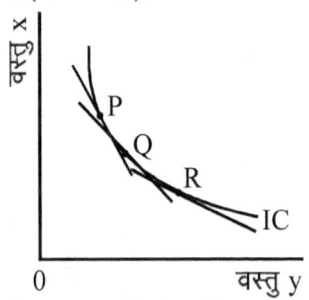

चित्र 4.4: समभाव वक्र की ढाल

चित्र 4.5: सीमांत प्रतिस्थापन की घटती हुई दर

घटती ढाल वाले एक उत्तल वक्र का यह गुणधर्म समउत्पाद वक्र (isoquant) में भी सत्य सिद्ध होता है। समउत्पाद वक्र दो आगतों (या साधन) जैसे कि श्रम (L) और पूँजी (K), के विभिन्न संयोजन दर्शाता है जो उत्पाद का समान स्तर देते हैं। इस स्थिति में ढाल सीमांत तकनीकी प्रतिस्थापन की दर (MRTS) को दर्शाती है – पूँजी (K) की मात्रा, जिसे कोई फर्म त्यागने को तैयार है, श्रम (L) की अतिरिक्त मात्रा को नियोजित करने के लिए, जिससे उत्पादन का स्तर समान रहे। घटती हुई ढाल धनात्मक सीमांत उत्पादकता की मान्यता के परिणामस्वरूप प्राप्त होती है। इसका अर्थ है कि एक साधन की मात्रा में वृद्धि से उत्पादन में वृद्धि होती है। अतः, एक समउत्पाद वक्र में उत्पादन के स्तर को स्थिर रखने के लिए, एक साधन की मात्रा में वृद्धि हो तो दूसरे साधन की मात्रा कम होनी चाहिए। एक समउत्पाद वक्र की उत्तलता घटती हुई सीमांत तकनीकी प्रतिस्थापन दर (MRTS) के नियम के फलस्वरूप प्राप्त होती है अर्थात् यदि हम समउत्पाद वक्र में नीचे की ओर चलें तो सीमांत तकनीकी प्रतिस्थापन दर (MRTS) कम होती है।

अवतलता का अर्थशास्त्र में अनुप्रयोग—एक उत्पादन फलन Q = f (L, K), उत्पाद Q की मात्रा को दर्शाता है जब आगतों (श्रम L और पूँजी K) की मात्रा ज्ञात हो। अल्पकाल उत्पादन में एक आगत को स्थिर मान लिया जाता है (यहाँ, हम K को स्थिर मान रहे हैं) और दूसरे आगत की जो कि यहाँ L है, की विभिन्न मात्राओं के अनुरूप कुल उत्पादन की मात्रा दर्शाता है, अर्थात् Q = f(L) होता है। अल्पकाल उत्पादन फलन की ढाल, अर्थात् $\frac{dQ}{dL}$ श्रम का सीमांत उत्पाद (MP) कहलाती है)। यह एक इकाई श्रम बढ़ाने पर हुए अतिरिक्त उत्पादन को व्यक्त करता है। वक्र की धनात्मक ढाल यह दर्शाती है कि सीमांत उत्पाद (MP) कभी भी ऋणात्मक नहीं हो सकता (चित्र 4.6)। उत्पादन के परिसर के प्रारंभ में, अर्थात् बिंदु A तक, श्रम में वृद्धि से प्रतिफल में वृद्धि होती है, अर्थात् सीमांत उत्पाद (MP) बढ़ता है। यह विशेषज्ञता/विशिष्टीकरण (specialisation) का परिणाम हो सकता है। परंतु, बिंदु A के पश्चात् श्रम की अतिरिक्त इकाईयाँ प्रतिफल को कम करती है, अर्थात् सीमांत उत्पाद (MP) गिरने लगता है। इसका चित्रण बिंदु A के पश्चात् उत्पादन फलन के अवतल आकार से किया गया है। इसे घटते प्रतिफल का नियम कहते हैं। जैसे-जैसे कोई फर्म एक कारक (यहाँ L) की मात्रा बढ़ाती है जबकि दूसरे कारक की मात्रा को स्थिर रखती है (यहाँ K), तो जिस कारक की मात्रा बढ़ाई जा रही है, कुछ समय के पश्चात् उसका सीमांत उत्पाद (MP) कम होने लगता है। सीमांत उत्पाद में इस गिरावट का कारण यह हो सकता है कि जैसे-जैसे श्रम बढ़ाया जाता है, और अधिक श्रमिक पूँजी की उस स्थिर मात्रा को आपस में बाँटने लगते हैं। अतः, प्रत्येक श्रमिक अंततः कम उत्पादक हो जाएगा।

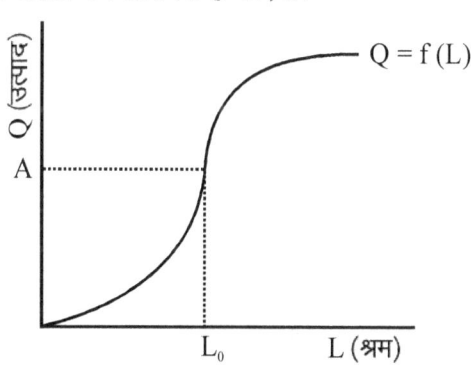

चित्र 4.6: अल्पावधि उत्पादन फलन

एक और महत्त्वपूर्ण अवतल फलन उत्पादन संभावना वक्र PPC है, जिसे उत्पादन संभावना सीमांतक (production possibility frontier) भी कहते हैं। यह दो वस्तुओं (यहाँ, x और y) के उन सभी संभव संयोजनों को निरूपित करता है जिनका उत्पादन एक अर्थव्यवस्था में संसाधनों के कुशल उपयोग द्वारा किया जा सकता है जबकि साधनों की मात्राएँ और तकनीक का स्तर दिया हुआ हो। ऐसा एक वक्र चित्र 4.7 में दर्शाया गया है।

किसी दिए हुए बिंदु पर संभव उत्पादन सीमांतक, PPF, की ढाल $(\frac{dy}{dx})$, वस्तु y की वह मात्रा है जिसे वस्तु x की एक अतिरिक्त इकाई का उत्पादन करने के लिए त्यागना पड़ेगा। दूसरे शब्दों में, यह वस्तु x की एक अतिरिक्त इकाई को प्राप्त करने की अवसर लागत (opportunity cost) है। यह अवसर लागत PPF की ढाल के निरपेक्ष मान के बराबर होती है। घटती हुई ढाल वाला PPF इस तथ्य पर प्रकाश डालता है कि दो वस्तुओं के बीच समन्वयन किया गया है। यह दुर्लभता के नियम को दर्शाता है, जिसके अनुसार वस्तु x के अधिक उत्पादन के लिए संसाधनों को वस्तु y के उत्पादन से हटाना पड़ता है जिससे वस्तु y के उत्पादन में कमी आती है। वक्र का अवतल आकार बढ़ती हुई अवसर लागत के नियम (law of increasing opportunity cost) को स्पष्ट करता है। इस नियम के अनुसार जैसे–जैसे कोई अर्थव्यवस्था अपने PPF पर, एक विशिष्ट वस्तु के अधिक उत्पादन की ओर बढ़ती है, उस वस्तु की अतिरिक्त इकाइयों की अवसर लागत बढ़ती जाएगी अर्थात् दूसरी वस्तु को और अधिक त्यागना पड़ेगा। चित्र में ध्यान दें कि जैसे A से चलकर B और C से होते हुए D की ओर जाते हैं, वस्तु x की अतिरिक्त इकाइयों के लिए, वस्तु y की त्यागी जाने वाले इकाइयों की मात्रा बढ़ती जा रही है।

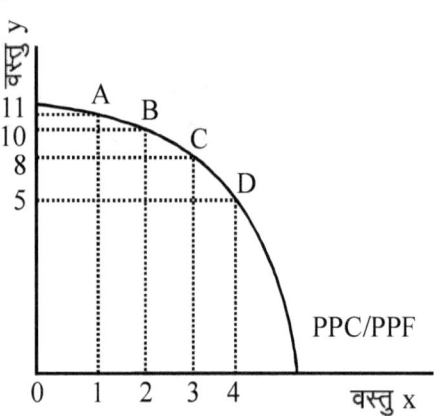

चित्र 4.7: उत्पादन संभावना वक्र

4.5 सार्वत्रिक तथा स्थानीय अभीष्टतम (Global and Local Optima)–माना एक फलन निम्न प्रकार है–

$$y = f(x) \qquad ...(1)$$

जहाँ f एक संतत अवकलनीय फलन है। मान लीजिए y और x के बीच संबंध एक आलेख से निरूपित किया जा सकता है जैसा कि चित्र 4.8 में दर्शाया गया है। वह बिंदु जहाँ फलन का ग्राफ/आलेख बढ़ना समाप्त करता है और कम होना प्रारंभ करता है (बिंदु A देखिए), एक पर्वत की चोटी के समान प्रतीत होता है और इस बिंदु पर फलन जो मान लेता है वह वो उन मानों में सबसे बड़ा मान है जो फलन इस बिंदु के आस–पास लेता है। इसके

विपरीत, फलन पर स्थित वह बिंदु (बिंदु B देखें) जहाँ फलन कम होना समाप्त करता है तथा बढ़ना प्रारंभ करता है, एक घाटी के समान प्रतीत होता है। इस बिंदु पर फलन का मान, इस बिंदु के आस–पास के सभी मानों में न्यूनतम (minimum) है।

परिभाषा—यदि $f(x_0) \geq f(x)$ है, x के उन सभी मानों के लिए जो x_0 के पर्याप्त रूप से समीप हों, तो $f(x_0)$ को एक सापेक्षिक उच्चतम कहते हैं। यदि $f(x_0) \leq f(x)$ है, x के उन सभी मानों के लिए जो x_0 के पर्याप्त रूप से समीप हों, तो $f(x_0)$ को एक सापेक्षिक निम्नतम कहते हैं। वे मान जो सापेक्षित उच्चतम या सापेक्षिक निम्नतम हों, उनहें **सापेक्षिक चरम मान** कहते हैं।

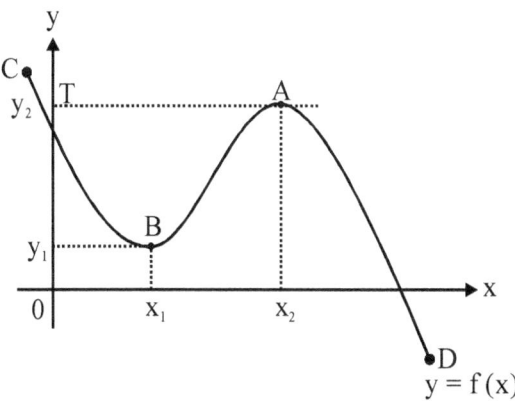

चित्र 4.8

यह आवश्यक नहीं है कि एक 'सापेक्षिक' या 'स्थानीय' उच्चतम, चरम या सार्वत्रिक उच्चतम भी हो। इसी प्रकार, यह आवश्यक नहीं है कि एक सापेक्षिक या स्थानीय निम्नतम, चरम या सार्वत्रिक निम्नतम भी हो। चित्र 4.8 में बिंदुओं A (x_2, y_2) तथा C में तुलना करने पर, हम पाते हैं कि यद्यपि बिंदु A एक सापेक्षिक उच्चतम की श्रेणी में आता है, तो भी यह फलन y = f (x) द्वारा लिया गया सार्वत्रिक उच्चतम मान नहीं है। इसी प्रकार, बिंदु B (x_1, y_1) और बिंदु D की तुलना करें जहाँ B एक सापेक्षिक निम्नतम है परंतु फलन द्वारा लिया जाने वाला सार्वत्रिक निम्नतम मान नहीं है।

4.5.1 फलन की ढाल (Slope of a Function)—माना किसी उत्पादक द्वारा लगाई गई कुल लागत (C) केवल उत्पाद की मात्रा (Q) पर निर्भर करती है। कुल लागत और उत्पाद की मात्रा के बीच संबंध को उल्टे S-आकार के वक्र द्वारा निरूपित किया जा सकता है जैसा कि चित्र 4.9 में दर्शाया गया है।

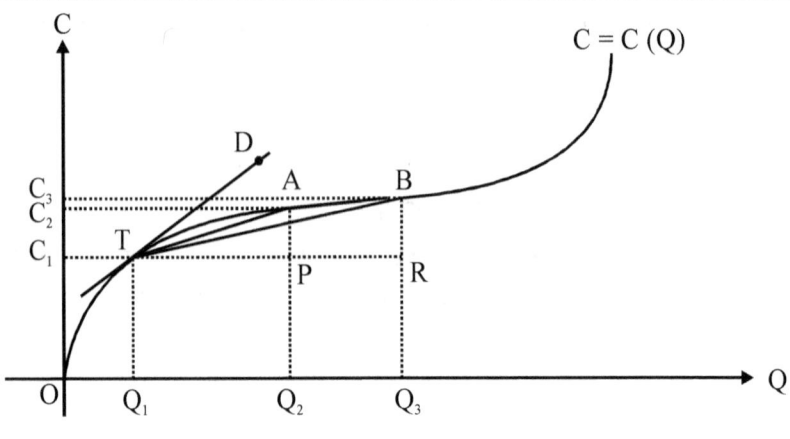

चित्र 4.9

माना, प्रारंभ में, उत्पादक द्वारा किए जा रहे उत्पादन का स्तर OQ_1 है तथा इसकी लागत OC_1 है। उत्पाद-लागत का यह संयोजन, कुल लागत वक्र पर बिंदु T द्वारा निरूपित है। उत्पादन में $Q_1 Q_3$ की अतिरिक्त वृद्धि के लिए, उत्पादक को अपनी लागत में राशि $C_1 C_2$ के बराबर वृद्धि करनी पड़ती है। अतः, $\Delta C/\Delta Q = C_1 C_3 / Q_1 Q_3$ है। ज्यामितीय रूप में, यह दो रेखाखंडों का अनुपात BR/TR है और जीवा TB की ढाल के बराबर है। यह अनुपात, उत्पादन में किसी विशिष्ट परिवर्तन के सापेक्ष, लागत में होने वाले औसत परिवर्तन की दर को दर्शाता है।

उदाहरण के लिए, यदि उत्पादक अपने उत्पादक को OQ_3 करने के बजाए केवल OQ_2 करता है, तो लागत में वृद्धि का अंतर कम होकर $C_1 C_2$ हो जाता है। इस स्थिति में $\Delta C/\Delta Q = C_1 C_2 / Q_1 Q_2 =$ नई जीवा TA की ढाल, हो जाता है। अब, मान लीजिए कि ΔQ को निरूपित करने वाला अंतराल उत्तरोत्तर रूप से कम होता है (अर्थात् $\Delta Q \to 0$ है), तो यह एक अकेले बिंदु की ओर अग्रसर होता है जो कि हमारे उदाहरण में Q_1 से निरूपित है। इसके परिणाम स्वरूप उत्पादन में होने वाले परिवर्तन को रेखाखंड TD की ढाल से, अर्थात् कुल लागत वक्र के बिंदु T पर स्पर्श रेखा द्वारा मापा जा सकता है। दूसरे शब्दों में,

Q_1 पर $\lim_{\Delta Q \to 0} \dfrac{\Delta C}{\Delta Q} = \dfrac{dC}{dQ} =$ बिंदु T पर लागत वक्र की ढाल = स्पर्श रेखा TD की ढाल होगी।

व्यापक रूप में, किसी फलन $f(x)$ के किसी बिंदु पर फलन की ढाल, उस बिंदु पर फलन के प्रथम अवकलज (जिसे प्रतीकात्मक रूप में $f'(x)$ से व्यक्त किया जाता है) के समान होती है और यह अपेक्षित बिंदु पर फलन की स्पर्श रेखा की ढाल के बराबर होती है।

किसी फलन का प्रथम अवकलज, फलन के चरम बिंदुओं का निर्धारण करने में एक महत्त्वपूर्ण भूमिका निभाता है और इसके लिए फलन का आलेख बनाने की भी आवश्यकता नहीं होती।

4.5.2 प्रथम अवकलज परीक्षण और सापेक्षिक अभीष्टतम (First Derivative Test and Local Optima)—यदि एक फलन f (x) का $x = x_0$ पर प्रथम अवकलज शून्य है, अर्थात् $f'(x_0) = 0$ है, तो फलन का x_0 पर मान अर्थात् $f'(x_0)$ –

- एक सापेक्षिक उच्चतम होगा यदि बिंदु x_0 के तत्काल बाईं से तत्काल दाईं ओर जाते हुए f' (x) का चिह्न धनात्मक से ऋणात्मक में परिवर्तित हो जाता है।
- एक सापेक्षिक निम्नतम होगा यदि बिंदु x_0 तत्काल बाईं ओर से तत्काल दाईं ओर जाते हुए, f'(x) का चिह्न ऋणात्मक से धनात्मक में परिवर्तित हो जाता है।
- न तो सापेक्षिक उच्चतम, न ही सापेक्षिक न्यूनतम होगा यदि f'(x) का चिह्न, x_0 के तत्काल बाईं तथा तत्काल दाईं, दोनों ओर समान रहता है।

स्वतंत्र चर का वह मान, जहाँ पर फलन का प्रथम अवकलज शून्य हो अर्थात् x_0, x का क्रांतिक मान कहलाता है। फलन का क्रांतिक बिंदु पर मान अर्थात् $f(x_0)$ को फलन का स्थिर/स्तब्ध मान कहलाता है। बिंदु $[x_0, f(x_0)]$ स्थिर/**स्तब्ध बिंदु** कहलाता है।

चित्र 4.8 में बिंदु A और B फलन के स्थिर बिंदु (stationary point) हैं। बिंदु A एक सापेक्षिक उच्चतम है क्योंकि x_2 के तत्काल बाईं ओर के सभी मानों x के लिए, फलन वर्धमान है (अर्थात् f(x) का प्रथम अवकलज धनात्मक है) और x_2 के तत्काल दाईं ओर के सभी मानों x के लिए फलन ह्रासमान है (अर्थात् f(x) का प्रथम अवकलज ऋणात्मक है)। केवल x_2 पर (अर्थात् क्रांतिक बिंदु पर, फलन का प्रथम अवकलज शून्य है और $f(x_2)$ उसके संगत स्तब्ध/स्थिर मान हैं ध्यान दें कि फलन के बिंदु A पर स्पर्श रेखा अर्थात् AT, x-अक्ष के समानांतर है तथा इसकी ढाल शून्य है। तुलनात्मक रूप में हम देख सकते हैं कि बिंदु B एक सापेक्षिक न्यूनतम बिंदु है।

4.6 द्वितीय–कोटि अवकलज तथा अभीष्टतम के लिए द्वितीय–कोटि शर्त/मापदंड–

4.6.1 द्वितीय–कोटि अवकलज (The Second Order Derivative)—किसी फलन f(x) का अवकलज, अर्थात् f'(x), फलन की ढाल (या फलन में परिवर्तन की दर) का माप है। यदि यह प्रथम अवकलज धनात्मक हो, अर्थात् $f(x) > 0$ हो, तो फलन वर्धमान होता है, और यदि $f'(x) < 0$ हो, तो फलन ह्रासमान होता है।

तुलनात्मक रूप से द्वितीय अवकलज, अर्थात् f "(x), प्रथम अवकलज f '(x) के परिवर्तन की दर का माप है। यदि द्वितीय अवकलज धनात्मक हो, अर्थात् यदि $f'(x) > 0$ हो, तो परिवर्तन की दर वर्धमान होगी, और यदि $f'(x) < 0$ हो, तो परिवर्तन की दर ह्रासमान होगी। दूसरे शब्दों में, द्वितीय अवकलज मूल फलन में परिवर्तन की दर के परिवर्तन की दर है। ध्यान दें कि यदि $f'(x) > 0$ और $f''(x) > 0$ हो, तो इसका अर्थ होगा कि फलन की ढाल धनात्मक होगी जो कि बढ़ती हुई दर पर परिवर्तित हो रही है। दूसरे शब्दों में, फलन f (x) बढ़ती हुई दर पर बढ़ता हुआ फलन कहलाता है। दूसरी ओर, यदि $f'(x) < 0$ तथा $f''(x) < 0$ हो, तो इसका अर्थ होगा फलन f (x) की ढाल ऋणात्मक होगी जो कि घटती हुई दर पर

परिवर्तित हो रही है। दूसरे शब्दों में, फलन f (x) घटती हुई दर पर घटता हुआ फलन कहलाता है।

4.6.2 द्वितीय–कोटि अवकलज परीक्षण (The Second Derivative Test)– मान लीजिए किसी $\delta > 0$ के लिए $]c-\delta, c+\delta[$ पर f अवकलनीय है और $f'(c) = 0$ तब–

- $x = c$ पर f उच्चिष्ठ रखता है यदि $f''(c)$ का अस्तित्व हो और यह ऋणात्मक हो।
- $x = c$ पर f निम्निष्ठ रखता है यदि $f''(c)$ का अस्तित्व हो और यह धनात्मक हो।

4.7 अभीष्टीकरण (इष्टतमीकरण) के अर्थशास्त्रीय अनुप्रयोग (Economic Applications of Optimisation)–आर्थिक अनुप्रयोग जो अनिबाधित इष्टतमीकरण समस्या की तकनीकों को स्पष्ट करते हैं, वे निम्न हैं–

(1) उपभोक्ता व्यवहार का सिद्धांत–उपभोक्ता व्यवहार के अध्ययन के लिए दो प्रस्ताव हैं–प्रथम अभिगम (approach) से संस्थापित व्यवहार (approach classical) वाचक है तथा मुख्य (cardinal) शुद्ध व्यवहारिक उपयोगिता प्रस्ताव के नाम से जाना जाता है तथा दूसरा अभिगम क्रमवाचक उपयोगिता प्रस्ताव है (ordinal utility approach) तथा सामान्यतया अनधिमान वक्र अभिगत (indifference curve approach) के नाम से जाना जाता है। दोनों अभिगमों में उपभोक्ता हमेशा विवेकी व्यवहार में विश्वास रखता है, क्योंकि वह अपने आयव्ययक (budget) नियंत्रण में से अधिकतम उपयोगिता (संतोष) प्राप्त करता है। मार्शल के अनुसार, ह्रासमान सीमांत उपयोगिता का नियम (law of diminishing marginal utility) धन के मामले का अतिरिक्त एक सार्विक (universal) नियम है। आधुनिक अर्थशास्त्रियों के अनुसार, उपयोगिता के विचार को नकारा नहीं जाता लेकिन उपभोक्ता, वस्तुओं को अधिमान के क्रम में व्यवस्थित कर सकता है (उपयोगिता प्रणाली की क्रमसूचक कुल योग पर आधारित है तथा इसकी तुलना की जा सकती है)। हम एक साधारण मामले को मान कर चलते हैं जिसमें उपभोक्ता केवल दो वस्तुओं q_1 तथा q_2 खरीदता है। उपभोक्ता की आय Y है तथा इन दो वस्तुओं की कीमतें क्रमशः p_1 तथा p_2 हैं।

$$u = f(q_1, q_2)$$

$$Y = p_1q_1 + p_2q_2 \Rightarrow q_2 = \frac{Y - p_1q_1}{p_2}$$

$$\therefore u = f\left(q_1, \frac{Y - p_1q_1}{p_2}\right)$$

फलन में अधिकतमता लाने के लिए $\frac{du}{dq_1} = 0$ और $\frac{d^2u}{dq_1^2} < 0$

क्योंकि $du = \frac{\partial u}{\partial q_1}.dq_1 + \frac{\partial u}{\partial q_2}.dq_2$

$$\therefore \frac{du}{dq_1} = \frac{\partial u}{\partial q_1} + \frac{\partial u}{\partial q_2} \cdot \frac{dq_2}{dq_1}$$

जहाँ, $\frac{dq_2}{dq_1}$ = प्रतिस्थापन की सीमांत दर $= \frac{-p_1}{p_2}$

$$\therefore \frac{du}{dq_1} = f_1 + f_2\left(\frac{-p_1}{p_2}\right) = 0$$

अथवा $\frac{f_1}{f_2} = \frac{p_1}{p_2}$ (समानुपात का नियम)

$$\therefore \frac{d^2u}{dq_1^2} = f_{11} + f_{12}\left(\frac{-p_1}{p_2}\right) + f_{22}\left(\frac{-p_1}{p_2}\right)\left(\frac{-p_1}{p_2}\right) + f_{21}\left(\frac{-p_1}{p_2}\right)$$

$$= f_{11} + 2f_{12}\left(\frac{-p_1}{p_2}\right) + f_{22}\left(\frac{p_1}{p_2}\right)^2 < 0 \qquad \left[f_{12}\left(\frac{-p_1}{p_2}\right) = f_{21}\left(\frac{-p_1}{p_2}\right)\right]$$

अब लॉगरेंज (Lagrange) के गुणांक के उपयोग द्वारा भी वही निष्कर्ष प्राप्त किया जा सकता है। यहाँ उपभोग फलन तथा बजट (budget) नियंत्रण निम्न फलन बनाते हैं–

$v = f(q_1, q_2) + \lambda(Y - p_1q_1 - p_2q_2)$

जहाँ λ लॉगरेंज के अनिर्धारित गुणांक को संकेतित करता है।

यहाँ, $\frac{\partial v}{\partial q_1} = f_1 - \lambda p_1 = 0$ ...(1)

$\frac{\partial v}{\partial q_2} = f_2 - \lambda p_2 = 0$ ...(2)

और $\frac{\partial v}{\partial \lambda} = Y - p_1q_1 - p_2q_2 = 0$ ...(3)

(1) को (2) द्वारा भाग करते हुए हम पाते हैं $\frac{f_1}{p_1} = \frac{f_2}{p_2}$

समीकरण (1), (2) तथा (3) का पूर्ण अवकलज है–

$f_{11}dq_1 + f_{12}dq_2 - p_1d_\lambda = \lambda dp_1$

$f_{21}dq_1 + f_{22}dq_2 - p_2d_\lambda = \lambda dp_2$

$- p_1dq_1 - p_2dq_2 = -dy + q_1dp_1 + q_2dp_2$

उपभोग की अधिकतम कीमत के लिए दूसरी कोटि की अवस्था है कि हेसियन संबद्ध सीमांतित (Hessian) सारणिक धनात्मक होना चाहिए यथा $\begin{vmatrix} f_{11} & f_{12} & -p_1 \\ f_{21} & f_{22} & -p_2 \\ -p_1 & -p_2 & 0 \end{vmatrix} > 0$

(2) लागत—यदि दो वस्तुओं की x_1 तथा x_2 मात्राओं के उत्पादन के लिए संयुक्त कीमत फलन $c = f(x_1, x_2)$ द्वारा दिया गया हो तब c के आंशिक अवकलज सीमांत लागत फलन हैं—

$\dfrac{\delta c}{\delta x_1}, x_1$ से संबंधित सीमांत लागत है।

$\dfrac{\delta c}{\delta x_2}, x_2$ से संबंधित सीमांत लागत है।

अधिकतर मामलों में, सीमांत लागतें धनात्मक होती हैं। माना कि C (एक वस्तु की उत्पादित करने की कुल लागत) = wL + rK

जहाँ, w मजदूरी दर है, L श्रम की इकाइयाँ हैं, r ब्याज दर है, K पूँजी की इकाइयाँ हैं।

तब, यहाँ $q_0 = f(L, K) \Rightarrow q_0 - f(L, K) = 0$

अथवा $\lambda [q_0 - f(L, K)] = 0$

नया फलन $z = wL + rK + \lambda [q_0 - f(L, K)]$

$\therefore \dfrac{\partial z}{\partial L} = w - \lambda \dfrac{\delta f(L, K)}{\partial L} = 0$

अथवा $w - \lambda f_L = 0$

$\dfrac{\partial z}{\partial K} = r - \lambda f_k = 0$

तथा $\dfrac{\partial z}{\partial \lambda} = q_0 - f(L, K) = 0$

यहाँ, $\dfrac{f_L}{f_K} = \dfrac{w}{r} \left(\dfrac{\text{श्रम (L) की सीमांत कीमत}}{\text{पूँजी (capital) की सीमांत कीमत}} = \dfrac{\text{मजदूरी आँकड़े}}{\text{ब्याज}} \right)$

दूसरी (पर्याप्त) अवस्था इस धारणा द्वारा पूर्ण हो जाती है कि $\dfrac{\partial^2 q}{\partial L^2} > 0, \dfrac{\partial^2 q}{\partial K^2} > 0$

तथा $\dfrac{\partial^2 q}{\partial L^2} \times \dfrac{\partial^2 q}{\partial K^2} - \left(\dfrac{\partial^2 q}{\partial L \partial K} \right)^2 > 0$ न्यूनतम बिंदु की पुष्टि हुई है।

(3) उत्पादक का संतुलन—एक फर्म के समपरिमाण (Isoquants), फर्म के उपभोक्ता अनाधिमान वक्रों (indifference curves) के प्रतिरूप (Counter Parts) हैं। समपरिमाण ऐसे वक्र हैं जो उत्पादन के दो अवयवों (factors) के अलग-अलग समुच्चयों (combinations) को संकेतित करते हैं जो कि उत्पादन की उसी निर्गत के योग्य हैं। दूसरे शब्दों में, समपरिमाण सभी आगत संयोजनों (x_1 तथा x_2) के बिंदु पथ हैं जो कि उत्पादक को उसी स्तर की निर्गत देते हैं। वे वक्र अनंत संख्या में हो सकते हैं। अलग-अलग समपरिमाण निर्गत के अलग-अलग स्तर प्रदर्शित करते हैं जो कि उत्पादन के अवयवों के अलग-अलग संयोजनों से पाए जा सकते हैं। एक अवयवक का तकनीकी प्रतिस्थापन (technical substitution), समपरिमाण

की ढाल के रूप में भी जाना जाता है अर्थात् $\frac{dx_2}{dx_1}$ (x_2 के लिए x_1 के तकनीकी प्रतिस्थापन की सीमांत दर जो कि उत्पादक, अवयव x_1 की एक अतिरिक्त इकाई पाने के लिए इसे अवस्था के अधीन छोड़ देता है कि उत्पादन की मात्रा अपरिवर्तित रहेगी।)

$$Q = f(x_1, x_2) \Rightarrow dQ = \frac{\partial Q}{\partial x_1}.dx_1 + \frac{\partial Q}{\partial x_2}.dx_2$$

उसी समपरिमाण (Isoquant) पर, निर्गत $dQ = 0$ अपरिवर्तित रहती है।

$$\therefore \frac{\text{प्रथम अवयव की सीमांत कीमत}}{\text{दूसरे अवयव की सीमांत कीमत}} = \text{तकनीकी प्रतिस्थापन की सीमांत दर} = \frac{-dx_2}{dx_1}$$

संतुलन की अवस्था में– $\frac{\text{प्रथम अवयव की सीमांत कीमत}}{\text{दूसरे अवयव की सीमांत कीमत}} = \frac{\text{प्रथम अवयव की कीमत}}{\text{दूसरे अवयव की कीमत}}$

दूसरी कोटि की अवस्थाएँ उपभोग फलन के उदाहरण द्वारा प्राप्त की जा सकती हैं।

(4) फर्म का संतुलन–एक उत्पादक फर्म जब न्यूनतम लागत पर अधिकतम लाभ प्राप्त करती है, तब यह संतुलन में कही जाती है। यदि उद्यमी (entrepreneur) लाभ अधिकतमता तथा हानि न्यूनतमता प्राप्त कर लेता है तब उसकी और आगे बढ़ने की प्रवृत्ति नहीं होती। अतः जब फर्मों की वृद्धि की अथवा अपने उत्पादन में कमी लाने की प्रवृत्ति नहीं होती तो फर्में संतुलन की स्थिति में कही जाती हैं। दूसरे शब्दों में जब एक फर्म अपनी लाभ अधिकतमता पा लेती है तो यह संतुलन में कही जाती है। कुल आय तथा कुल लागत के बीच का अंतर लाभ है।

लागत बाध्यता के अधीन लाभ की अधिकतमता–इस मामले में कुल लागत तथा मूल्य लिए गए हैं (c_0, w, r, p) जहाँ c_0 दी गई लागत, w दी गई मजदूरी की दर, r पूँजी दिया गया मूल्य, p निर्गत का मूल्य हैं तथा निर्मय (problem) को निम्नलिखित द्वारा अभिव्यक्त किया जा सकता है–

$$\pi = R - C = p \times q - \text{कुल लागत}$$

π की अधिकतमता के लिए (कुल लाभ)

$$\frac{\delta \pi}{\partial q} = \frac{\partial R}{\partial q} - \frac{\partial C}{\partial q} \Rightarrow 0 = MR - MC$$

(सीमांत आय = सीमांत लागत एक आवश्यक अवस्था है)

और $\frac{\partial^2 \pi}{\partial q^2} = \frac{\partial^2 R}{\partial q^2} - \frac{\partial^2 C}{\partial q^2}$

दूसरा अवकलज < 0

सीमांत आय (MR) की ढाल (Slope), सीमांत लागत (MC) की ढाल अथवा सीमांत लागत (MC) से कम होनी चाहिए अथवा सीमांत क्रय मूल्य की ढाल (MC), सीमांत आय (MR) की ढाल को नीचे से काटती है।

संख्यात्मक प्रश्न

प्रश्न 1. एक निश्चित क्षेत्रफल वाले आयतों में से क्या कोई ऐसा होता है जिसका परिमाप निम्निष्ठ हो?

उत्तर– मान लीजिए कि आयत की लंबाई और चौड़ाई क्रमशः x और y है। तब $x > 0, y > 0$. क्षेत्रफल xy अचर है। मान लीजिए इसका मान है k^2 तब $y = k^2 x^{-1}$ और आयत का परिमाप = 2 (लंबाई + चौड़ाई) = $2(x + k^2 x^{-1}), x > 0$.

यह केवल x का फलन है, इसलिए इसे f(x) द्वारा व्यक्त किया गया है–

अतः $f(x) = 2(x + k^2 x^{-1}), x > 0$

हम x का ऐसा मान ज्ञात करना चाहते हैं जो f(x) को निम्निष्ठ बना दे। फलन f अपने प्रांत के प्रत्येक बिंदु पर अवकलनीय है। उसका अवकलज निम्न होगा–

$f'(x) = 2[1 - (k^2/x^2)]$

अब $f'(x) = 0 \Rightarrow x^2 = k^2 \Rightarrow x = \pm k$, यदि हम यह मान लें कि $k > 0$, तो $-k$, f के प्रांत में नहीं होगा। अतः केवल एक ही क्रांतिक बिंदु $x = k$ है। मान लीजिए कि δ एक ऐसी धनात्मक संख्या है कि $k - \delta > 0$. तब $]k - \delta, k + \delta[$ के सभी बिंदुओं पर f अवकलनीय होगा–

(1) $x \in]k - \delta, k[\Rightarrow x < k \Rightarrow x^2 < k^2 \Rightarrow k^2/x^2 > 1 \Rightarrow f'(x) < 0$.

(2) $x \in]k, k + \delta[\Rightarrow x > k \Rightarrow k^2/x^2 < 1 \Rightarrow f(x) > 0$.

इसलिए हम कह सकते हैं कि $x = k$ पर f निम्निष्ठ रखता है और जब $x = k$, तब $y = k^2x^{-1} = k$.

इसका अर्थ है कि वर्ग ही वह आकृति है जिसका परिमाप एक निश्चित क्षेत्रफल वाले सभी आयतों में निम्निष्ठ होगा।

प्रश्न 2. $A = \begin{bmatrix} \alpha_1 & 0 \\ 0 & \alpha_2 \end{bmatrix}$ कोटि 2 का एक व्यापक विकर्ण आव्यूह है। इसका संगत द्विघाती समघात क्या होगा?

उत्तर– यहाँ या तो हम X^tAX का परिकलन कर सकते हैं, अर्थात्

$$X^tAX = [x\ y]\begin{bmatrix} \alpha_1 & 0 \\ 0 & \alpha_2 \end{bmatrix}\begin{bmatrix} x \\ y \end{bmatrix} = \alpha_1 x^2 + \alpha_2 y^2, \text{ या}$$

x^2 का गुणांक = α_1, y^2 का गुणांक = α_2, xy का गुणांक = 0

तब हम द्विघाती समघात के नियम से इच्छित समघात प्राप्त कर सकते हैं।

∴ इच्छित समघात $\alpha_1 x^2 + \alpha_2 y^2$ है।

प्रश्न 3. 24 सेमी. भुजा वाले वर्ग के आकार के कागज में से प्रत्येक कोने पर x सेमी. भुजा वाला वर्ग काट दीजिए और किनारों को ऊपर की ओर इस प्रकार मोड़ दीजिए कि एक खुला डिब्बा बन जाए। तब x का वह मान ज्ञात कीजिए, जिससे डिब्बे का आयतन उच्चिष्ठ हो।

उत्तर— स्पष्ट है कि एक डिब्बा बनाने के लिए $0 < x < 12$ और इस तरह बनाए गए डिब्बे की लंबाई $24 - 2x$, चौड़ाई $24 - 2x$, और ऊँचाई x होगी।

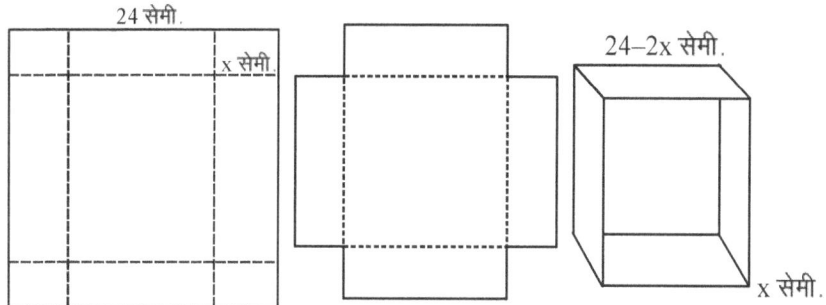

आयतन $f(x)$, x का फलन होगा और $f(x) = (24 - x)^2 x$, $0 < x < 12$.
$= 4x^3 - 96x^2 + 24^2 x$

$\therefore f'(x) = 12x^2 - 192x + 24^2 = 12(x - 4)(x - 12)$

अब, $f'(x) = 0 \Rightarrow x = 12$ या $x = 4$

चूँकि 12 हमारे फलन f के प्रांत में नहीं है, इसलिए 4 ही एकमात्र क्रांतिक बिंदु है।

अब $f''(x) = 24x - 192$

इसलिए $f''(4) = 96 - 192 < 0$

अर्थात् $x = 4$, f का उच्चिष्ठ बिंदु है।

f का उच्चिष्ठ मान $f(4)$ (अर्थात् डिब्बे का आयतन) = 1024 घन सेमी. है।

प्रश्न 4. प्रांत $-\infty < x < +\infty$ में $y = x^3 - x$ के इष्टतम मान ज्ञात कीजिए।

उत्तर— अनिवार्य प्रथम-क्रम स्थिति $\dfrac{dy}{dx} = 0$ देती है, जिसको

$3x^2 - 1 = 0$ ...(1)

में रूपांतरित किया जा सकता है। समीकरण (i) से हम इष्टतम या तो $x^* = +\dfrac{1}{\sqrt{3}}$, या फिर $x^* = -\dfrac{1}{\sqrt{3}}$ पर पहुँच जाते हैं। x के इन मानों को रखकर हमें इष्टतम y, यानी y* प्राप्त होता है। जो कि या तो $y^* = -0.3849$ या $y^* = 0.3849$.

प्रश्न 5. $y = x^3 - 2x^2 + x - 6$ के उभयांत मान ज्ञात कीजिए और निर्धारित कीजिए कि वे भूयिष्ठ हैं अथवा अल्पिष्ठ।

उत्तर— दिया है, $y = x^3 - 2x^2 + x - 6$

तब प्रथम क्रम स्थितिनुसार, $\dfrac{dy}{dx} = 3x^2 - 4x + 1 = 0$

$\Rightarrow 3x^2 - 4x + 1 = 0 \Rightarrow 3x^2 - 3x - x + 1 = 0$

$\Rightarrow 3x(x-1) - 1(x-1) = 0 \Rightarrow (3x-1)(x-1) = 0$

$\Rightarrow 3x - 1 = 0$ और $x - 1 = 0 \Rightarrow x = \dfrac{1}{3}$ और $x = 1$

अब द्वितीय क्रम-स्थिति के अनुसार, $\dfrac{d^2y}{dx^2} = 6x - 4$

यदि $x = 1$, तब $6 \times 1 - 4 = 2 > 0$

और यदि $x = \dfrac{1}{3}$ तब $6 \times \left(\dfrac{1}{3}\right) - 4 = -2 < 0$

अतः $x = 1$ पर फलन का अल्पिष्ठ प्राप्त होता है और $x = \dfrac{1}{3}$ पर फलन का भूयिष्ठ प्राप्त होता है।

प्रश्न 6. $z = x^2 - 2x - y^2$ के उभयांत मान ज्ञात कीजिए और निर्धारित कीजिए कि वे भूयिष्ठ हैं अथवा अल्पिष्ठ।

उत्तर— दिया है, $z = x^2 - 2x - y^2$

यहाँ, $f_x = \dfrac{\partial z}{dx} = 2x - 2$ और $f_y = \dfrac{\partial z}{dy} = -2y$

अब प्रथम-क्रम स्थितिनुसार— $2x - 2 = 0 \Rightarrow x = 1$

और $-2y = 0 \Rightarrow y = 0$

अब $f_{xx} = 2 > 0$ और $f_{yy} = -2 < 0$ एवं $f_{xy} = 0$

चूँकि f_{xx} और f_{yy} दोनों 0 से अधिकतम एवं न्यूनतम नहीं हैं अतः हैसियन व्यूह के द्वारा प्रस्तुत करने पर हम प्राप्त करते हैं— $|H| = \begin{bmatrix} 2 & 0 \\ 0 & 2 \end{bmatrix}$

अतः $|H_1| = f_{11} = 2 > 0$ और $|H_2| = 2 \times 2 - 0 = 4 > 0$

अतः $x = 1$ और $y = 0$ पर दिए गए फलन z का अल्पिष्ठ मान प्राप्त होता है।

प्रश्न 7. निम्नलिखित की अन्तय (extreme) कीमतें ज्ञात कीजिए।

(i) $u = x^3 + x^2 - xy + y^2 + 4$.

उत्तर— प्रथम कोटि अवस्थाएँ $u = x^3 + x^2 - xy + y^2 + 4$

यहाँ, $\dfrac{\partial u}{\partial x} = 3x^2 + 2x - y = 0$ ...(1)

तथा $\dfrac{\partial u}{\partial y} = -x + 2y = 0$ ...(2)

(1) तथा (2) को हल करते हुए प्रथम कोटि अवस्थाओं (आवश्यक अवस्था) से हम दो क्रांतिक बिंदु (0, 0) तथा (–1/2, –1/4) पाते हैं।

इसके आगे $\dfrac{\partial^2 u}{\partial x^2} = 6x + 2, \dfrac{\partial^2 u}{\partial y^2} = 2, \dfrac{\partial^2 u}{\partial x \partial y} = -1$

यहाँ, $\dfrac{\partial^2 u}{\partial x^2}(0,0) = 2 > 0$ तथा $\dfrac{\partial^2 u}{\partial y^2} > 0$

तथा $\dfrac{\partial^2 u}{\partial x^2}\left(\dfrac{\partial^2 u}{\partial y^2}\right) - \left(\dfrac{\partial^2 u}{\partial x \partial y}\right)^2 = 2 \times 2 - (-1)^2 = 4 - 1 = 3 > 0$

अतः (0, 0) u की एक न्यूनतमता के लिए अवस्था की तुष्टि करता है, बिंदु (0, 0) पर न्यूनतम कीमत 4 है। इसी तरह, (–1/2, –1/4) के लिए हमारे पास है–

$\dfrac{\partial^2 u}{\partial x^2} = 6(-1/2) + 2 = -1, \dfrac{\partial^2 u}{\partial y^2} = 2$

$\therefore \left(\dfrac{\partial^2 u}{\partial x^2}\right)\left(\dfrac{\partial^2 u}{\partial y^2}\right) - \left(\dfrac{\partial^2 u}{\partial x \partial y}\right)^2 = (-1)(2) - (-1)^2 = -2 - 1 = -3 < 0$

अतः (–1/2, –1/4) हमें पल्याण (Saddle) बिंदु प्रदान करता है।

(ii) f(x, y) = $x^3 + y^3 - 3x - 27y + 24$.

उत्तर– दिया है, $u = x^3 + y^3 - 3x - 27y + 24$

यहाँ, $\dfrac{\partial u}{\partial x} = 3x^2 - 3 = 0 \Rightarrow x^2 = 1$ अथवा $x = \pm 1$

और $\dfrac{\partial u}{\partial y} = 3y^2 - 27 = 0 \Rightarrow y^2 = 9$ अथवा $y = \pm 3$

तब क्रांतिक बिंदु हैं (1, 3) (1, –3) (–1, 3) (–1, –3)
(क्रांतिक बिंदु वह बिंदु होते हैं जहाँ उच्चिष्ठ बिंदु, निम्निष्ठ बिंदु अथवा पलायन बिंदु में से कोई एक बिंदु होता है।)

यहाँ, $\dfrac{\partial^2 u}{\partial x^2} = 9x, \dfrac{\partial^2 u}{\partial y^2} = 6y, \quad \dfrac{\partial^2 u}{\partial x \partial y} = 0.$

$\therefore$ (1, 3) पर $\dfrac{\partial^2 u}{\partial x^2} = +9 > 0; \dfrac{\partial^2 u}{\partial y^2} = +18 > 0$

(1, –3) पर $\dfrac{\partial^2 u}{\partial x^2} = +9 > 0; \dfrac{\partial^2 u}{\partial y^2} = -18 < 0$

$(-1,-3)$ पर $\frac{\partial^2 u}{\partial x^2} = -9 < 0; \quad \frac{\partial^2 u}{\partial y^2} = -18 < 0$

$(-1,3)$ पर $\frac{\partial^2 u}{\partial x^2} = -9 < 0; \quad \frac{\partial^2 u}{\partial y^2} = +18 > 0$

क्रांतिक बिंदुओं पर $\left(\frac{\partial^2 u}{\partial x^2}\right)\left(\frac{\partial^2 u}{\partial y^2}\right) - \left(\frac{\partial^2 u}{\partial x \partial y}\right)^2$:

$(1, 3)$ पर $9 \times 18 - 0 > 0$

$(1, -3)$ पर $9 \times (-18) - 0 < 0$ (पल्याण बिंदु)

$(-1, -3)$ पर $-9 \times (-18) - 0 > 0$

$(-1, 3)$ पर $(-9) \times (18) - 0 < 0$ (पल्याण बिंदु)

$\therefore$ $(1, -3)$ तथा $(-1, 3)$ पर पल्याण बिंदु (Saddle point) हैं।

अतः $f(1, 3)$ पर न्यूनतम है, तथा $f(-1, -3)$ पर अधिकतम है।

प्रश्न 8. फलन की अधिकतमता तथा न्यूनतमता जाँचिए।

$f(x, y) = 16 - (x - 2)^2 - (y - 2)^2$

उत्तर– दिया है, $f(x, y) = 16 - (x - 2)^2 - (y - 2)^2$

माना, $u = 16 - (x - 2)^2 - (y - 2)^2$

यहाँ, $\frac{\partial u}{\partial x} = -2x + 4 = 0$ तथा $\frac{\partial u}{\partial y} = -2y + 4 = 0$

अधिकतमता/न्यूनतमता के लिए $x = 2$ तथा $y = 2$

अतः $(2, 2)$ बिंदु पर हमारे पास उच्चिष्ठा अथवा न्यूनतमता है।

अब, $\frac{\partial^2 u}{\partial x^2} = -2 < 0$ अर्थात् ऋणात्मक है,

$\frac{\partial^2 u}{\partial y^2} = -2 < 0$ अर्थात् ऋणात्मक है,

और $\frac{\partial^2 u}{\partial x \partial y} = \frac{\partial}{\partial x}\left(\frac{\partial u}{\partial y}\right) = \frac{\partial}{\partial x}[-2y + 4] = 0.$

यहाँ, $\frac{\partial^2 u}{\partial x^2}\left(\frac{\partial^2 u}{\partial y^2}\right) - \left(\frac{\partial^2 u}{\partial x \partial y}\right)^2 = (-2)\,(-2) - 0 = +4 > 0$

अतः $(2, 2)$ पर u की अधिकतमता है।

यदि $x = 2$ तथा $y = 2$ तब $u = -x^2 + 4x - y^2 + 4y + 8$

$= -(2)^2 + 4(2) - 4 + 8 + 8 = 16$

$\therefore$ $(2, 2)$ बिंदु पर फलन में अधिकतम कीमत है।

प्रश्न 9. एक कंपनी को अपने उत्पादन की 200 इकाइयों का आदेश मिला है और वह अपने दोनों संयंत्रों से मिलाकर इस आदेश की आपूर्ति करना चाहती है। उसकी दोनों संयंत्रों का संयुक्त लागत फलन इस प्रकार है—

$C = f(x_1, x_2) = 2x_1^2 + x_1 x_2 + x_2^2 + 500$, जहाँ x_1 तथा x_2 क्रमशः पहले व दूसरे संयंत्र के उत्पादन हैं। फर्म का उद्देश्य लागत को न्यूनतम करना है। शर्त यही है कि दोनों संयंत्रों से मिलाकर 200 इकाइयों की आपूर्ति हो। दोनों संयंत्रों के उत्पादन x_1 और x_2 का आकलन करें।

उत्तर— वह फलन जिसे इष्टतम करना है, उद्देश्यात्मक फलन कहलाता है। यहाँ लागत को न्यूनतम करना है, अतः $C = f(x_1, x_2) = 2x_1^2 + x_1 x_2 + x_2^2 + 500$ यह फलन हमारा उद्देश्यात्मक फलन है। उत्पादन फलन एक प्रतिबंधित फलन (Constraint function) के रूप में दिया हुआ है जिसकी प्रतिबंधित सीमा 200 इकाई है। इस प्रश्न को हल करने के लिए हम एक नए फलन Z की रचना करते हैं जिसका सूत्र निम्नलिखित है—

$Z = f(x_1, x_2) + \lambda(G - x_1 - x_2)$

जहाँ, λ = लॉगरैंज गुणक तथा नियंत्रित फलन $(G) = x_1 + x_2 = 200$

$\therefore Z = 2x_1^2 + x_1 x_2 + x_2^2 + 500 + \lambda[200 - x_1 - x_2]$

अनुकूलतम (इष्टतम स्थिति) के लिए प्रथम कोटि के आंशिक अवकलज शून्य होने चाहिए।

$\dfrac{\partial Z}{\partial x_1} = 4x_1 + x_2 - \lambda = 0$ ...(1)

$\dfrac{\partial Z}{\partial x_2} = x_1 + 2x_2 - \lambda = 0$ ...(2)

$\dfrac{\partial Z}{\partial \lambda} = 200 - x_1 - x_2 = 0$ ...(3)

समीकरण (1), (2) और (3) को एक साथ हल करके हम पाते हैं $x_1 = 50$, $x_2 = 150$ और $\lambda = 350$.

न्यूनतम लागत के लिए दूसरी कोटि की अवस्था है कि हैसियन (Hessian) संबद्ध सीमांतित सारणिक ऋणात्मक होना चाहिए।

यथा $\begin{vmatrix} 0 & \dfrac{\partial G}{\partial x_1} & \dfrac{\partial G}{\partial x_2} \\ \dfrac{\partial G}{\partial x_1} & \dfrac{\partial^2 Z}{\partial x_1^2} & \dfrac{\partial^2 Z}{\partial x_1 x_2} \\ \dfrac{\partial G}{\partial x_2} & \dfrac{\partial^2 Z}{\partial x_2 x_1} & \dfrac{\partial^2 Z}{\partial x_2^2} \end{vmatrix} < 0$

यहाँ, $\frac{\partial G}{\partial x_1} = 1, \frac{\partial G}{\partial x_2} = 1, \frac{\partial^2 Z}{\partial x_1^2} = \frac{\partial}{\partial x_1}\left(\frac{\partial Z}{\partial x_1}\right) = 4,$

$$\frac{\partial^2 Z}{\partial x_1 x_2} = \frac{\partial}{\partial x_1}\left(\frac{\partial Z}{\partial x_2}\right) = 1, \frac{\partial^2 Z}{\partial x_2 x_1} = \frac{\partial}{\partial x_2}\left(\frac{\partial Z}{\partial x_1}\right) = 1, \frac{\partial^2 Z}{\partial x_2^2} = \frac{\partial}{\partial x_2}\left(\frac{\partial Z}{\partial x_2}\right) = 2$$

$$\therefore \begin{vmatrix} 0 & 1 & 1 \\ 1 & 4 & 1 \\ 1 & 1 & 2 \end{vmatrix} = 0(8-1) - 1(2-1) + 1(1-4) = 0 - 1 - 3 = -4 < 0$$

अतः बिंदु (50, 150) पर उद्देश्यात्मक फलन न्यूनतम है।

प्रश्न 10. उपयोगिता फलन इस प्रकार है– $u = (x+2)(y+1)$ जहाँ x और y दो वस्तुओं की उपयुक्त मात्राएँ हैं। x की कीमत $P_x = 4$ और y की कीमत $P_y = 6$ और उपभोक्ता की आय $m = 130$. (a) x तथा y की इष्टतम उपयोग मात्राएँ बताएँ। (b) लैग्रेंजियन गुणक का इष्टतम मान बताएँ।

उत्तर– दिया है, OF: $u = (x+2)(y+1) = xy + x + 2y + 2$

$$CF: 4x + 6y - 130 = 0$$

माना $V = OF + \lambda CF$ जहाँ $\lambda =$ लॉगरैंज गुणक है,

और $V = xy + x + 2y + 2 + \lambda(4x + 6y - 130)$

$$= xy + x + 2y + 2 + \lambda 4x + \lambda 6y - 130\lambda$$

यहाँ, $V_x = y + 1 + 4\lambda = 0$ अथवा $\lambda = -\frac{y}{4} - \frac{1}{4}$ ...(1)

$V_y = x + 2 + 6\lambda = 0$ अथवा $\lambda = -\frac{x}{6} - \frac{1}{3}$ ...(2)

समीकरण (1) तथा (2) से, हम पाते हैं– $-\frac{y}{4} - \frac{1}{4} = -\frac{x}{6} - \frac{1}{3} \Rightarrow \frac{-y-1}{4} = \frac{-x-2}{6}$

$\Rightarrow -6y - 6 = -4x - 8 \Rightarrow 4x - 6y + 2 = 0$ ...(3)

क्योंकि कोई हल नहीं निकला, इसलिए हम V_λ ज्ञात करेंगे।

यहाँ, $V_\lambda = 4x + 6y - 130$ ...(4)

समीकरण (3) एवं (4) से, हम पाते हैं $x = 16, y = 11$ जो कि x तथा y की इष्टतम उपयोग मात्राएँ हैं जो कि लॉगरैंज गुणक का भी इष्टतम मान हैं।

प्रश्न 11. कोई द्वि–उत्पाद फर्म निम्नलिखित माँग और लागत फलनों का सामना करती हैं।

$$\mathbf{q_1 = 40 - 2p_1 - p_2, \; q_2 = 35 - p_1 - p_2, \; C = q_1^2 + 2q_2^2 + 10}$$

(i) प्रथम–कोटि स्थितियों (शर्तों) को संतुष्ट करने वाले उत्पादन स्तरों का पता लगाइए।

(ii) उच्चिष्ठ मुनाफा क्या है?

उत्तर— यहाँ दो माँग फलन से हम दो लागतें p_1 तथा p_2 इस प्रकार व्यक्त कर सकते हैं—

$q_1 = 40 - 2p_1 - p_2$ ...(1)

$q_2 = 35 - p_1 - p_2$ ...(2)

दोनों समीकरणों को घटाने पर, हम पाते हैं—

$q_1 - q_2 = 5 - p_1 \Rightarrow p_1 = 5 - q_1 + q_2$

तब समीकरण (2) में p_1 का मान रखने पर—

$p_2 = 35 - q_2 - p_1 = 35 - q_2 - 5 + q_1 - q_2 = 30 + q_1 - 2q_2$

$\therefore \pi = p_1 q_1 + p_2 q_2 - q_1^2 - q_2^2 - 10 = (5 - q_1 + q_2)q_1 + (30 + q_1 - 2q_2)q_2$
$\quad - q_1^2 - q_2^2 - 10$

$= 5q_1 - q_1^2 + q_1 q_2 + 30q_2 + q_1 q_2 - 2q_2^2 - q_1^2 - q_2^2 - 10$

$= -2q_1^2 + 2q_1 q_2 + 5q_1 - 3q_2^2 + 30q_2 - 10$

अब, लाभ फलन (π) को अवकलन करने पर, हम पाते हैं—

$\pi_1 = -4q_1 + 2q_2 + 5 = 0 \qquad \pi_2 = 2q_1 - 6q_2 + 30 = 0$

इन दो समीकरणों को एक साथ हल करने पर हम पाते हैं, $q_2 = \dfrac{13}{2}$

अतः $-4q_1 + 2 \times \dfrac{13}{2} + 5 = 0$ अथवा $q_1 = \dfrac{9}{2}$

$\therefore$ यहाँ उत्पादन स्तर $q_1 = \dfrac{9}{2}, q_2 = \dfrac{13}{2}$ है।

दूसरी कोटि की अवस्था से हम पाते हैं $\pi_{11} = -4, \pi_{12} = \pi_{21} = 2, \pi_{22} = -6$

अतः सीमांतित $|H| = \begin{vmatrix} -4 & 2 \\ 2 & -6 \end{vmatrix} = 24 - 4 = 20 > 0$

क्योंकि $|H_1| < 0$ और $|H_2| > 0$, इसलिए लाभ (मुनाफा) उच्चिष्ठ है।

अब, उच्चिष्ठ लाभ को पाने के लिए हम उत्पादन स्तरों को दिए गए माँग और लागत फलनों में स्थानापन्न करेंगे—

$p_1 = 5 - q_1 + q_2 \Rightarrow 5 - \dfrac{9}{2} + \dfrac{13}{2} = 7$

$p_2 = 30 + q_1 - 2q_2 \Rightarrow 30 + \dfrac{9}{2} - 2\left(\dfrac{13}{2}\right) = \dfrac{43}{2}$

अतः उच्चिष्ठ लाभ $\pi_{max.} = p_1 q_1 + p_2 q_2 - q_1^2 - q_2^2 - 10$

$$= 7 \times \frac{9}{2} + \frac{43}{2} \times \frac{13}{2} - \left(\frac{9}{2}\right)^2 - \left(\frac{13}{2}\right)^2 - 10 = 98.75.$$

प्रश्न 1 2. $Z = xy$, (अधिकतम मूल्य ज्ञात करें) बशर्ते कि $x + 2y = 2$.

उत्तर– माना $f(x, y) = xy$ और $g(x, y) = x + 2y - 2$. बिंदु (x, y) जो कि $f(x, y)$ को उच्चिष्ठ करेंगे बशर्ते कि $x + 2y = 2$ वही बिंदु होंगे जो कि समीकरण $\nabla f(x, y) = \lambda \nabla g(x, y)$ और $g(x, y) = 0$ को संतुष्ट करेंगे।

अतः हम पाते हैं,

$y = \lambda$ ...(1)

$x = \lambda$ ...(2)

$x + 2y = 2$ ...(3)

समीकरण (1) और (2) से हम पाते हैं $x = y$ ...(4)

समीकरण (3) और (4) से हम पाते हैं $y + 2y = 2 \Rightarrow 3y = 2 \Rightarrow y = \frac{2}{3}$ अब समीकरण (3) से $x + 2 \times \frac{2}{3} = 2 \Rightarrow x = 2 - \frac{4}{3} \Rightarrow x = \frac{2}{3}$ और इसलिए हम पाते हैं $f\left(\frac{2}{3}, \frac{2}{3}\right) = \frac{4}{9}$

क्योंकि, $f\left(\frac{2}{3}, \frac{2}{3}\right) > f(0, 0)$

इसलिए $f(x, y)$ बिंदु $\left(\frac{2}{3}, \frac{2}{3}\right)$ पर उच्चिष्ठ होगा।

अतः अधिकतम मूल्य $= \frac{4}{9}$.

□□

समाकलन
(Integration)

भूमिका

समाकलन (Integration) एक विशेष प्रकार की योग क्रिया है जिसमें अतिसूक्ष्म गान वाली संख्याओं को जोड़ा जाता है। किसी वक्र तथा X–अक्ष के बीच का क्षेत्रफल निकालने के लिए समाकलन का प्रयोग करना पड़ता है। दूसरे शब्दों में, समाकलन, अवकलन की विपरीत प्रक्रिया है। यदि हम किसी फलन का अवकलज निकाले तो हमें एक नया फलन प्राप्त होता है। अब यदि इस नए प्राप्त फलन को समाकलित किया जाए, तो हमें मूल फलन प्राप्त हो जाएगा। ऐतिहासिक रूप में समाकलन की संकल्पना अवकलन की संकल्पना से पहले विकसित हुई है। यह तो बहुत समय पश्चात् सामने आया कि अवकलन और समाकलन एक–दूसरे की प्रतिवर्ती क्रियाएँ हैं। समाकलन की सहायता से हम किसी सीमांत फलन से संबंधित कुल फलन ज्ञात कर सकते हैं।

5.1 समाकलन, अवकलन के व्युत्क्रम प्रक्रम के रूप में—अवकलन की प्रतिलोम सक्रिया को समाकलन कहते हैं (Integration is the reverse process of differentiation)। अवकलन में दिए हुए फलन का अवकल गुणांक ज्ञात करते हैं। समाकलन में उन फलनों को ज्ञात किया जाता है जिनका अवकल गुणांक दिया हुआ फलन होता है। जिस फलन का समाकलन किया जाता है, उसे समाकल्य कहते हैं। समाकलन द्वारा प्राप्त फलन को समाकल कहते हैं। $\int f'(x)dx = f(x)$ में (x) समाकल्य है और f(x) समाकल है। यदि फलन की किसी अचर मूल्य (constant) से गुणा हो या भाग हो तो समाकलन करते समय उसे समाकलन चिह्न $(\int\ )$ से बाहर निकाल लेते है। उदाहरण के लिए, $\int af(x)\,dx = a\int f(x)dx$

अवकलन, फलन f(x) में अवकलज f'(x) को ज्ञात करने की प्रक्रिया है। अवकलन की प्रक्रिया के विपरीत कार्य करने को तथा अवकलज से मूल फलन ज्ञात करने को समाकलन अर्थात् प्रति (anti) अवकलन कहते हैं। पाए गए मूल फलन f(x) को समाकल अर्थात् f'(x) का प्रति अवकलज कहलाता है।

माना कि f'(x) = F(x), f(x) के प्रति अवकलज को गणितानुसार $\int_a^b f(x)dx = F(x) + c$ के रूप में व्यक्त किया जाता है।

अवकलन गणित से हमने दिए हुए फलनक f(x) के अवकलन गुणांक f'(x) का गणन करना सीखा है, जिस प्रक्रिया को $\frac{d}{dx}[f(x)] = F(x)$ अथवा $d[f(x)] = F(x)dx$ द्वारा पहचाना जाता है।

समाकलन गणित (integral calculus) में प्रश्न (problem) प्रतिलोम संक्रिया (inverse operation) पर निर्भर करता है अर्थात् ऐसा फलन ज्ञात करना जिसका अवकल फलन f'(x) = F(x) दिया गया है।

$$d[f(x)] = f'(x)dx = F(x)dx$$

$$\int f'(x)dx = \int F(x)dx = f(x)$$

f'(x) का समाकल अथवा F(x)dx बराबर है f(x) के

यदि, $f(x) = e^x$ तब, $f'(x)dx = e^x dx$

$$\int e^x dx = e^x$$

यदि फलन f(x) का x से संबंधित अवकल g(x) है, तब हम यह कहेंगे कि g(x) का समाकल (integral) f(x) है तथा हम इसे लिखते हैं– $\int g(x)dx = f(x)$

यदि f(x) एक सतत फलन है और इसकी सततता अंतराल (a, b) में है तथा यह फलन अवकलन करने योग्य है और $\frac{d}{dx} f(x) = F(x)$ तब फलन F(x) का f(x) अपरिमित

समाकल होगा। उदाहरण के लिए— $\frac{d}{dx}\log x = \frac{1}{x}$ और $\int \frac{1}{x} dx = \log x + c$

अवकलन और समाकलन क्रियाएँ एक दूसरे के विपरीत होती हैं। समाकलन के निम्न सूत्र इस प्रकार हैं—

- $\int k\, dx = kx + c$
- $\int dx = x + c$
- $\int x^n dx = \frac{1}{n+1} x^{n+1} + c$

  जहाँ, $n \neq -1$, क्योंकि अन्यथा $n + 1 = 0$ होगा।

- $\int \frac{1}{x} dx = \int x^{-1} dx = \log|x| + c \quad (x > 0)$

  (लघुगणक e आधार वाला लघुगणक है)

  $x > 0$ इसलिए रखा गया है क्योंकि लघुगणक केवल धनात्मक संख्याओं के होते हैं। ऋणात्मक संख्याओं के लिए— $\int x^{-1} dx = \log|x| + c \quad (x \neq 0)$

- $\int a^{kx} dx = \frac{a^{kx}}{k \log a} + c$

- $\int e^{kx} dx = \frac{e^{kx}}{k} + c$

- $\int k f(x) dx = k \int f(x) dx$

- दो अथवा दो से अधिक फलनों के योग अथवा अंतर का समाकल उनके अंगभूतों के समाकल के योग अथवा अंतर के बराबर होता है।

  $\int \{f(x) \pm g(x)\} dx = \int f(x) dx \pm \int g(x) dx$

- किसी ऋणात्मक फलन का समाकल उनके अंगभूत के ऋणात्मक समाकल के बराबर होता है।

  $\int -f(x) dx = -\int (x) dx$

- $\int (ax + b)^n dx = \frac{(ax+b)^{n+1}}{(n+1).a} + c$

  इसे हम स्थानापन्न नियम से सिद्ध भी कर सकते हैं। लेकिन $ax + b = t$ तथा $a\, dx = dt$

  $\int t^n \cdot \frac{dt}{a} = \frac{1}{a} \int t^n dt = \frac{1}{a} \frac{t^{n+1}}{n+1} + c = \frac{1(ax+b)^{n+1}}{a(n+1)} + c$

- $\int \frac{1}{ax+b} dx = \frac{\log|(ax+b)|}{a} + c \qquad (ax + b \neq 0)$

- $$\int a^{mx+b}dx = \frac{a^{mx+b}}{m\log a} + c\,.$$

5.2 समाकलन की विधियाँ–समाकलन की निम्न विधियाँ इस प्रकार हैं–

(1) स्थानापन्न विधि (Method of Substitution)–यदि कोई फलन f(x) को इस प्रकार व्यक्त किया जा सके कि $f(x) = g(t).\frac{dt}{dx}$ जहाँ किसी अन्य फलन $t = \phi(x)$ के लिए G(f), g(t) का प्रति अवकल गुणांक आसानी से प्राप्त किया जा सकता है।

$$\frac{d}{dx}G\{\phi(x)] = \frac{d}{dx}G(t) = G'(t).\frac{dt}{dx} = g(t).\frac{dt}{dx} = f(x)$$

x के दो गुणन अथवा भाग की दशा वाले अवकल फलनों जैसे कि $\int 12x^2\left(x^3+2\right)$ का समाकलन साधारण नियमों द्वारा सीधे तरीके से नहीं किया जा सकता तथापि यदि एक समाकल्य (integrand) को दूसरे समाकल्य के अचर गुणनफल फलन U तथा अवकलन $\frac{du}{dx}$ द्वारा व्यक्त किया जा सके तो प्रतिस्थापन क्रिया (substitution) द्वारा समाकल्य f(x) को U के फलन तथा उसके अवकल $\frac{du}{dx}$ द्वारा प्रस्तुत करके, x से संबंधित समाकलित करते हुए, समाकलन किया जा सकता है।

(2) विभाजन विधि–जब कोई फलन दो फलनों का गुणन हो तथा प्रतिस्थापन के तरीके द्वारा सीधे मूल्यांकित न हो सकता हो तब हम समाकलन करते समय विभाजन विधि का प्रयोग करते हैं। विभाजन विधि द्वारा समाकलन के लिए नियम एक गुणन के अवकलन नियम के प्रतिलोम (inverse) पर आधारित है। माना U और V दो फलन हैं जिनका गुणन दिया है और उसका समाकलन करना है, उस स्थिति में हम पहला फलन वह लेते हैं जिसका सरलता से अवकलज प्राप्त हो सके और दूसरा फलन वह लिया जाता है जिसका आसानी से समाकलन किया जा सके। निम्न सूत्र लगाकर समाकलन किया जा सकता है।

विभाजन विधि = पहला फलन × दूसरे फलन का समाकलन – $\int$ पहले फलन का अवकलज × दूसरे फलन का समाकलन। पहला फलन प्रायः वह लिया जाता है जो अवकलन के बाद समाप्ति की दिशा में बढ़े।

यदि u तथा v, x के फलन हैं, तब गुणन के अवकलन के लिए प्रयोग होने वाले नियम से–

$$\frac{d}{dx}(uv) = u\frac{dv}{dx} + v\frac{du}{dx} \Rightarrow u\frac{dv}{dx} = \frac{d}{dx}(uv) - v\frac{du}{dx}$$

समाकलन करते हुए–

$$\int u\frac{dv}{dx}dx = \int \frac{d}{dx}(uv) - \int v\frac{du}{dx}dx \Rightarrow \int u\frac{dv}{dx}dx = uv - \int v\frac{du}{dx}dx$$

माना कि $w = \frac{dv}{dx}$, तब x से संबंधित समाकलन करते हुए $\int w dx = v$

$$\int u.w dx = u.\int w dx - \int \left\{ \frac{du}{dx} (w dx) \right\} dx$$

यह गुणनफल के दो फलनों का विभाजन द्वारा समाकलन करने का नियम है।

(3) आंशिक भिन्न विधि (Method of Partial Fraction)—जब हम ऐसे फलन जो $\frac{f(x)}{\phi(x)}$ के आकार के हैं और f(x) की कोटि $\phi(x)$ की कोटि से कम हैं तब वे फलन उचित फलन कहलाते हैं, उनका समाकलन सरलता से हो जाता है परंतु स्थिति विपरीत हो अर्थात् f(x) की कोटि $\phi(x)$ से अधिक हो तब उस दशा में या तो भाग देकर अथवा f(x) को गुणनखंड द्वारा रेखीय गुणन में तोड़ कर उसे समाकलन योग्य बना लेते हैं। इस विधि को हम आंशिक भिन्न विधि कहते हैं।

5.3 समाकलन के अर्थशास्त्र में कुछ अनुप्रयोग—अर्थशास्त्र में समाकलन के अनुप्रयोग निम्नलिखित हैं—

- **लागत फलन (Cost Function)**—अवकलन में हम जब कुल लागत फलन का अवकलज ज्ञात करते हैं तब उसे सीमांत लागत फलन (Marginal Cost Function) कहते हैं। स्वाभाविक है कि यदि हम सीमांत लागत फलन का समाकलन ज्ञात करें तब कुल लागत प्राप्त होगा क्योंकि अवकलन और समाकलन विपरीत क्रियाएँ हैं। यदि अल्पकाल में उत्पादन शून्य भी हो तब भी कुल लागत शून्य नहीं होती बल्कि स्थिर लागत के समान होती है। हालाँकि परिवर्तनशील लागत शून्य उत्पादन पर शून्य होती है।

  $$C = \int MC.dx = \int \frac{dc}{dx} \times dx$$

  यहाँ आगे की अवधि में, कुल लागत शून्य निर्गत पर शून्य नहीं है क्योंकि वहाँ लागत निश्चित है। निश्चित लागत उत्पादन में परिवर्तन को प्रतिक्रिया नहीं दिखाती। फिर भी लंबी अवधि में निश्चित लागत शून्य उत्पादन के संगत, शून्य होती है।

- **आय फलन (Revenue Function)**—यदि कुल आय फलन (TR) दिया हो तब, कुल आय फलन का अवकलन सीमांत आय होगा। $TR = p \times q$ {कीमत × मात्रा}, अब यदि सीमांत आय फलन दिया हो तब सीमांत आय फलन का समाकलन कुल आय फलन होगा। यदि माँग शून्य हो तब कुल आय भी शून्य होगी।

कुल आय अथवा आय TR अथवा $R = \int MR.dx = \int \frac{dR}{dx} \times dx$

जब x = 0 हो तो कुल आय भी शून्य होगी।

- **कुल उपभोग फलन (Total Consumption Function)**—यदि सीमांत उपभोग फलन का समाकलन किया जाए तब कुल उपभोग फलन प्राप्त होगा। आय शून्य होने पर उपभोग शून्य होना आवश्यक नहीं है।

$$c = \int \frac{dc}{dy} \times dy$$

- **कुल उपयोगिता (Total Utility)**— $\int$ सीमांत उपयोगिता फलन अर्थात्

कुल उपयोग $= \int \frac{du}{dx} dx$

इसी प्रकार कुल उत्पादन फलन ज्ञात करना हो तो हम सीमांत उत्पादन फलन का समाकलन ज्ञात कर लेते हैं।

$\therefore$ कुल उत्पादन (TP) $= \int \frac{dP}{dq} \times dq$

- **अधिकतम लाभ (Maximum Profit)**—यदि एक फर्म अपने अधिकतम लाभ ज्ञात करना चाहते हैं तब उस स्थिति में सीमांत आय और सीमांत लागत समान होने चाहिए क्योंकि अधिकतम लाभ की स्थिति में लाभ फलन का प्रथम अवकलज शून्य होना चाहिए और दूसरा अवकलज ऋणात्मक होना चाहिए। सीमांत आय का समाकलन कुल आय होता है और सीमांत लागत का समाकलन कुल लागत होता है।

$$\frac{d\pi}{dx} = \frac{dR}{dx} - \frac{dC}{dx}$$

जहाँ π, R, C, तथा x क्रमशः कुल लाभों, कुल आय, कुल क्रय-मूल्य तथा उत्पादन को संकेतित करते हैं।

$\therefore \pi = \int \frac{dR}{dx} \times dx - \int \frac{dC}{dx} \times dx$ = कुल आय (R) – कुल लागत (C)

- **पूँजी गठन (Capital Formation)**—पूँजी गठन का अर्थ है—एक निश्चित अवधि में वास्तविक पूँजी के स्टॉक में परिवर्तन। पूँजी गठन की दर $= \frac{dK}{dt}$, यदि हम पूँजी गठन की दर का समाकलन ज्ञात करते हैं तब उस स्थिति में पूँजी स्टॉक प्राप्त होगा।

एक विशेष समयावधि में, अर्थशास्त्र में पूँजी गठन की दर उस समयावधि में हुए वास्तविक निवेश के समान, होती है– $\frac{dK}{dt} = I(t)$

यदि हमें कुल पूँजी स्टॉक का गणन करना है, तब हम पूँजी निर्माण फलन दर का समाकलन करते हैं।

$$K(t) = \int I(t)dt = \int \frac{dK}{dt} \times dt \Rightarrow K(t) = \int dK.$$

5.4 निश्चित समाकलन की संकल्पना–माना एक सतत् फलन f(x) हैं, जहाँ, x एक वास्तविक संख्या है। जब हम इसका (अनिश्चित) समाकलन ज्ञात करते हैं तो हमें एक फलन F(x) तथा एक समाकलन अचर c प्राप्त होता है अर्थात्–

$$\int f(x)dx = F(x) + c \qquad ...(1)$$

यदि हम F के प्रांत में कोई दो ऐसे बिंदु a और b लेते हैं कि (a < b) हो, तथा उपरोक्त समीकरण (1) के दाएँ पक्ष में x = a तथा x = b प्रतिस्थापित करके उनका अंतर लें तो हम पाते हैं–

$$[F(b) + c] — [F (a) + c] = F(b) – F(a)] \qquad ...(2)$$

इस प्रकार हम पाते हैं कि हमें एक विशिष्ट संख्यात्मक मान मिलता है जो चर x तथा समाकलन अचर c दोनों से स्वतंत्र है अर्थात् इन दोनों में से किसी पर निर्भर नहीं है। समाकलन का यह विशिष्ट मान, फलन f(x) का, a से b तक निश्चित समाकलन कहलाता है। बिंदु a को समाकलन की निम्न सीमा तथा b को समाकलन की उच्च सीमा कहते हैं। समाकलन की सीमाएँ दर्शाने के लिए हम निश्चित समाकलन के लिए चिह्न $\int_a^b$ का प्रयोग करते हैं। समीकरण (1) और (2) से हम पाते हैं कि

$$\int_a^b f(x)dx = F(x)]_a^b = F(b) - F(a) \qquad ...(3)$$

चिह्न $\int_a^b$ का अर्थ है कि f(x) से प्राप्त अनिश्चित समाकलन F(x) में x के स्थान पर क्रमशः a और b को प्रतिस्थापित करके F(b) और F(a) के मान ज्ञात करें तथा अंतर F(b) – F(a) ज्ञात करें जैसा कि उपरोक्त समीकरण (3) के दाएँ पक्ष में दर्शाया गया है। यह समीकरण किसी फलन f का a से b तक, जहाँ a < b है, f का निश्चित समाकलन ज्ञात करने का सूत्र है। स्वाभाविक है कि हमने पहले f का अनिश्चित समाकलन F(x) ज्ञात करना पड़ेगा। इस सूत्र में, समाकलन अचर c को नहीं लिखा गया है। वास्तव में, यदि हम F(x) + c भी लें तो भी जब हम इसका मान b और a पर निकाल कर अंतर लेंगे तो c स्वतः समाप्त हो जाएगा क्योंकि [F(b) + c] – [F(a) +c] = F(b) –F(c) होता है।

5.4.1 निश्चित समाकलन : एक वक्र से घिरे क्षेत्रफल के रूप में (Definite Integral as area under a Curve)—समाकलन को योग ज्ञात करने की प्रक्रिया के रूप में भी परिभाषित किया जा सकता है। इसका शाब्दिक अर्थ है "छोटे भागों को मिलाकर एक संपूर्ण बनाना"। हम निश्चित समाकलन को एक योग की सीमा के रूप में भी परिभाषित कर सकते हैं। निश्चित समाकलन की यह व्याख्या हमें y = f(x) जैसे वक्रों से घिरे/वक्रों के अंतर्गत क्षेत्रफल ज्ञात करने में सहायक सिद्ध होती है। जब हम किसी फलन का बिंदु a से बिंदु b तक निश्चित समाकलन ज्ञात करते हैं तो हमें वक्र के नीचे, x-अक्ष के ऊपर तथा x = a तथा x = b के मध्य का क्षेत्रफल प्राप्त होता है जैसा कि नीचे रेखाचित्र 5.1 में दर्शाया गया है।

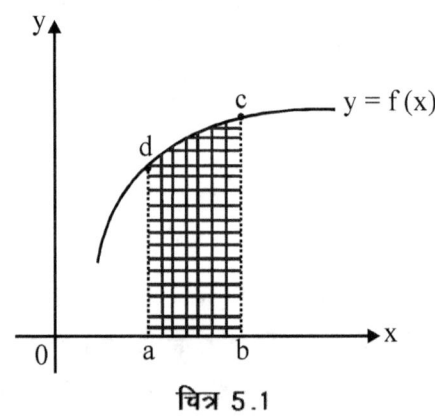

चित्र 5.1

यदि $\int f(x)dx = g(x)$ है, तो f (x) का किसी दिए हुए अंतराल [a, b] पर निश्चित समाकलन वक्र से घिरे 0 से b तक के क्षेत्रफल में से 0 से a तक का क्षेत्रफल घटाने पर प्राप्त होता है। इसे तकनीकी रूप से निम्न प्रकार से लिखा जा सकता है–

$$\int_a^b f(x) = |g(x)|_a^b \text{ या } g(x)_a^b = g(b) - g(a) \text{, जहाँ } b > a$$

माना y = f(x) एक सतत् फलन है और इसका वक्र रेखाचित्र 5.2 में दर्शाए गए वक्र जैसा है। मान लीजिए a और b इस फलन के प्रांत में दो बिंदु हैं और हमें इस फलन के वक्र और x-अक्ष के बीच का क्षेत्रफल, बिंदु a से बिंदु b तक ज्ञात करना है। इस क्षेत्र को $\Delta x_i \ (i = 1, 2, ..., n)$ चौड़ाई वाली n पट्टियों में विभाजित किया जा सकता है। ऐसी दो पट्टियाँ रेखाचित्र में दर्शाई गई है। वक्र से घिरे क्षेत्रफल लगभग, अंतराल [a, b] में ली गई, इन n पट्टियों के क्षेत्रफलों के योग के बराबर होगा। इन पट्टियों की चौड़ाई जितनी कम होगी, इनके क्षेत्रफलों का योग वक्र के अंतर्गत क्षेत्रफल के उतना ही अधिक निकट होगा। हम देख सकते हैं कि चौड़ाई Δx_i जितनी कम होगी, n उतना ही बड़ा होगा।

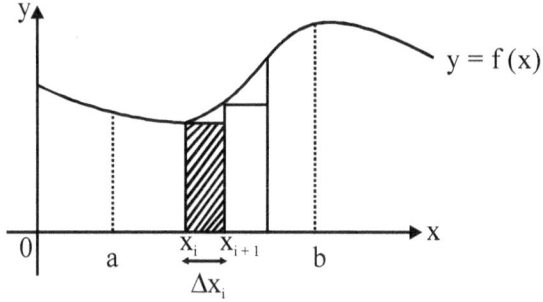

चित्र 5.2

पट्टी I के क्षेत्रफल A, (जिसे छायांकित क्षेत्र द्वारा दर्शाया गया है) का सन्निकटन Δx_i $\Delta x_i (= x_{i+1} - x_i)$ चौड़ाई तथा $y_i = f(x_i)$ ऊँचाई वाले आयत के क्षेत्रफल से किया जा सकता है, जहाँ x_i अंतराल $[x_i, x_{i+1}]$ में किसी बिंदु को निरूपित करता है। अतः सभी पट्टियों से प्राप्त कुल क्षेत्रफल होगा—

$$\sum_{i=1}^{n} A_i = \sum_{i=1}^{n} f\left(x_i^*\right) \Delta x_i$$

यदि n अनंत की ओर जाता है या दूसरे शब्दों में, पट्टियाँ जितनी संकीर्ण होंगी, हम वक्र, x-अक्ष और कोटियों x = a तथा x = b से घिरे क्षेत्रफल के उतना ही निकट होंगे।

दिया है— $\lim_{n\to\infty} \sum_{i=1}^{n} f\left(x_i^*\right) \Delta x_i$

अर्थात् हम कह सकते हैं कि $\int_a^b f(x) dx$ तो योगफल की सीमा है, जबकि f(x) हो और उसे a से b परिकलित किया जा सकता है। सांकेतिक रूप में हम इस निश्चित समाकलन को, इस प्रकार लिख सकते हैं—

$$\int_a^b f(x) dx = \lim_{n\to\infty} \sum_{i=1}^{n} f\left(x_i^*\right) \Delta x_i$$

नोट—
- यदि दिया हुआ फलन f(x) सतत है तो यह सीमा चयन किए गए बिंदु x_i^* पर निर्भर नहीं करती।
- हमने यहाँ f(x) को x-अक्ष के ऊपर लिया था, अर्थात् यह माना था कि f(x) धनात्मक है। यदि y = f(x), x-अक्ष के नीचे स्थित हो, अर्थात् यदि ऋणात्मक हो तो इसके निश्चित समाकलन का मान ऋणात्मक होगा।

5.4.2 रीमान समाकलन (Riemann Integral)

अनिश्चित समाकलन जिसे हम प्रतिअवकलज के रूप में जानते हैं, लीबनिज-न्यूटन समाकलन (Leibniz-Newton integral) कहलाता है। किसी सतत् फलन के लिए सभी प्रकार के समाकलन एक ही परिणाम देते हैं।

माना g(x) अंतराल [a, b] पर परिभाषित एक परिबद्ध फलन है और n एक प्राकृतिक संख्या है। हम [a, b] में बिंदु इस प्रकार चुनते हैं कि

$a = x_1 < x_2 < x_3 < ... < x_{n-1} < x_n = b$

ये बिंदु [a, b] को n भागों (उप-अंतरालों) में विभाजित करते हैं। क्रम $\Delta x_i = x_{i+1} - x_i$ लेते हैं, जहाँ i = 1, 2 ...., n है। प्रत्येक अंतराल [x_i, x_{i+1}] में कोई भी संख्या μ_i चुनिए।

योगफल $\quad g(\mu_1)\Delta x_1 + g(\mu_2)\Delta x_2 + ... + g(\mu_n)\Delta x_n$

दिए हुए फलन से संबद्ध रीमन योगफल कहलाता है। यह योगफल, फलन g(x) के साथ-साथ चुने गए अंतः विभाजनों पर भी निर्भर करता है। यह μ_i' के चयन पर भी निर्भर करता है।

माना n अनंत की ओर अग्रसर है तथा संख्याओं $\Delta x_1, \Delta x_2 .... \Delta x_n$ में से सबसे बड़ी संख्या शून्य की ओर जाती है, तो इस योगफल की सीमा का अस्तित्व सुनिश्चित है। इस स्थिति में हम कहते हैं कि फलन g (x) अंतराल [a, b] में रीमन-समाकलनीय है तथा यह समाकलन इस प्रकार ज्ञात करते हैं—

$$\int_a^b g(x)dx = \lim \sum_{i=1}^n g(\mu_i)\Delta x_i$$

इस समाकलन का संख्यात्मक मान μ_i के चयन पर निर्भर नहीं करता। यह सिद्ध किया जा सकता है कि प्रत्येक सतत फलन रीमन-समाकलनीय होता है।

5.5 निश्चित समाकलनों के गुणधर्म—

गुणधर्म 1—किसी निश्चित समाकलन की सीमाओं को परस्पर बदल देने से समाकलन का चिह्न बदल जाता है।

i.e. $\int_a^b f(x)dx = -\int_b^a f(x)dx \quad b > a$

गुणधर्म 2—किसी निश्चित समाकलन में चर को बदलने से समाकलन का मान नहीं बदलता।

अर्थात् $\int_a^b f(x)dx = \int_a^b f(t)dt$

यहाँ x या t तदर्थ चरों जैसे हैं अर्थात् समाकलन चर या उसके नाम पर निर्भर नहीं करता।

गुणधर्म 3—यदि किसी निश्चित समाकलन की सीमाओं और के मध्य कोई बिंदु है, तो इस समाकलन को दो निश्चित समाकलनों (a से c तक तथा c से b तक) के योग के रूप में लिखा जा सकता है।

अर्थात् $\int_a^b f(x)dx = \int_a^c f(x)dx + \int_c^b f(x)dx, \qquad (a < c < b)$

गुणधर्म 4 — $\int_a^b [-f(x)]dx = -\int_a^b f(x)dx$

उपरोक्त गुणधर्म की एक परिस्थिति के रूप में हम पाते हैं कि, $\int_a^a f(x)dx = 0$

गुणधर्म 5 — $\int_a^b f(x)dx = \int_a^b f(a+b-x)dx$

गुणधर्म 6 — $\int_0^a f(x)dx = \int_0^a f(a-x)dx$

गुणधर्म 7 — $\int_0^a f(x)dx = 2\int_0^{a/2} f(x)dx$, यदि f(a –x) = f(x) है
= 0 यदि f(a –x) = – f(x) है

गुणधर्म 8 — $\int_{-a}^a f(x)dx = 2\int_0^a f(x)dx$, यदि f एक समफलन है अर्थात् यदि $f(-x) = f(x)$ है
= 0, यदि f एक विषम फलन है अर्थात् यदि f(– x) = – f(x) है।

निश्चित समाकलनों का प्रतिस्थापन विधि द्वारा मूल्यांकन—प्रतिस्थापन विधि द्वारा निश्चित समाकलनों के मूल्यांकन में हमें इन चरणों से गुजरना होता है—

(1) पहले समाकलनीय व्यंजक में किसी उपयुक्त प्रतिस्थापन द्वारा उसे समाकलन–सरल बनाएँ।

(2) प्रतिस्थापित मानों के अनुसार उस व्यंजक की परिसीमाएँ भी परिवर्तित करें— उसके बाद समाकलन करें।

(3) अब परिणामतः प्राप्त समाकल मूल्यों को उच्चतम एवं न्यूनतम परिसीमा मूल्यों पर आंकलित कर उनका अंतर ज्ञात कर लें।

5.6 अर्थशास्त्र में निश्चित समाकलनों के अनुप्रयोग—अर्थशास्त्र में निश्चित समाकलनों के अनुप्रयोग निम्न प्रकार हैं—

5.6.1 उपभोक्ता की बचत (Consumer's Surplus)—मार्शल ने अपने तुष्टिगुण विश्लेषण में यह माना है कि प्रत्येक उपभोक्ता विवेकशील है और वह अपने सीमित साधनों से अधिकतम संतुष्टि प्राप्त करना चाहता है। तुष्टिगुण की माप की जा सकती है और इसे मुद्रा द्वारा मापकर गणनावाचक संख्या में व्यक्त किया जा सकता है। मुद्रा की सीमांत उपयोगिता स्थिर रहती है। किसी वस्तु के उपभोग से वंचित रहने की अपेक्षा उपभोक्ता उसके लिए जितनी मुद्रा देने के लिए तैयार है और जितनी मुद्रा वास्तव में अदा करता है, दोनों का अंतर उपभोक्ता की बचत कहलाता है। उपभोक्ता की बचत कुल तुष्टिगुण और कुल विनिमय मूल्य का अंतर है।

उपभोक्ता की बचत = कुल तुष्टिगुण – कुल कीमत = सीमांत तुष्टिगुण फलन का समाकलन – वस्तु की प्रति इकाई कीमत × उपभोग इकाइयों की संख्या

कुल तुष्टिगुण = माँग फलन का समाकलन = $\int_0^{x_0} f(x)dx$

कुल कीमत = $p_0 \times x_0$

डॉ. मार्शल के अनुसार, "कीमत में वह अधिकता, जो कोई उपभोक्ता एक वस्तु के बिना उपयोग के स्थान पर सीमित क्रय के लिए वास्तविक व्यय करता है इस अतिरेक तुष्टिकरण की आर्थिक माप कहलाती है। इसे उपभोक्ता अतिरेक भी कहा जा सकता है।"

मान लीजिए कि $p = f(x)$ एक वस्तु का माँग फलन है तथा उपभोक्ता वस्तु की x_0 मात्रा को p_0 कीमत $[p_0 = f(x_0)]$ पर क्रय करता है। इसका यह अर्थ है कि p_0 कीमत पर x_0 मात्रा का उपभोक्ता क्रय करने तथा उत्पादक विक्रय करने के लिए तैयार हैं।

अतः उपभोक्ता का व्यय = $p_0 x_0$

ऐसे उपभोक्ता भी हैं जो p_0 से अधिक कीमत देने को तैयार हैं। x मात्रा का क्रय कर चुके ये उपभोक्ता और अधिक मात्रा dx को कीमत $f(x)$ पर क्रय करने को तैयार होंगे। अतः व्यय $f(x)dx$ होगा। अतः कुल व्यय जो वे x_0 मात्रा के लिए देने को तैयार होंगे— $\int_0^{x_0} f(x)dx$

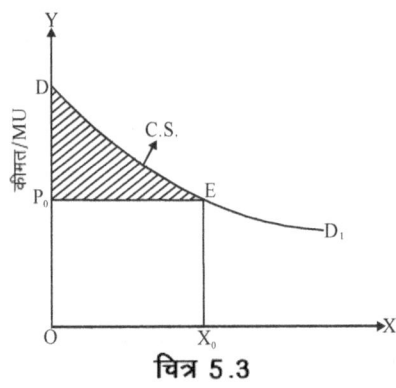

चित्र 5.3

इसलिए उपभोक्ता अधिशेष है C.S. = $\int_0^{x_0} f(x)dx - p_0 x_0$

= उपभोक्ता की कुल कीमत – विनिमय की कुल कीमत
= कुल उपयोगिता – कुल दत्त मूल्य
= ΣMC – कीमत × क्रय किए एकांकों की संख्या

∴ उपभोक्ता अधिशेष = क्षेत्रफल $ODEX_0$ – क्षेत्रफल OP_0EX_0 = $\int_0^{x_0} p.dx - p_0 x_0$

5.6.2 उत्पादक की बचत (Producer's Surplus)—माना कि सभी उत्पादकों के उत्पादन फलन समान हैं तथा $p = f(x)$ पूर्ति फलन है जहाँ p वस्तु की कीमत और x वस्तु

समाकलन   159

की पूर्ति है। उत्पादक की बचत का अर्थ है उत्पादक वस्तु किस कीमत पर बेचना चाहता है और वस्तु किस कीमत पर बिकती है। यदि वह जिस कीमत पर वस्तु बेचना चाहता है वह कम है और जिस पर वास्तव में वस्तु बेची जाती है वह अधिक है तब उत्पादक को बचत प्राप्त होगी।

उत्पादक की बचत $= p_0 x_0 - \int$ पूर्ति फलन

यह माना गया है कि धन की सीमांत उपयोगिता अचर है तथा सभी उत्पादकों का उत्पादन फलन एक जैसा है।

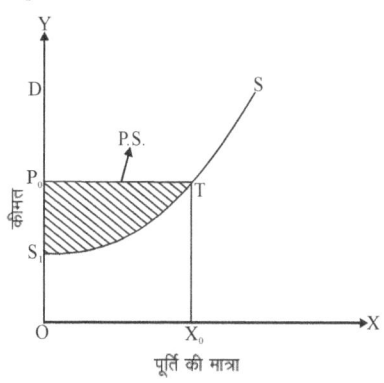

चित्र 5.4

माना कि $p = f(x)$ पूर्ति फलन है तथा पूर्ति वक्र, दी गई कीमत p पर, पूर्ति हो सकने वाली वस्तु की मात्रा दर्शाता है, जहाँ p बाजार कीमत है। माना कि उत्पादक x_0 मात्रा को p_0 [$p_0 = f(x_0)$] कीमत पर बेचता है। इसका अर्थ है कि उपभोक्ता इस कीमत पर क्रय करने को इच्छुक है तथा उत्पादक x_0 मात्रा बेचने को इच्छुक है।

अतः उत्पादक की आय $= p_0 x_0$

ऐसे भी उत्पादक हैं जो वस्तु को बाजार कीमत p_0 से और कम कीमत पर वस्तु की पूर्ति करने को इच्छुक हैं। x मात्रा बेच लेने के उपरांत, वह मात्रा dx को $f(x)$ कीमत पर बेचने को इच्छुक होंगे। अतः dx से उनकी आय $f(x)dx$ होगी। इसलिए वस्तु की x मात्रा के बेचने से उनकी तथा कथित कुल आय $\int_0^{x_0} f(x)dx$ होगी।

तथा उत्पादक का अधिशेष $= p_0 x_0 - \int_0^{x_0} f(x)dx$

= पूर्ण आयत OP_0TX_0 का क्षेत्रफल – पूर्ति वक्र OS_1TX_0 के अधोक्षेत्रफल

= पूर्ति वक्र के ऊपर का छाया वाला क्षेत्रफल $(P_0S_1T) = p_0x_0 - f(x)dx$

$= p_0 x_0 - \int_0^{x_0} p.dx$.

संख्यात्मक प्रश्न

प्रश्न 1. Write down a regular partition for each of the following intervals.

(a) [0, 2] with 7 partitioning points.

उत्तर– $\left\{0, \frac{1}{3}, \frac{2}{3}, 1, 1\frac{1}{3}, 1\frac{2}{3}, 2\right\}$

(b) [2, 9] with 11 partitioning points.

उत्तर– $\left\{2, 2\frac{7}{10}, 3\frac{2}{5}, 4\frac{1}{10}, 4\frac{4}{5}, 5\frac{1}{2}, 6\frac{1}{5}, 6\frac{9}{10}, 7\frac{3}{5}, 8\frac{3}{10}, 9\right\}$

प्रश्न 2. Consider the partitions

$P_1 = \{1, 5/4, 3/2, 7/4, 2\}$ $P_2 = \{1, 6/5, 5/4, 3/2, 19/10, 2\}$

$P_3 = \{1, 5/4, 3/2, 2\}$

Explain the finer and refinement.

उत्तर– P_1 and P_2 are both finer than P_3, as $P_1 \supset P_3$ and $P_2 \supset P_3$. However, neither is P_1 a refinement of P_2 nor is P_2 a refinement of .

If P_1 and P_2 are partitions of [a, b], then we have

(1) $P_1 \cup P_2$ is a refinement of both P_1 and P_2.

(2) P_1 and P_2 are both finer than $P_1 \cap P_2$.

प्रश्न 3. Let f: $[1, 2] \to R$ be a function defined by $f(x) = x^2$, and let $P = \{1, 5/4, 3/2, 5/3, 2\}$ be a partition of [1, 2]. Explain the U(P, f) and L(P, f).

उत्तर– The sub-intervals associated with P are $[1, 5/4], [5/4, 3/2]$, $[3/2, 5/3]$ and $[5/3, 2]$.

The function f is a bounded function on [1, 2]. In fact, the image set of f is [1, 4], which is obviously bounded.

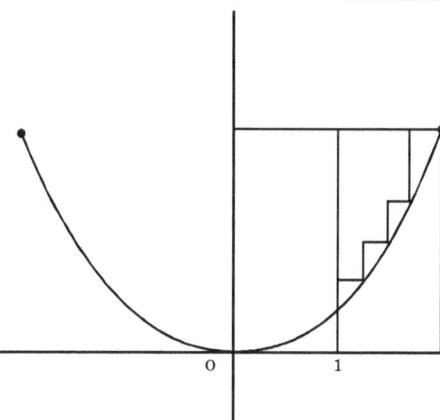

Since f is an increasing function on each sub-interval, the supremum of f in $[x_{i-1}, x_i]$ will be attained at x_i and the infimum will be attained at x_{i-1}. That is,

$M_i = f(x_i)$ and $m_i = f(x_{i-1})$. Therefore, we can write

$U(P, f) = \Sigma \ M_i \ \Delta x_i = \Sigma \ f(x_i) \Delta x_i = \Sigma \ x_i^2(x_i - x_{i-1})$

$= x_1^2(x_1 - x_0) + x_2^2(x_2 - x_1) + x_3^2(x_3 - x_2) + x_4^2(x_4 - x_3)$

$\therefore U(P,f) = \left(\dfrac{5}{4}\right)^2\left(\dfrac{1}{4}\right) + \left(\dfrac{3}{2}\right)^2\left(\dfrac{1}{4}\right) + \left(\dfrac{5}{3}\right)^2\left(\dfrac{1}{6}\right) + (2)^2\left(\dfrac{1}{3}\right)$

$= \dfrac{25}{64} + \dfrac{9}{16} + \dfrac{25}{54} + \dfrac{4}{3} = \dfrac{4751}{1728}$

$L(P, f) = \Sigma m_i \Delta x_i = \Sigma f(x_{i-1}) \Delta x_i$

$L(P, f) = (1)^2\left(\dfrac{1}{4}\right) + \left(\dfrac{5}{4}\right)^2\left(\dfrac{1}{4}\right) + \left(\dfrac{3}{2}\right)^2\left(\dfrac{1}{6}\right) + \left(\dfrac{5}{3}\right)^2\left(\dfrac{1}{3}\right)$

$= \dfrac{1}{4} + \dfrac{25}{64} + \dfrac{9}{24} + \dfrac{25}{27} = \dfrac{3652}{1728}$

Now, the supremum of f(x) in $[1, 2] = M = f(2) = 2^2 = 4$, and the infimum $= m = f(1) = 1$. Thus,

M (b – a) = (4) (2 – 1) = 4, and m (b – a) = (1) (2 – 1) = 1.

Thus, $m(b-a) \leq L(P, f) \leq U(P, f) \leq M(b-a)$

प्रश्न 4. Find the upper product sum and the lower product sum of the function f relative to the partition P, when

(a) $f(x) = 1 + x^2$, $P = \{0, 1/2, 1, 3/2, 2\}$

उत्तर— f(x) is an increasing function on [0, 2]. Hence,

$L(P, f) = 1 \cdot \dfrac{1}{2} + \dfrac{5}{4} \cdot \dfrac{1}{2} + 2 \cdot \dfrac{1}{2} + \dfrac{13}{4} \cdot \dfrac{1}{2}$ and $U(P, f) = \dfrac{5}{4} \cdot \dfrac{1}{2} + 2 \cdot \dfrac{1}{2} + \dfrac{13}{4} \cdot \dfrac{1}{2} + 5 \cdot \dfrac{1}{2}$

(b) $f(x) = 1/x$, $P = \{1, 2, 3, 4\}$

उत्तर— $f(x)$ is a decreasing function on $[1, 4]$. Hence,

$$L(P, f) = \frac{1}{2}.1 + \frac{1}{3}.1 + \frac{1}{4}.1$$

$$U(P, f) = 1.1 + \frac{1}{2}.1 + \frac{1}{3}.1$$

$$U(P_1, f) = \frac{1}{2}.\frac{1}{2} + \frac{2}{5}.\frac{1}{2} = \frac{9}{20}$$

$$L(P_2, f) = \frac{4}{9}.\frac{1}{4} + \frac{2}{5}.\frac{1}{4} + \frac{4}{11}.\frac{1}{4} + \frac{1}{3}.\frac{1}{4} = \frac{2289}{5940}$$

$$U(P_2, f) = \frac{1}{2}.\frac{1}{4} + \frac{4}{9}.\frac{1}{4} + \frac{2}{5}.\frac{1}{4} + \frac{4}{11}.\frac{1}{4} = \frac{1691}{3960}$$

$$L(P_1, f) \leq L(P_2, f) \leq U(P_2, f) \leq U(P_1, f)$$

प्रश्न 5. Find $\overline{\int_0^1} f(x)dx$ and $\underline{\int_0^1} f(x)dx$ for the function f, defined by

$$f(x) = \begin{cases} 0 & \text{if } x \text{ is rational} \\ 1 & \text{if } x \text{ is irrational} \end{cases}$$

उत्तर— Suppose $P = \{x_0, x_1, x_2, \ldots, x_n\}$ is a partition of $[0, 1]$.

Each sub-interval $[x_{i-1}, x_i]$ contains both rational and irrational numbers. This means, $M_i = 1$ and $m_i = 0$ for each i.

Thus, $U(P, f) = \sum_{i=1}^{n} M_i \Delta x_i = \sum_{i=1}^{n} (1)(x_i - x_{i-1}) = 1 - 0 = 1$

and $L(P, f) = \sum_{i=1}^{n} m_i \Delta x_i = \sum_{i=1}^{n} (0)(x_i - x_{i-1}) = 0$

Since P was any arbitrary partition of $[0, 1]$, this means that $U(P, f) = 1$ and $L(P, f) = 0 \ \forall \ P \in \mathbf{P}$

Thus, $u = \{U(P, f) : P \in \mathbf{P}\} = \{1\}$

and $u = \{L(P, f) : P \in \mathbf{P}\} = \{0\}$

Hence, inf $u = 1$ and sup $u' = 0$. That is,

$\overline{\int_0^1} f(x)dx = 1$ and $\underline{\int_0^1} f(x)dx = 0$.

प्रश्न 6. Evaluate $\int_a^b \cos x \, dx$, $0 \leq a \leq b \leq \pi/2$.

उत्तर— To evaluate $\int_a^b \cos x \, dx$, $0 \leq a \leq b \leq \pi/2$, we observe that $f : x \to \cos x$ is a decreasing function on $[a, b]$. Therefore, we have

$$\int_a^b \cos x \, dx = \lim_{h \to 0} h\left[\cos(a+h) + \cos(a+2h) + \ldots + \cos(a+nh)\right], a + nh = b.$$

Now, $2 \sin(h/2) [\cos(a+h) + \cos(a+2h) + ... + \cos(a+nh)]$
$= 2 \sin(h/2) \cos(a+h) + 2\sin(h/2) \cos(a+2h) + ... + 2 \sin(h/2) \cos(a+nh)$.

$= \left[\sin\left(a+\frac{3h}{2}\right) - \sin\left(a+\frac{h}{2}\right)\right] + \left[\sin\left(a+\frac{5h}{2}\right) - \sin\left(a+\frac{3h}{2}\right)\right] + ... + \left[\sin\left(a+\left(\frac{2n+1}{2}\right)h\right) - \sin\left(a+\left(\frac{2n-1}{2}\right)h\right)\right]$

$= \sin\left(a + \left(\frac{2n+1}{2}\right)h\right) - \sin\left(a + \frac{h}{2}\right) = \sin\left(b + \frac{h}{2}\right) - \sin\left(a + \frac{h}{2}\right)$,

since $a + nh = b$

$\Rightarrow \cos(a+h) + \cos(a+2h) + ... + \cos(a+nh) = \dfrac{\sin(b+h/2) - \sin(a+h/2)}{2 \sin h/2}$

Thus,
$\int_a^b \cos x \, dx = \lim_{h \to 0} \left[\sin\left(b+\frac{h}{2}\right) - \sin\left(a+\frac{h}{2}\right)\right] \dfrac{h/2}{\sin(h/2)} = \sin b - \sin a$

प्रश्न 7. Evaluate $\int_1^2 (x + x^2) dx$.

उत्तर— Here, $f: x \to x + x^2$ is an increasing function on [1, 2]. Therefore,

$\int_1^2 (x + x^2) dx = \lim_{h \to 0} h \sum_{i=1}^{n} f(1+ih), h = 1/n = \lim_{h \to 0} h \sum_{i=1}^{n} \left[(1+ih) + (1+ih)^2\right]$

$= \lim_{h \to 0} h \sum_{i=1}^{n} (2 + 3hi + h^2 i^2) = \lim_{h \to 0} \left[2h \sum_{i=1}^{n} 1 + 3h^2 \sum_{i=1}^{n} i + h^3 \sum_{i=1}^{n} i^2\right]$

$= \lim_{h \to 0} \left[2nh + \frac{3}{2} h^2 n(n+1) + \frac{1}{6} h^3 n(n+1)(2n+1)\right]$

$= \lim_{h \to 0} \left[2 + \frac{3}{2}(1+h) + \frac{1}{6}(1+h)(2+h)\right]$, since nh = 1.

$= 2 + \frac{3}{2} + \frac{1}{3} = \frac{23}{6}$

प्रश्न 8. State whether or not each of the following functions is integrable in the given interval. Give reasons for each answer.

(i) $f(x) = x^2 - 2x + 2$ **in [–1, 5]**

उत्तर— Given, $f(x) = x^2 - 2x + 2$

This is polynomial function. Therefore, it is continuous everywhere. Hence, the given function is integrable.

(ii) f(x) = [x] in [0, 4]

उत्तर— Given, $f(x) = [x]$

This is greatest integer function. We know that the greatest integer function is increasing function. Hence, it is integrable.

(iii) $f(x) = |x-1|$ **in [0, 3]**

उत्तर— The given function $f(x) = |x-1|$ is continuous in [0, 3]. Hence, it is integrable.

(iv) $f(x) = \begin{cases} x+1 & \text{when } x < 0 \\ 1-x & \text{when } x \geq 0 \end{cases}$ **in [–1, 1]**

उत्तर— Given, $f(x) = \begin{cases} x+1 & \text{when } x < 0 \\ 1-x & \text{when } x \geq 0 \end{cases}$

First of all, we check the continuity at $x = -1$,

LHL $= \lim_{x \to -1^-} f(x) = \lim_{x \to -1} x+1 = 0$

RHL $= \lim_{x \to -1^+} f(x) = \lim_{x \to -1} x+1 = 0$

at $x = 1$,

LHL $= \lim_{x \to 1^-} f(x) = \lim_{x \to 1} 1-x = 0$

RHL $= \lim_{x \to 1^+} f(x) = \lim_{x \to 1} 1-x = 0$

Hence, it is continuous at $x = -1$ and $x = 1$, i.e., in [–1, 1]. Hence, it is integrable.

प्रश्न 9. Evaluate:

(i) $\int_{2}^{3} (ax^2 + bx + c) dx$

उत्तर— Since $f : x \to ax^2 + bx + c$ is continuous on [2, 3], it is integrable over [2, 3]. $G(x) = \dfrac{ax^3}{3} + \dfrac{bx^2}{2} + cx$ is an anti-derivative of f(x).

Hence, by Fundamental theorem of Calculus, we have

$$\int_{2}^{3}(ax^2 + bx + c)dx = G(x)\Big]_{2}^{3} = G(3) - G(2)$$

$$= (9a + 9b/2 + 3c) - (8a/3 + 2b + 2c) = 19\dfrac{a}{3} + 5\dfrac{b}{2} + c$$

(ii) $\int_{0}^{\pi/4} \cos 2x \, dx$

उत्तर— $\int_{0}^{\pi/4} \cos 2x \, dx = \dfrac{\sin 2x}{2}\Big]_{0}^{\pi/4}$

$= \dfrac{\sin(\pi/2)}{2} - \dfrac{\sin 0}{2} = \dfrac{1}{2}$

प्रश्न 10. Find $\dfrac{d}{dx}[F(x)]$ when $F(x)$ is defined by the following definite integrals:

(a) $\int\limits_{a}^{x}\sqrt{1+t^2}\,dt$

उत्तर— $\int\limits_{a}^{x}\sqrt{1+t^2}\,dt = \sqrt{1+x^2}$

(b) $\int\limits_{0}^{x^2}\sqrt{\sin t + \cos t}\,dt$

उत्तर— $\dfrac{d}{dx}\int\limits_{0}^{x^2}\sqrt{\sin t + \cos t}\,dt = \dfrac{d}{dx^2}\int\limits_{0}^{x^2}\sqrt{\sin t + \cos t}\,dt \cdot \dfrac{dx^2}{dx}$

$= \sqrt{\sin x^2 + \cos x^2} \cdot 2x$

(c) $\int\limits_{0}^{\sqrt{1-x^2}}(t^3 - 2t + 1)\,dt$

उत्तर— $\dfrac{d}{dx}\int\limits_{0}^{\sqrt{1-x^2}}(t^3 - 2t + 1)\,dt = \left[\left(\sqrt{1-x^2}\right)^3 - 2\sqrt{1-x^2} + 1\right] \cdot \dfrac{d}{dx}\sqrt{1-x^2}$

$= x\left(1 + x^2 - \dfrac{1}{\sqrt{1-x^2}}\right)$

(d) $\int\limits_{x}^{x^2}\cos t^2\,dt$

उत्तर— $\dfrac{d}{dx}\int\limits_{x}^{x^2}\cos t^2\,dt = \dfrac{d}{dx}\left[\int\limits_{0}^{x^2}\cos t^2\,dt - \int\limits_{0}^{x}\cos t^2\,dt\right] = 2x\cos x^4 - \cos x^2$

(e) $\int\limits_{\sqrt{x}}^{x^2}t\sqrt{1-t^2}\,dt$

उत्तर— $\dfrac{d}{dx}\left(\int\limits_{\sqrt{x}}^{x^2}t\sqrt{1-t^2}\,dt\right) = \dfrac{d}{dx}\left[\int\limits_{0}^{x^2}t\sqrt{1-t^2}\,dt - \int\limits_{0}^{\sqrt{x}}t\sqrt{1-t^2}\,dt\right]$

$= 2x^3\sqrt{1-x^4} - \dfrac{1}{2}\sqrt{1-x}$

प्रश्न 11. If $\dfrac{d}{dx}\left[\int\limits_{2}^{e^x}\ln t\,dt\right] = xe^x - 2e^2$. Check whether it is true or not.

उत्तर– False.

Given $\frac{d}{dx}\left[\int_{2}^{e^x} \ln t\,dt\right]$

Let $e^x = u \Rightarrow \quad e^x\,dx = du \Rightarrow \quad \frac{du}{dx} = e^x$

Now, we have $\frac{d}{du}\int_{2}^{u} \ln t\,dt\,\frac{du}{dx} = \ln u . e^x = e^x \ln e^x = x e^x$

प्रश्न 12. If $\frac{d}{dx}\int_{2}^{\cos x} \sin^2 2t\,dt = \cos x \sin^2(2\cos x)$. Check whether t is true or not.

उत्तर– False.

Given, $\frac{d}{dx}\int_{2}^{\cos x} \sin^2 2t\,dt$

Let cos x = u

$\Rightarrow -\sin x\,dx = du \Rightarrow \; -\sin x = \frac{du}{dx}$

Then, we have

$\frac{d}{du}\int_{2}^{u} \sin^2 2t \frac{du}{dx} = \sin^2 2u\,(-\sin x) = -\sin x \sin^2(2\cos x)$

प्रश्न 13. If $\frac{d}{dx}\left[\int_{1}^{\tan x} \sqrt{\tan^{-1} t}\,dt\right] = \sqrt{x}\sec^2 x + \sqrt{\frac{\pi}{4}}$. Check whether it is true or not.

उत्तर– False.

Let $\tan x = u \Rightarrow \sec^2 x\; dx = du \;\Rightarrow\; \frac{du}{dx} = \sec^2 x$

Now, we have

$$\frac{d}{du}\left[\int_1^u \sqrt{\tan^{-1} t}\,dt\right]\frac{du}{dx} = \sqrt{\tan^{-1} u}\;\sec^2 x$$
$$= \sqrt{\tan^{-1} \tan x}\;\sec^2 x = \sqrt{x}\;\sec^2 x$$

प्रश्न 14. Integrate the following:

(i) $4x^{-2}$

उत्तर– Let $I = \int 4x^{-2}\,dx = 4\int x^{-2}\,dx = \frac{4x^{-2+1}}{-2+1} + c = \frac{-4}{x} + c$,

where c is the integration constant.

(ii) $\left(x - \dfrac{1}{x}\right)^2$

उत्तर— Let $I = \int \left(x - \dfrac{1}{x}\right)^2 dx = \int \left(x^2 + \dfrac{1}{x^2} - 2\right)dx$

$= \int x^2 dx + \int \dfrac{1}{x^2} dx - 2\int dx = \dfrac{x^3}{3} - \dfrac{1}{x} - 2x + c$

(iii) $4\cos x - 3\sin x + e^x + x$

उत्तर— Let $I = \int \left(4\cos x - 3\sin x + e^x + x\right)dx$

$= 4\int \cos x \, dx - 3\int \sin x \, dx + \int e^x dx + \int x \, dx$

$= 4\sin x + 3\cos x + e^x + \dfrac{x^2}{2} + c$

(iv) $\dfrac{\sin^4 x + \cos^4 x}{\sin^2 x \, \cos^2 x}$

उत्तर— Let $I = \int \dfrac{\sin^4 x + \cos^4 x}{\sin^2 x \, \cos^2 x} dx = \int \dfrac{\left(\sin^2 x + \cos^2 x\right) - 2\sin^2 x \cos^2 x}{\sin^2 x \, \cos^2 x}$

$= \int \dfrac{1}{\sin^2 x} dx + \int \dfrac{1}{\cos^2 x} dx - 2\int dx = \int \mathrm{cosec}^2 x \, dx + \int \sec^2 x \, dx - 2\int dx$

प्रश्न 15. Evaluate $\int \dfrac{8x + 13}{\sqrt{4x + 7}} dx$.

उत्तर— $\int \dfrac{8x + 13}{\sqrt{4x + 7}} dx = \int \dfrac{8x + 14 - 1}{\sqrt{4x + 7}} dx = \int \dfrac{2(4x + 7) - 1}{\sqrt{4x + 7}} dx$

$= 2\int \sqrt{4x + 7} \, dx - \int \dfrac{1}{\sqrt{4x + 7}} dx = 2\left\{\dfrac{(4x + 7)^{3/2}}{4 \times \dfrac{3}{2}}\right\} - \left\{\dfrac{(4x + 7)^{1/2}}{4 \times \dfrac{1}{2}}\right\} + C$

$= \dfrac{1}{3}(4x + 7)^{3/2} - \dfrac{1}{2}(4x + 7)^{1/2} + C$

प्रश्न 16. Evaluate $\int \dfrac{x^3}{x + 2} dx$.

उत्तर— Dividing the numerator by denominator, we get

$\int \dfrac{x^3}{x + 2} dx = \int x^2 - 2x + 4 - \dfrac{8}{x + 2} dx$

$= \dfrac{x^3}{3} - x^2 + 4x - 8 \log|x + 2| + C$

प्रश्न 17. Evaluate $\int \dfrac{x+1}{\sqrt{2x-1}}\,dx$.

उत्तर— $\int \dfrac{x+1}{\sqrt{2x-1}}\,dx = \dfrac{1}{2}\int \dfrac{2x+2}{\sqrt{2x-1}}\,dx = \dfrac{1}{2}\int \dfrac{2x-1+3}{\sqrt{2x-1}}\,dx$

$= \dfrac{1}{2}\left[\int \sqrt{2x-1}\,dx + 3\int \dfrac{1}{\sqrt{2x-1}}\,dx\right] = \dfrac{1}{2}\left[\dfrac{(2x-1)^{3/2}}{2\times\dfrac{3}{2}} + 3\dfrac{(2x-1)^{1/2}}{2\times\dfrac{1}{2}}\right] + C$

$= \dfrac{1}{2}\left[\dfrac{(2x-1)^{3/2}}{3} + 3(2x-1)^{1/2}\right] + C$

प्रश्न 18. Evaluate $\int \cos^3 x\,dx$.

उत्तर— $\int \cos^3 x\,dx = \int \dfrac{\cos 3x + 3\cos x}{4}\,dx = \dfrac{1}{4}\int \cos 3x + 3\cos x\,dx$

$= \dfrac{1}{4}\left[\dfrac{\sin 3x}{3} + 3\sin x\right] + C$

प्रश्न 19. Evaluate $\int \cos 2x \cos 4x \cos 6x\,dx$.

उत्तर— $\int \cos 2x \cos 4x \cos 6x\,dx = \dfrac{1}{2}\int (2\cos 4x \cos 2x)\cos 6x\,dx$

$= \dfrac{1}{2}\int (\cos 6x + \cos 2x)\cos 6x\,dx = \dfrac{1}{4}\int (2\cos^2 6x + 2\cos 6x \cos 2x)\,dx$

$= \dfrac{1}{4}\int 1 + \cos 12x + \cos 8x + \cos 4x = \dfrac{1}{4}\left\{x + \dfrac{\sin 12x}{12} + \dfrac{\sin 8x}{8} + \dfrac{\sin 4x}{4}\right\} + C$

प्रश्न 20. Evaluate $\int \dfrac{\sin^8 x - \cos^8 x}{1 - 2\sin^2 x \cos^2 x}\,dx$.

उत्तर— We have,

$\int \dfrac{\sin^8 x - \cos^8 x}{1 - 2\sin^2 x \cos^2 x}\,dx = \int \dfrac{(\sin^4 x + \cos^4 x)(\sin^4 x - \cos^4 x)}{(\sin^2 x + \cos^2 x)^2 - 2\sin^2 x \cos^2 x}\,dx$

$= \int \dfrac{(\sin^4 x + \cos^4 x)(\sin^2 x + \cos^2 x)(\sin^2 x - \cos^2 x)}{\sin^4 x + \cos^4 x}\,dx$

$= -\int \cos 2x\,dx = -\dfrac{1}{2}\sin 2x + C$

प्रश्न 21. Evaluate $\int \dfrac{2x+5}{x^2+5x-7}dx$.

उत्तर– Let $I = \int \dfrac{2x+5}{x^2+5x-7}dx$

Putting $x^2+5x-7 = t$ and $(2x+5)dx = dt$ or, $dx = \dfrac{dt}{2x+5}$, we get

$\therefore \quad I = \int \dfrac{2x+5}{x^2+5x-7}dx = \int \dfrac{1}{t}dt = \log|t| + C = \log|x^2+5x-7| + C$

प्रश्न 22. Evaluate $\int \dfrac{e^x - e^{-x}}{e^x + e^{-x}}dx$.

उत्तर– Let $I = \int \dfrac{e^x - e^{-x}}{e^x + e^{-x}}dx$

Putting $e^x + e^{-x} = t$ and $(e^x - e^{-x})dx = dt$, we get

$I = \int \dfrac{e^x - e^{-x}}{e^x + e^{-x}}dx = \int \dfrac{dt}{t} = \log|t| + C = \log|e^x + e^{-x}| + C$

प्रश्न 23. Evaluate $\int \dfrac{1}{\sin(x-a)\sin(x-b)}dx$.

उत्तर– We have

$\int \dfrac{1}{\sin(x-a)\sin(x-b)}dx = \dfrac{1}{\sin(a-b)}\int \dfrac{\sin\{(x-b)-(x-a)\}}{\sin(x-a).\sin(x-b)}dx$

$= \dfrac{1}{\sin(a-b)}\int \dfrac{\sin(x-b)\cos(x-a) - \cos(x-b)\sin(x-a)}{\sin(x-a)\sin(x-b)}dx$

$= \dfrac{1}{\sin(a-b)}\int \{\cot(x-a) - \cot(x-b)\}dx$

$= \dfrac{1}{\sin(a-b)}\{\log|\sin(x-a)| - \log|\sin(x-b)|\} + C$

$= \operatorname{cosec}(a-b)\log\left|\dfrac{\sin(x-a)}{\sin(x-b)}\right| + C$

प्रश्न 24. Evaluate $\int \dfrac{3x+1}{(3x^2+2x+1)^3}dx$.

उत्तर– Let $I = \int \dfrac{3x+1}{(3x^2+2x+1)^3}dx$

Putting $3x^2+2x+1 = t$ and $(6x+2)dx = dt$ or, $dx = \dfrac{dt}{6x+2}$, we get

$$I=\int\frac{3x+1}{t^3}\cdot\frac{dt}{2(3x+1)}=\frac{1}{2}\int t^{-3}\,dt=\frac{1}{2}\left(\frac{t^{-2}}{-2}\right)+C$$

$$\Rightarrow \quad I=-\frac{1}{4t^2}+C=-\frac{1}{4(3x^2+2x+1)^2}+C$$

प्रश्न 25. Evaluate the following integrals:

(i) $\int\frac{\tan x\sec^2 x}{(a+b\tan^2 x)^2}dx$

उत्तर– Let $I=\int\frac{\tan x\sec^2 x}{(a+b\tan^2 x)^2}dx$

Putting $a+b\tan^2 x=t$, and $2b\tan x\sec^2 x\,dx=dt$ or, $dx=\frac{dt}{2b\tan x\sec^2 x}$, we get

$$I=\int\frac{\tan x\sec^2 x}{t^2}\frac{dt}{2b\tan x\sec^2 x}\Rightarrow I=\frac{1}{2b}\int\frac{1}{t^2}dt=\frac{1}{2b}\int t^{-2}dt=-\frac{1}{2bt}+C$$

(ii) $\int\sec^3 x\tan x\,dx$

उत्तर– Let $I=\int\sec^3 x\tan x\,dx=\int\sec^2 x.(\sec x\tan x)dx$

Putting sec x = t, and (sec x tan x) dx = dt, we get

$$I=\int t^2\,dt=\frac{t^3}{3}+C=\frac{\sec^3 x}{3}+C$$

प्रश्न 26. Evaluate $\int\sin^3 x\cos^5 x\,dx$ **.**

उत्तर– Let $I=\int\sin^3 x\cos^5 x\,dx$

Here, powers of both sin x and cos x are odd. Therefore, we can substitute either

sin x = t or, cos x = t

Putting cos x = t and –sin x dx = dt or, $dx=-\frac{dt}{\sin x}$, we get

$$I=\int\sin^3 x\,t^5\left(-\frac{dt}{\sin x}\right)\Rightarrow I=-\int t^5\sin^2 x\,dt=-\int t^5(1-t^2)dt=-\int(t^5-t^7)dt$$

$$\Rightarrow I=-\frac{t^6}{6}+\frac{t^8}{8}+C=-\frac{\cos^6 x}{6}+\frac{\cos^8 x}{8}+C$$

प्रश्न 27. Evaluate $\int\frac{1}{16-9x^2}dx$ **.**

उत्तर— $\int \dfrac{1}{16-9x^2}\,dx = \dfrac{1}{9}\int \dfrac{1}{\dfrac{16}{9}-x^2}\,dx$

$= \dfrac{1}{9}\int \dfrac{1}{\left(\dfrac{4}{3}\right)^2 - x^2}\,dx = \dfrac{1}{9}\cdot\dfrac{1}{2\left(\dfrac{4}{3}\right)}\cdot\log\left|\dfrac{\dfrac{4}{3}+x}{\dfrac{4}{3}-x}\right| + C = \dfrac{1}{24}\log\left|\dfrac{4+3x}{4-3x}\right| + C$

प्रश्न 28. Evaluate the following integrals:

(i) $\displaystyle\int_0^\pi \sin^4 x \cos^5 x\,dx$ and

उत्तर— $\displaystyle\int_0^\pi \sin^4 x \cos^5 x\,dx = \int_0^{\pi/2} \sin^4 x \cos^5 x\,dx + \int_0^{\pi/2} \sin^4(\pi-x)\cos^5(\pi-x)\,dx$

$= \displaystyle\int_0^{\pi/2} \sin^4 x \cos^5 x\,dx + \int_0^{\pi/2} \sin^4 x(-\cos x)^5\,dx = \int_0^{\pi/2} \sin^4 x \cos^5 x\,dx - \int_0^{\pi/2} \sin^4 x \cos^5 x\,dx$

$= 0$

(ii) $\displaystyle\int_0^{2\pi} \cos^3 x\,dx$.

उत्तर— $\displaystyle\int_0^{2\pi} \cos^3 x\,dx = \int_0^{\pi} \cos^3 x\,dx + \int_0^{\pi} \cos^3(2\pi - x)\,dx$

$= \displaystyle\int_0^{\pi} \cos^3 x\,dx + \int_0^{\pi} \cos^3 x\,dx = 2\int_0^{\pi} \cos^3 x\,dx = 2\left[\int_0^{\pi/2} \cos^3 x\,dx + \int_0^{\pi/2} \cos^3(\pi - x)\,dx\right]$

$= 2\left[\displaystyle\int_0^{\pi/2} \cos^3 x\,dx - \int_0^{\pi/2} \cos^3 x\,dx\right] = 0$

प्रश्न 29. Prove that: $\displaystyle\int_0^1 x(\tan^{-1}x)^2\,dx = \dfrac{\pi}{4}\left(\dfrac{\pi}{4}-1\right) + \dfrac{1}{2}\log 2$.

उत्तर— Integrating by parts, we obtain

$\displaystyle\int_0^1 x(\tan^{-1}x)^2\,dx = \left|\dfrac{x^2}{2}(\tan^{-1}x)^2\right|_0^1 - \int_0^1 \dfrac{x^2}{2}\cdot\dfrac{2\tan^{-1}x}{1+x^2}\,dx = \left[\dfrac{1}{2}\left(\dfrac{\pi}{4}\right)^2 - 0\right] - \int_0^1 \dfrac{x^2 \tan^{-1}x}{1+x^2}\,dx$

Put $x = \tan\theta \Rightarrow dx = \sec^2\theta\,d\theta$

When $x = 0, \tan\theta = 0 \Rightarrow \theta = 0$

When $x = 1, \tan\theta = 1 \Rightarrow \theta = \dfrac{\pi}{4}$.

$$\therefore \int_0^1 x\left(\tan^{-1} x\right)^2 dx = \frac{1}{2}\left(\frac{\pi}{4}\right)^2 - \int_0^{\pi/4} \frac{\tan^2\theta \cdot \theta \cdot \sec^2\theta}{1+\tan^2\theta} d\theta = \frac{\pi^2}{32} - \int_0^{\pi/4} \theta \tan^2\theta \, d\theta$$

$$= \frac{\pi^2}{32} - \int_0^{\pi/4} \theta\left(\sec^2\theta - 1\right) d\theta = \frac{\pi^2}{32} + \int_0^{\pi/4} \theta \, d\theta - \int_0^{\pi/4} \theta \sec^2\theta \, d\theta$$

$$= \frac{\pi^2}{32} + \left|\frac{\theta^2}{2}\right|_0^{\pi/4} - \left[\left|\theta \tan\theta\right|_0^{\pi/4} - \int_0^{\pi/4} \tan\theta \cdot 1 \, d\theta\right]$$

$$= \frac{\pi^2}{32} + \frac{\pi^2}{32} - \left[\left(\frac{\pi}{4} \cdot 1 - 0\right)\right] - \left|\log \sec\theta\right|_0^{\pi/4} = \frac{\pi^2}{16} - \frac{\pi}{4} + \left(\log\sqrt{2} - \log 1\right)$$

प्रश्न 30. Evaluate $\int x^2 e^x \, dx$.

उत्तर— Let $f(x) = x^2$ and $g(x) = e^x$.

$\therefore \int x^2 e^x \, dx = x^2 e^x - \int e^x \cdot 2x \, dx = x^2 e^x - 2\int x e^x \, dx$

Integrating $\int x e^x \, dx$ by parts again, we obtain

$\int x^2 e^x \, dx = x^2 e^x - 2\left[xe^x - \int e^x \cdot 1 \, dx\right] = x^2 e^x - 2x e^x + 2e^x$

प्रश्न 31. Evaluate $\int \tan^{-1} x \, dx$.

उत्तर— We have $\int \tan^{-1} x \, dx = \int \tan^{-1} x \cdot 1 \, dx$

Let $f(x) = \tan^{-1} x$ and $g(x) = 1$.

$\therefore \int \tan^{-1} x \, dx = \tan^{-1} x \cdot x - \int x \cdot \frac{1}{1+x^2} dx = x \tan^{-1} x - \frac{1}{2} \log(1+x^2)$

प्रश्न 32. Evaluate $\int \sec^3 x \, dx$.

उत्तर— We have $\int \sec^3 x \, dx = \int \sec x \sec^2 x \, dx$

Integrating by parts, we obtain

$\int \sec^3 x \, dx = \sec x \tan x - \int \tan x (\sec x \tan x) dx$

$\qquad = \sec x \tan x - \int \sec x (\sec^2 x - 1) dx$

$\therefore 2\int \sec^3 x \, dx = \sec x \tan x + \int \sec x \, dx$

Hence, $\int \sec^3 x \, dx = \frac{1}{2} \sec x \tan x + \frac{1}{2} \log \tan\left(\frac{\pi}{4} + \frac{x}{2}\right)$

प्रश्न 33. Evaluate $\int e^{-x} \cos x \, dx$.

उत्तर— Let $I = \int e^{-x} \cos x \, dx$. Then,

$I = \int \underset{I}{e^{-x}} \underset{II}{\cos x} \, dx \Rightarrow I = e^{-x} \sin x - \int -e^{-x} \cdot \sin x \, dx$

$\Rightarrow I = e^{-x} \sin x + \int \underset{I}{e^{-x}} \underset{II}{\sin x} \, dx$

$\Rightarrow I = e^{-x} \sin x + e^{-x}(-\cos x) - \int (-e^{-x})(-\cos x) \, dx$

$\Rightarrow I = e^{-x} \sin x - e^{-x} \cos x - \int e^{-x} \cos x \, dx \Rightarrow I = e^{-x} \sin x - e^{-x} \cos x - I$

$\Rightarrow 2I = e^{-x}(\sin x - \cos x) \Rightarrow I = \dfrac{e^{-x}}{2}(\sin x - \cos x) + C$

प्रश्न 34. Evaluate $\int \sin(\log x) \, dx$.

उत्तर— Let $I = \int \sin(\log x) \, dx$

Let $\log x = t$. Then, $x = e^t \Rightarrow dx = d(e^t) = e^t \, dt$

$\therefore \quad I = \int \underset{II}{\sin t} \, \underset{I}{e^t} \, dt$

$\Rightarrow I = -e^t \cos t - \int e^t (-\cos t) \, dt$ [Integrating by parts]

$\Rightarrow I = -e^t \cos t + \int \underset{I}{e^t} \underset{II}{\cos t} \, dt \Rightarrow I = -e^t \cos t + \left[e^t \sin t - \int e^t \sin t \, dt \right]$

$\Rightarrow I = -e^t \cos t + e^t \sin t - I \Rightarrow 2I = e^t(\sin t - \cos t)$

$\Rightarrow I = \dfrac{e^t}{2}(\sin t - \cos t) + C$

Hence, $\int \sin(\log x) \, dx = \dfrac{x}{2}\{\sin(\log x) - \cos(\log x)\} + C$

प्रश्न 35. Evaluate $\int \sqrt{7x - 10 - x^2} \, dx$.

उत्तर— We have,

$\int \sqrt{-(x^2 - 7x + 10)} \, dx = \int \sqrt{-\left(x^2 - 7x + \dfrac{49}{4} - \dfrac{49}{4} + 10\right)} \, dx$

$= \int \sqrt{-\left\{\left(x - \dfrac{7}{2}\right)^2 - \left(\dfrac{3}{2}\right)^2\right\}} \, dx = \int \sqrt{\left(\dfrac{3}{2}\right)^2 - \left(x - \dfrac{7}{2}\right)^2} \, dx

$$= \int \sqrt{-\left\{\left(x-\frac{7}{2}\right)^2 - \left(\frac{3}{2}\right)^2\right\}} dx = \int \sqrt{\left(\frac{3}{2}\right)^2 - \left(x-\frac{7}{2}\right)^2} dx$$

$$= \frac{1}{2}\left(x-\frac{7}{2}\right)\sqrt{\left(\frac{3}{2}\right)^2 - \left(x-\frac{7}{2}\right)^2} + \frac{1}{2}\cdot\left(\frac{3}{2}\right)^2 \sin^{-1}\left(\frac{x-7/2}{3/2}\right) + C$$

$$= \frac{1}{4}(2x-7)\sqrt{7x-10-x^2} + \frac{9}{8}\sin^{-1}\left(\frac{2x-7}{3}\right) + C$$

प्रश्न 36. Evaluate the following integrals:

(i) $\int \frac{1+x}{(2+x)^2} e^x \, dx$

उत्तर— $\int \frac{1+x}{(2+x)^2} e^x \, dx = \int \frac{(2+x)-1}{(2+x)^2} e^x \, dx = \int \left[\frac{1}{2+x} + \frac{-1}{(2+x)^2}\right] e^x \, dx$

$$= \frac{1}{2+x} e^x + c, \quad \frac{-1}{(2+x)^2} = \frac{d}{dx}\left(\frac{1}{2+x}\right)$$

(ii) $\int \frac{\sqrt{1-\sin x}}{1+\cos x} e^{-x/2} \, dx$

उत्तर— $\int \frac{\sqrt{1-\sin x}}{1+\cos x} e^{-x/2} \, dx = \int \frac{\cos\frac{x}{2} - \sin\frac{x}{2}}{2\cos^2\frac{x}{2}} e^{-x/2} \, dx$

$$= \frac{1}{2}\int \sec\frac{x}{2} e^{-x/2} \, dx - \frac{1}{2}\int \tan\frac{x}{2}\sec\frac{x}{2} e^{-x/2} \, dx$$

Now,

$$\int \sec\frac{x}{2} e^{-x/2} \, dx = \left(\sec\frac{x}{2}\right)(-2e^{-x/2}) - \int \left(\frac{1}{2}\sec\frac{x}{2}\tan\frac{x}{2}\right)(-2e^{-x/2}) \, dx$$

$$= -2\sec\frac{x}{2} e^{-x/2} + \int \sec\frac{x}{2}\tan\frac{x}{2} e^{-x/2} \, dx$$

Thus,

$\int \frac{\sqrt{1-\sin x}}{1+\cos x} e^{-x/2} \, dx$

$$= -\sec\frac{x}{2} e^{-x/2} + \frac{1}{2}\int \sec\frac{x}{2}\tan\frac{x}{2} \, dx - \frac{1}{2}\int \sec\frac{x}{2}\tan\frac{x}{2} e^{-x/2} \, dx$$

$$= -\sec\frac{x}{2} e^{-x/2} + c$$

प्रश्न 37. Evaluate $\displaystyle\int_0^{\pi/2} \frac{\sqrt{\cos^n x}\,dx}{\sqrt{\cos^n x}+\sqrt{\sin^n x}}$.

उत्तर– Let $I=\displaystyle\int_0^{\pi/2} \frac{\sqrt{\cos^n x}\,dx}{\sqrt{\cos^n x}+\sqrt{\sin^n x}}$ ...(1)

We use the property $\displaystyle\int_0^a f(x)dx=\int_0^a f(a-x)dx$

$$I=\int_0^{\pi/2} \frac{\sqrt{\cos^n\left(\frac{\pi}{2}-x\right)}}{\sqrt{\cos^n\left(\frac{\pi}{2}-x\right)}+\sqrt{\sin^n\left(\frac{\pi}{2}-x\right)}}dx$$

$$I=\int_0^{\pi/2} \frac{\sqrt{\sin^n x}}{\sqrt{\sin^n x}+\sqrt{\cos^n x}}dx$$

On adding (i) and (ii), we get

$$2I=\int_0^{\pi/2} \frac{\sqrt{\cos^n x}+\sqrt{\sin^n x}}{\sqrt{\cos^n x}+\sqrt{\sin^n x}}dx \Rightarrow I=\frac{1}{2}\int_0^{\pi/2} dx \Rightarrow I=\frac{1}{2}[x]_0^{\pi/2}=\frac{\pi}{4}$$

प्रश्न 38. Evaluate $\displaystyle\int \frac{\left(\cot^{-1}x\right)^4}{1+x^2}dx$.

उत्तर– Let $I=\displaystyle\int \frac{\left(\cot^{-1}x\right)^4}{1+x^2}dx$

Let $\cot^{-1}x=t \Rightarrow \quad \dfrac{-1}{1+x^2}dx=dt$

Therefore, we have

$$I=-\int t^4\,dt=-\frac{t^5}{5}+c=-\frac{\left(\cot^{-1}x\right)^5}{5}+c$$

प्रश्न 39. Evaluate $\displaystyle\int_2^4 x\,ln\,x\,dx$.

उत्तर– Let $I=\displaystyle\int_2^4 x\,ln\,x\,dx$

First we take $\int x\,ln\,x\,dx$

Integrating by parts, we have

$$\int x \ln x \, dx = \frac{x^2}{2} \ln x - \int \frac{1}{x} \cdot \frac{x^2}{2} dx = \frac{x^2}{2} \ln x - \frac{1}{2} \cdot \frac{x^2}{2} = \frac{x^2}{2} \ln x - \frac{x^2}{4}$$

Adding Eqs. (i) and (ii), we get

$$2I = \int_{\pi/6}^{\pi/3} \frac{\sqrt{\sin x} + \sqrt{\cos x}}{\sqrt{\sin x} + \sqrt{\cos x}} dx \Rightarrow 2I = \int_{\pi/6}^{\pi/3} 1 \, dx$$

$$\Rightarrow 2I = [x]_{\pi/6}^{\pi/3} \Rightarrow 2I = \frac{\pi}{3} - \frac{\pi}{6} = \frac{\pi}{6} \Rightarrow I = \frac{\pi}{12}$$

प्रश्न 40. Evaluate $\int \frac{\sqrt{\tan x}}{\sin x \cos x} dx$.

उत्तर– Let $I = \int \frac{\sqrt{\tan x}}{\sin x \cos x} dx$

Dividing numerator and denominator by $\cos^2 x$, we get

$$I = \int \frac{\frac{\sqrt{\tan x}}{\cos^2 x}}{\frac{\sin x \cos x}{\cos^2 x}} dx = \int \frac{\sqrt{\tan x}}{\tan x} \sec^2 x \, dx$$

[Putting $\tan x = t \Rightarrow \sec^2 x \, dx = dt$]

$$= \int \frac{\sqrt{t}}{t} dt = \int t^{-1/2} dt = 2\sqrt{t} + C = 2\sqrt{\tan x} + C$$

प्रश्न 41. Evaluate $\int \frac{x \tan^{-1} x}{(1+x^2)^{3/2}} dx$.

उत्तर– Let $I = \int \frac{x \tan^{-1} x}{(1+x^2)^{3/2}} dx = \int \frac{x \tan^{-1} x}{\sqrt{1+x^2}(1+x^2)} dx$

[Putting $\tan^{-1} x = t \Rightarrow \frac{1}{1+x^2} dx = dt$]

$$= \int \frac{t \tan t}{\sqrt{1 + \tan^2 t}} dt = \int \frac{t \tan t}{\sqrt{1 + \frac{\sin^2 t}{\cos^2 t}}} dt = \int \frac{t \tan t}{\frac{\sqrt{\cos^2 t + \sin^2 t}}{\cos t}} dt$$

$$= \int t \sin t\, dt = -t\cos t + \int \cos t\, dt \text{ s } t + \sin t + c$$

$$= -\tan^{-1} x \cos(\tan^{-1} x) + \sin(\tan^{-1} x) + c$$

प्रश्न 42. Evaluate $\int \dfrac{dx}{(x+1)^2 (x^2+1)}$.

उत्तर— Let $\dfrac{1}{(x+1)^2 (x^2+1)} = \dfrac{A}{(x+1)} + \dfrac{B}{(x+1)^2} + \dfrac{Cx+D}{(x^2+1)}$

$\therefore 1 = A(x+1)(x^2+1) + B(x^2+1) + (Cx+D)(x+1)^2$

Putting $x = -1$, we obtain $B = \dfrac{1}{2}$.

Comparing the coefficients of x^3, x^2 and x respectively, we obtain
$0 = A + C$
$0 = A + B + 2C + D$
Solving these equations, we get

$D = 0,\ C = -\dfrac{1}{2},\ A = \dfrac{1}{2}$

$$\therefore \int \dfrac{dx}{(x+1)^2 (x^2+1)} = \dfrac{1}{2}\int \dfrac{dx}{(x+1)} + \dfrac{1}{2}\int \dfrac{dx}{(x+1)^2} - \dfrac{1}{2}\int \dfrac{x}{(x^2+1)}\, dx$$

$$= \dfrac{1}{2}\log(x+1) - \dfrac{1}{2(x+1)} - \dfrac{1}{4}\log(x^2+1)$$

प्रश्न 43. Evaluate $\int \dfrac{x^3\, dx}{x^3 + 2x^2 - 5x + 6}$.

उत्तर— Since the degree of the numerator is same as that of the denominator, we divide the numerator by the denominator, so that we obtain

$$\dfrac{x^3}{x^3 - 2x^2 - 5x + 6} = 1 + \dfrac{2x^2 + 5x - 6}{x^3 - 2x^2 - 5x + 6}$$

$$\therefore \int \dfrac{x^3\, dx}{x^3 - 2x^2 - 5x + 6} = x + \int \dfrac{(2x^2 + 5x - 6)\, dx}{x^3 - 2x^2 - 5x + 6}$$

Now

$$\int \dfrac{(2x^2 + 5x - 6)\, dx}{x^3 - 2x^2 - 5x + 6} = \int \dfrac{(2x^2 + 5x - 6)\, dx}{(x-1)(x+2)(x-3)}$$

Let $\int \dfrac{2x^2 + 5x - 6}{(x-1)(x+2)(x-3)} = \dfrac{A}{(x-1)} + \dfrac{B}{(x+2)} + \dfrac{C}{(x-3)}$

$\therefore 2x^2 + 5x - 6 = A(x+2)(x-3) + B(x-1)(x-3) + C(x-1)(x+2)$

Putting $x = 1, -2, 3$ respectively, we obtain

$A = -\dfrac{1}{6}, B = -\dfrac{8}{15}, C = \dfrac{27}{10}$

$\therefore \int \dfrac{(2x^2 + 5x - 6)\,dx}{x^3 - 2x^2 - 5x + 6} = -\dfrac{1}{6}\int \dfrac{dx}{(x-1)} - \dfrac{8}{15}\int \dfrac{dx}{(x+2)} + \dfrac{27}{10}\int \dfrac{dx}{(x-3)}$

$= -\dfrac{1}{6} \log(x-1) - \dfrac{8}{15}\log(x+2) + \dfrac{27}{10}\log(x-3)$

Hence, $\int \dfrac{x^3}{x^3 - 2x^2 - 5x + 6}\,dx = x - \dfrac{1}{6}\log(x-1) - \dfrac{8}{15}\log(x+2) + \dfrac{27}{10}\log(x-3)$

प्रश्न 44. Evaluate $\int \dfrac{x^2\,dx}{(x^2 + a^2)(x^2 + b^2)}$.

उत्तर— Putting $x^2 = y$, we obtain

$\dfrac{x^2}{(x^2+a^2)(x^2+b^2)} = \dfrac{y}{(y+a^2)(y+b^2)}$

Let $\dfrac{y}{(y+a^2)(y+b^2)} = \dfrac{A}{y+a^2} + \dfrac{B}{y+b^2}$

$\therefore y = A(y+b^2) + B(y+a^2)$

Putting $y = -a^2$ and $-b^2$ respectively, we obtain

$A = \dfrac{a^2}{(a^2 - b^2)}, \quad B = -\dfrac{b^2}{(a^2 - b^2)}$

$\therefore \int \dfrac{x^2\,dx}{(x^2+a^2)(x^2+b^2)} = \dfrac{a^2}{(a^2-b^2)}\int \dfrac{dx}{(x^2+a^2)} - \dfrac{b^2}{(a^2-b^2)}\int \dfrac{dx}{(x^2+b^2)}$

$= \dfrac{a}{(a^2-b^2)}\tan^{-1}\dfrac{x}{a} - \dfrac{b}{(a^2-b^2)}\tan^{-1}\dfrac{x}{b}$

प्रश्न 45. Evaluate $\int \dfrac{dx}{x(x^5 + 1)}$.

उत्तर– Put $x^5 = t \Rightarrow 5x^4 dx = dt$

$$\therefore \int \frac{dx}{x(x^5+1)} = \int \frac{x^4}{x^5(x^5+1)} dx = \frac{1}{5}\int \frac{dx}{t(t+1)}$$

$$= \frac{1}{5}\int\left(\frac{1}{t} - \frac{1}{t+1}\right) dx = \frac{1}{5}\left[\log t - \log(t+1)\right] = \frac{1}{5}\log\frac{x^5}{x^5+1}$$

प्रश्न 46. Integrate $\frac{1}{a + b\cos x}$.

उत्तर– Now a + b cos x $a\left(\sin^2\frac{x}{2} + \cos^2\frac{x}{2}\right) + b\left(\cos^2\frac{x}{2} - \sin^2\frac{x}{2}\right)$

$$= (a+b)\cos^2\frac{x}{2} + (a-b)\sin^2\frac{x}{2}$$

Therefore, $\int \frac{dx}{a + b\cos x} = \int \frac{\sec^2\frac{x}{2}dx}{(a+b)+(a-b)\tan^2\frac{x}{2}} = \int \frac{\sec^2\frac{x}{2}dx}{(a-b)\left[\frac{a+b}{a-b} + \tan^2\frac{x}{2}\right]}$

If we put $\tan\frac{x}{2} = t$, we get

$$\int \frac{dx}{a + b\cos x} = 2\int \frac{dt}{(a-b)\left(\frac{a+b}{a-b} + t^2\right)} = \frac{2}{a-b}\int \frac{dt}{\frac{a+b}{a-b} + t^2}$$

If a > b > 0, then $\frac{a+b}{a-b} > 0$, and we get

$$\int \frac{dx}{a + b\cos x} = \frac{2}{\sqrt{a^2 - b^2}}\tan^{-1}\left(t\sqrt{\frac{a-b}{a+b}}\right) = \frac{2}{\sqrt{a^2-b^2}}\tan^{-1}\left(\sqrt{\frac{a-b}{a+b}}\tan\frac{x}{2}\right)$$

If 0 < a < b, then $\frac{a+b}{a-b} < 0$, and

$$\int \frac{dx}{a + b\cos x} = \frac{2}{\sqrt{b^2 - a^2}}\ln\frac{\sqrt{b+a} + \sqrt{b-a}\ t}{\sqrt{b+a} - \sqrt{b-a}\ t}$$

$$= \frac{1}{\sqrt{b^2 - a^2}}\frac{\sqrt{b+a} + \sqrt{b-a}\tan\frac{x}{2}}{\sqrt{b+a} - \sqrt{b-a}\tan\frac{x}{2}}$$

प्रश्न 47. Evaluate $\int \dfrac{1+\sin x}{\sin x(1+\cos x)}dx$.

उत्तर— We write

$$\int \frac{1+\sin x}{\sin x(1+\cos x)}dx = \int \frac{dx}{\sin x(1+\cos x)} + \int \frac{dx}{1+\cos x} = \frac{1}{4}\int \frac{dx}{\sin\frac{x}{2}\cos^3\frac{x}{2}} + \frac{1}{2}\int \frac{dx}{\cos^2\frac{x}{2}}$$

$$= \frac{1}{4}\int \frac{\sec^4\frac{x}{2}}{\tan\frac{x}{2}}dx + \frac{1}{2}\int \sec^2\frac{x}{2}dx = \frac{1}{2}\int \frac{1+t^2}{t}dt + \int dt \qquad \left(\therefore \tan\frac{x}{2}=t\right)$$

$$= \frac{1}{2}\left[\int \frac{1}{t}dt + \int t\,dx\right] + \int dt = \frac{1}{2}\left[\ln|t| + \frac{t^2}{2}\right] + t + c$$

Thus, $\int \dfrac{1+\sin x}{\sin x(1+\cos x)}dx = \dfrac{1}{2}\ln|\tan x/2| + \dfrac{1}{4}\tan^2\dfrac{x}{2} + \tan\dfrac{x}{2} + c$

प्रश्न 48. Evaluate $\int \dfrac{2x^{1/2}+3x^{1/3}}{1+x^{1/3}}dx$.

उत्तर— We put $x = t^6$, as 6 is the l.c.m. of 2 and 3. We get

$$\int \frac{2x^{1/2}+3x^{1/3}}{1+x^{1/3}}dx = 6\int \frac{2t^3+3t^2}{1+t^2}t^5\,dx$$

$$= 6\int \frac{2t^8+3t^7}{1+t^2}dt = 6\int \left[2t^6+3t^5-2t^4-3t^3+2t^2+3t-2-\frac{3t-2}{1+t^2}\right]dt$$

$$= 6\left[\frac{2}{7}t^7+\frac{1}{2}t^6-\frac{2}{5}t^5-\frac{3}{4}t^4+\frac{2}{3}t^3+\frac{3}{2}t^2-2t-\frac{3}{2}\ln(1+t^2)+2\tan^{-1}t\right]+c$$

$$= \frac{12}{7}x^{7/6}+3x-\frac{12}{5}x^{5/6}-\frac{9}{2}x^{2/3}+4x^{1/2}+9x^{1/3}-12x^{1/6}-9\ln\left|1+x^{1/3}\right|+12\tan^{-1}x^{1/6}+c$$

प्रश्न 49. Evaluate $\int \dfrac{1}{\sqrt{9+8x-x^2}}dx$.

उत्तर— $\int \dfrac{1}{\sqrt{9+8x-x^2}}dx = \int \dfrac{1}{\sqrt{-\{x^2-8x-9\}}}dx = \int \dfrac{1}{\sqrt{-\{x^2-8x+16-25\}}}dx$

$$= \int \frac{1}{\sqrt{-\{(x-4)^2-5^2\}}}dx = \int \frac{1}{\sqrt{5^2-(x-4)^2}}dx = \sin^{-1}\left(\frac{x-4}{5}\right)+C$$

प्रश्न 50. Evaluate $\int \frac{1}{\sqrt{(x-a)(x-b)}}dx$.

उत्तर– $\int \frac{1}{\sqrt{(x-a)(x-b)}}dx = \int \frac{1}{\sqrt{x^2 - x(a+b)+ab}}dx$

$$= \int \frac{1}{\sqrt{x^2 - x(a+b) + \left(\frac{a+b}{2}\right)^2 - \left(\frac{a+b}{2}\right)^2 + ab}}dx$$

$$= \int \frac{1}{\sqrt{\left\{x - \left(\frac{a+b}{2}\right)\right\}^2 - \left(\frac{a-b}{2}\right)^2}}dx$$

$$= \log\left|\left\{x - \left(\frac{a+b}{2}\right)\right\} + \sqrt{\left\{x - \left(\frac{a+b}{2}\right)\right\}^2 - \left(\frac{a-b}{2}\right)^2}\right| + C$$

$$= \log\left|\left(\frac{2x-a-b}{2}\right) + \sqrt{(x-a)(x-b)}\right| + C$$

$$= \log\left|\frac{(x-a)+(x-b)+2\sqrt{(x-a)(x-b)}}{2}\right| + C = \log\left|\left(\sqrt{x-a}+\sqrt{x-b}\right)^2\right| - \log 2 + C$$

$$= 2\log\left|\sqrt{x-a}+\sqrt{x-b}\right| + C, \text{ where } C_1 = C - \log 2$$

प्रश्न 51. Evaluate $\int \frac{dx}{(x+1)\sqrt{x^2+4x+2}}$.

उत्तर– Putting x + 1 = 1/y, we get $\frac{-1}{y^2}\frac{dy}{dx} = 1$

Now we express $x^2 + 4x + 2$ in terms of y.
For this we write

$$x^2 + 4x + 2 = (x+1)^2 + 2(x+1) - 1 = \frac{1}{y^2} + \frac{2}{y} - 1 = \frac{1+2y-y^2}{y^2}$$

Therefore,

$$\int \frac{dx}{(x+1)\sqrt{x^2+4x+2}} = \int \frac{\frac{-1}{y^2}dy}{\frac{1}{y}\sqrt{\frac{1+2y-y^2}{y^2}}} = -\int \frac{dy}{\sqrt{1+2y-y2}}$$

$$= -\int \frac{dy}{\sqrt{2-(y-1)^2}} = \cos^{-1}\left(\frac{y-1}{\sqrt{2}}\right) = \cos^{-1}\left[\frac{-x}{(x+1)\sqrt{2}}\right] + c$$

प्रश्न 52. Evaluate $\int \frac{2x+3}{\sqrt{x^2+4x+1}} dx$.

उत्तर— Let $2x+3 = \lambda \frac{d}{dx}(x^2+4x+1) + \mu$. Then, $2x+3 = \lambda(2x+4) + \mu$

Comparing the coefficients of like powers of x, we get

$2\lambda = 2$ and $4\lambda + \mu = 3 \Rightarrow \lambda = 1$ and $\mu = -1$

$$\therefore \int \frac{2x+3}{\sqrt{x^2+4x+1}} dx = \int \frac{(2x+4)-1}{\sqrt{x^2+4x+1}} dx = \int \frac{2x+4}{\sqrt{x^2+4x+1}} dx - \int \frac{1}{\sqrt{x^2+4x+1}} dx$$

$$= \int \frac{dt}{\sqrt{t}} - \int \frac{1}{\sqrt{(x+2)^2 - (\sqrt{3})^2}} dx, \text{ where } t = x^2+4x+1$$

$$= 2\sqrt{t} - \log\left|(x+2) + \sqrt{x^2+4x+1}\right| + C$$

$$= 2\sqrt{x^2+4x+1} - \log\left|x+2+\sqrt{x^2+4x+1}\right| + C$$

प्रश्न 53. Evaluate $\int (x+1)\sqrt{1-x-x^2}\, dx$.

उत्तर— Let $x + 1 = \lambda \times \frac{d}{dx}(1-x-x^2) + \mu$. Then, $x + 1 = \lambda(-1-2x) + \mu$

Comparing the coefficients of like powers of x, we get

$-2\lambda = 1$ and $\mu - \lambda = 1 \Rightarrow \lambda = -\frac{1}{2}$ and $\mu = \frac{1}{2}$

$\therefore x + 1 = -\frac{1}{2}(-1-2x) + \frac{1}{2}$

Therefore, $\int (x+1)\sqrt{1-x-x^2}\, dx = \int \left\{-\frac{1}{2}(-1-2x) + \frac{1}{2}\right\}\sqrt{1-x-x^2}\, dx$

$$= -\frac{1}{2}\int (-1-2x)\sqrt{1-x-x^2}\, dx + \frac{1}{2}\int \sqrt{1-x-x^2}\, dx$$

$$= -\frac{1}{2}\int (-1-2x)\sqrt{1-x-x^2}\, dx + \frac{1}{2}\int \sqrt{\left\{1-\left(x^2+x+\frac{1}{4}-\frac{1}{4}\right)\right\}}\, dx$$

समाकलन

$$= -\frac{1}{2}\int \sqrt{t}\, dt + \frac{1}{2}\int \sqrt{\left(\frac{\sqrt{5}}{2}\right)^2 - \left(x+\frac{1}{2}\right)^2}\, dx, \text{ where } t = 1-x-x^2$$

$$= -\frac{1}{2}\left(\frac{t^{3/2}}{3/2}\right) + \frac{1}{2}\left[\frac{1}{2}\left(x+\frac{1}{2}\right)\sqrt{1-x-x^2} + \frac{1}{2}\times\frac{5}{4}\sin^{-1}\left(\frac{x+1/2}{\sqrt{5}/2}\right)\right] + C$$

$$= -\frac{1}{3}(1-x-x^2)^{3/2} + \frac{1}{8}(2x+1)\sqrt{1-x-x^2} + \frac{5}{16}\sin^{-1}\left(\frac{2x+1}{\sqrt{5}}\right) + C$$

प्रश्न 54. Evaluate $\int\dfrac{dx}{(x+1)\sqrt{x^2-1}}$.

उत्तर— Let $I = \int\dfrac{dx}{(x+1)\sqrt{x^2-1}}$

Let $x+1 = \dfrac{1}{t} \Rightarrow dx = \dfrac{-1}{t^2}dt$

Then, we have

$$I = -\int\frac{1}{\frac{1}{t}\sqrt{\left(\frac{1}{t}-1\right)^2 - 1}}\cdot\frac{1}{t^2}dt = -\int\frac{t}{\sqrt{\left(\frac{1-t}{t}\right)^2 - 1}}\cdot\frac{1}{t^2}dt = -\int\frac{dt}{t\sqrt{\frac{1+t^2-2t}{t^2}-1}}$$

$$\Rightarrow I = -\int\frac{dt}{\sqrt{1-2t}}$$

Let $1 - 2t = \theta \Rightarrow -2\,dt = d\theta$

Hence, $I = -\int\dfrac{1}{\sqrt{\theta}}\left(\dfrac{-d\theta}{2}\right) = \dfrac{1}{2}\int\theta^{-1/2}d\theta = \dfrac{1}{2}\dfrac{\theta^{-1/2+1}}{-1/2+1} + C = \sqrt{\theta} + C$

$$= \sqrt{1-2t} + C = \sqrt{1 - \frac{2}{x+1}} + C = \sqrt{\frac{x-1}{x+1}} + C$$

प्रश्न 55. Evaluate $\int\dfrac{dx}{(x^2-1)\sqrt{x+1}}$.

उत्तर— Let $I = \int\dfrac{dx}{(x^2-1)\sqrt{x+1}}$

Let $x+1 = t^2 \Rightarrow dx = 2t\,dt$ and $x = t^2-1 \Rightarrow x^2 = (t^2-1)^2$

Now, $I=\int \frac{2t\,dt}{t\left[\left(t^2-1\right)^2-1\right]}=2\int \frac{dt}{t^4-2t^2}=2\int \frac{dt}{\left(t^2-1\right)^2-(1)^2}$

$$=2\times\frac{1}{2}\log\left|\frac{\left(t^2-1\right)-1}{\left(t^2-1\right)+1}\right|+C=\log\left|\frac{t^2-2}{t^2}\right|+C=\log\left|\frac{x-1}{x+1}\right|+C$$

प्रश्न 56. Evaluate $\int \frac{x-1}{x^3-x^2-2x}dx$.

उत्तर– Let $\frac{x-1}{x\left(x^2-x-2\right)}=\frac{A}{x}+\frac{Bx+C}{x^2-x-2}$

$(x-1)=A\left(x^2-x-2\right)+(Bx+c)x$

Then, we have $A=\frac{1}{2}, B=\frac{-1}{2}, C=\frac{3}{2}$

Therefore, $\int \frac{x-1}{x\left(x^2-x-2\right)}dx=\frac{1}{2}\int \frac{1}{x}dx+\int \frac{\frac{-1}{2}x+\frac{3}{2}}{x^2-x-2}dx$

$I=\frac{1}{2}\int \frac{dx}{x}-\frac{1}{4}\int \frac{2x-1}{x^2-x-2}dx+\frac{5}{4}\int \frac{dx}{x^2-x-2}$

$I=I_1-I_2+I_3$ ...(1)

Now $I_1=\frac{1}{2}\int \frac{dx}{x}=\frac{1}{2}\ln x+c_1$

$I_2=\frac{1}{4}\int \frac{2x-1}{x^2-x-2}dx=\frac{1}{4}\ln\left|x^2-x-2\right|+c_2$

$I_3=\frac{5}{4}\int \frac{dx}{x^2-x-2} \text{Þ} I_3=\frac{5}{4}\int \frac{dx}{\left(x-\frac{1}{2}\right)^2-\left(\frac{3}{2}\right)^2}$

$$I_3=\frac{5}{4}\times\frac{1}{2\times\frac{3}{2}}\ln\left|\frac{x-\frac{1}{2}-\frac{3}{2}}{x-\frac{1}{2}+\frac{3}{2}}\right|+c_3=\frac{5}{12}\ln\left|\frac{2x-4}{2x+2}\right|+c_3=\frac{5}{12}\ln\left|\frac{x-2}{x+1}\right|+c_3$$

Therefore, $I=\frac{1}{2}\ln x-\frac{1}{4}\ln\left|x^2-x-2\right|+\frac{5}{12}\ln\left|\frac{x-2}{x+1}\right|+c$

प्रश्न 57. Evaluate $\int_0^{\pi/2} \frac{dx}{1+2\sin x+\cos x}$ **.**

उत्तर– Let $I=\int_0^{\pi/2} \frac{dx}{1+2\sin x+\cos x}$

First, we take $\int \frac{dx}{1+2\sin x+\cos x}$

Putting $\sin x=\frac{2\tan x/2}{1+\tan^2 x/2}, \ \cos x=\frac{1-\tan^2 x/2}{1+\tan^2 x/2}$

We have,

$$\int \frac{dx}{1+\frac{4\tan x/2}{1+\tan^2 x/2}+\frac{1-\tan^2 x/2}{1+\tan^2 x/2}}$$

$$=\int \frac{\left(1+\tan^2 x/2\right)dx}{1+\tan^2 x/2+4\tan x/2+1-\tan^2 x/2}$$

$$=\int \frac{\text{sex}^2 x/2\,dx}{2+4\tan x/2}=\frac{1}{2}\int \frac{\sec^2 x/2\,dx}{1+2\tan x/2}$$

Let $\tan x/2=t \Rightarrow \frac{1}{2}\sec^2 x/2\,dx=dt$

$$=\frac{1}{2}\times 2\int \frac{1}{1+2t}dt=\int \frac{1}{1+2t}dt=\frac{1}{2}\log(1+2t)+c=\frac{1}{2}\log\left(1+2\tan x/2\right)+c$$

Now $\int_0^{\pi/2} \frac{dx}{1+2\sin x+\cos x}=\left[\frac{1}{2}\log\left(1+2\tan x/2\right)\right]_0^{\pi/2}$

$$=\left[\frac{1}{2}\log\left(1+2\tan \pi/4\right)\right]-\left[\frac{1}{2}\log(1+2\tan 0)\right]$$

$$=\left[\frac{1}{2}\log(1+2(1))\right]-\left[\frac{1}{2}\log(1+2(0))\right]$$

$$=\frac{1}{2}\log 3-\frac{1}{2}\log 1=\frac{1}{2}\log 3 \qquad [\because \log 1=0]$$

प्रश्न 58. Evaluate $\int_0^\pi x \sin^3 x \, dx$.

उत्तर— Given, $\int_0^\pi x \sin^3 x \, dx$

Let $I = \int x \sin^3 x \, dx = \int x \times \frac{1}{4}[3\sin x - \sin 3x] dx$

$= \frac{1}{4}\int (3x \sin x - x \sin 3x) dx = \frac{3}{4}\int x \sin x \, dx - \frac{1}{4}\int x \sin 3x \, dx$

$\Rightarrow \quad I = \frac{3}{4}I_1 - \frac{1}{4}I_2$ ...(1)

Now $I_1 = \int x \sin x \, dx$

Integrating by parts, we have

$I_1 = -x \cos x + \int \cos x \, dx = -x \cos x + \sin x + c_1$

Now $I_2 = \int x \sin 3x \, dx$

$= \frac{-1}{3} x \cos 3x + \frac{1}{3}\int \cos 3x \, dx = \frac{-x}{3}\cos 3x + \frac{1}{9}\sin 3x + c_2$

Putting the values of I_1 and I_2 in the equation (1), we get

$I = \frac{3}{4}(-x \cos x + \sin x + c_1) - \frac{1}{4}\left(\frac{-x}{3}\cos 3x + \frac{1}{9}\sin 3x + c_2\right)$

$I = \frac{-3x}{4}\cos x + \frac{3}{4}\sin x + \frac{3}{4}c_1 + \frac{x}{12}\cos 3x - \frac{1}{36}\sin 3x - \frac{1}{4}c_2$

Here, $\frac{3}{4}c_1$ and $\frac{1}{4}c_2$ are arbitrary constants. We ignore these constants because we need to find the definite integral finally.

$I = \frac{-3}{4}x\cos x + \frac{3}{4}\sin x + \frac{1}{12}x\cos 3x - \frac{1}{36}\sin 3x$

Hence, $\int_0^\pi x \sin^3 x \, dx = [I]_0^\pi$

$= \left[\frac{-3}{4}x\cos x + \frac{3}{4}\sin x + \frac{1}{12}x\cos 3x - \frac{1}{36}\sin 3x\right]_0^\pi$

$= \left[\frac{-3}{4}\pi(-1) + \frac{3}{4}(0) + \frac{1}{12}\pi(-1) - \frac{1}{36}(0)\right] - \left[\frac{-3}{4}(0) + \frac{3}{4}(0) + \frac{1}{12}(0) - \frac{1}{36}(0)\right]$

$= \frac{3\pi}{4} - \frac{\pi}{12} = \frac{2\pi}{3}$

प्रश्न 59. Evaluate $\int \frac{1+x^2}{1+7x^2+x^4} dx$.

उत्तर— Let $I = \int \frac{1+x^2}{1+7x^2+x^4} dx = \int \frac{1+\frac{1}{x^2}}{\frac{1}{x^2}+7+x^2} dx$

$$= \int \frac{1+\frac{1}{x^2}}{\left(x-\frac{1}{x}\right)^2 + (3)^2} dx \qquad \left[\text{Let } x - \frac{1}{x} = t \Rightarrow \left(1+\frac{1}{x^2}\right) dx = dt\right]$$

प्रश्न 60. उत्पादन का सीमांत लागत फलन $MC = 1000 - 20x + x^2$ होता पाया जाता है जहाँ उत्पादन की मात्रा x है। उत्पादन की स्थिर लागत ₹9000 है। कुल लागत फलन ज्ञात कीजिए।

उत्तर— यहाँ, $\frac{dC}{dx} = MC = 1000 - 20x + x^2$

$\therefore \int dC = 1000 \int dx - 20 \int x\, dx + \int x^2 dx$

$\Rightarrow C = 1000x - \frac{20x^2}{2} + \frac{x^3}{3} + k$

जब, $x = 0$ तब $C = 9000$

$\therefore 9000 = 0 - 0 + k \Rightarrow k = 9000$

$\therefore C = 9000 + 1000x - \frac{20x^2}{2} + \frac{x^3}{3}$.

प्रश्न 61. यदि x इकाई उत्पादन करने के लिए किसी फर्म का सीमांत आय फलन $MR = \frac{6}{(x+2)^2} + 5$ है तब कुल आय फलन और माँग समीकरण ज्ञात कीजिए।

उत्तर— यहाँ, दिया गया है कि सीमांत आय फलन $MR = \frac{6}{(x+2)^2} + 5$

यहाँ, आय $R = \int MR\, dx = \int 6(x+2)^{-2} dx + 5 \int dx$

$\qquad = \frac{6(x+2)^{-1}}{-1} + 5x + k$

हम जानते हैं कि, जब $x = 0$ तब $R = 0$

$$\therefore 0 = \frac{-6}{(x+2)} + 5x + k \Rightarrow 0 = \frac{-6}{2} + 0 + k \Rightarrow k = 3$$

$$\therefore \text{आय } R = \frac{-6}{(x+2)} + 5x + 3 = 3 - \frac{6}{(x+2)} + 5x$$

$$= \frac{3x + 6 - 6}{x+2} + 5x = \frac{3x}{x+2} + 5x$$

यहाँ, माँग फलन $AR = p = \dfrac{R}{x}$

$$\therefore \text{कीमत } p = \frac{3}{(x+2)} + 5.$$

प्रश्न 62. एक फर्म का सीमांत आय फलन $MR = \dfrac{a}{x+b} - c$ है। जहाँ x उत्पादन की मात्रा और a, b और c अचर है, प्रदर्शित कीजिए कि माँग फलन $p = \dfrac{a}{x} \log\left(\dfrac{x+b}{b}\right) - c$ द्वारा दिया जाता है।

उत्तर— दिया है, सीमांत आय फलन

$$MR = \frac{a}{x+b} - c$$

अतः $\dfrac{dR}{dx} = \dfrac{a}{x+b} - c$

$$\therefore dR = \frac{a}{x+b} dx - c\, dx$$

समाकलन करते हुए,

$$\int dR = a \int \frac{1}{x+b} dx - c \int dx$$

$\therefore$ आय $R = a \log(x+b) - cx + k$

जब, $R = 0$ तब $x = 0$

$\therefore 0 = a \log b + k$

$\Rightarrow k = -a \log b$

∴ $R = a \log(x+b) - a \log b - cx = a\left\{\log\dfrac{(x+b)}{b}\right\} - cx$

तब आय फलन $= p = \dfrac{a}{x}\left\{\log\dfrac{(x+b)}{b}\right\} - c$ सिद्ध हुआ।

प्रश्न 63. किसी उत्पादक फर्म के सीमांत लागत और सीमांत आय फलन क्रमशः सीमांत लागत $c'(x) = 20 + \dfrac{x}{20}$ तथा सीमांत आय $R'(x) = 30$ हैं तथा स्थिर लागत ₹200 हैं। अधिकतम लाभ की राशि तथा अधिकतम लाभ की उत्पादन मात्रा बताइए।

उत्तर— सीमांत लागत (MC) = सीमांत आय समीकरण (MRE)

$\Rightarrow 20 + \dfrac{x}{20} = 30 \Rightarrow \dfrac{x}{20} = 10$ अथवा $x = 200$ इकाइयाँ

यहाँ, कुल लागत $TC = \int 20 dx + \dfrac{1}{20}\int x\, dx$

अथवा कुल लागत $TC = 20x + \dfrac{1}{20}\cdot\dfrac{x^2}{2} + k$

जबकि $K = 200$

∴ कुल लागत $TC = 20x + \dfrac{1}{40}x^2 + 200$ तथा कुल आय $TR = 30x$

∴ $\pi = 30x - 20x - \dfrac{1}{40}x^2 - 200 \Rightarrow \pi = 10x - \dfrac{1}{40}x^2 - 200$

जब, $x = 200$ तब $\pi = 10(200) - \dfrac{1}{40}\times 200 \times 200 - 200$

$= 2000 - 1000 - 200 = 800.$

प्रश्न 64. गुल्लीबाबा कंपनी लिमिटेड की अपनी एक वस्तु का सीमांत आय फलन $MR = 20x - 2x^2$ द्वारा दिया जाता है तथा सीमांत लागत फलन $MC = 81 - 16x + x^2$ के लगभग है। अधिकतम लाभ की दृष्टि से इष्टतम उत्पादन की मात्रा ज्ञात कीजिए।

उत्तर— अधिकतम लाभ के लिए उत्पादन सीमांत आय (MR) = सीमांत लागत (MC)

अतः $20x - 2x^2 = 81 - 16x + x^2$

$\Rightarrow -3x^2 + 36x - 81 = 0 \Rightarrow 3x^2 - 36x + 81 = 0$

$\Rightarrow x^2 - 12x + 27 = 0 \Rightarrow (x-3)(x-9) = 0$

अतः $x = 3$ तथा $x = 9$

यहाँ, अधिकतम लाभ के लिए $\frac{d}{dx}[MR - MC] < 0$, $x = 3$ पर, तथा $x = 9$ पर जहाँ MR = सीमांत आय तथा MC = सीमांत लागत

$\therefore x = 3$ के लिए $\frac{d}{dx}[MR - MC] = \frac{d}{dx}(20x - 2x^2 - 81 + 16x - x^2)$

$= -6x + 36 = -18 + 36 = 18 > 0$

तथा $x = 9$ के लिए $\frac{d}{dx}[MR - MC] = \frac{d}{dx}(20x - 2x^2 - 81 + 16x - x^2)$

$= -6x + 36 = -54 + 36 = -18 < 0$

अतः उच्चतम लाभ $x = 9$ पर अधिकतम लाभ है।

इस प्रकार, $x = 9$ पर उच्चतम लाभ $= \int_0^9 (MR - MC) dx$

$= \int_0^9 (-3x^2 + 36x - 81) dx$

$= [-x^3 + 18x^2 - 81x]_0^9 = -(9)^3 + 18(9)^2 - 81(9) = 0.$

प्रश्न 65. (a) एक वस्तु का माँग फलन $p = e^{-x}$ है। उपभोक्ता अधिशेष बताइए जब $p = 0.5$ है।

(b) एक वस्तु का पूर्ति फलन $p = \sqrt{9+x}$ तथा $x = 7$ है। उत्पादक अधिशेष ज्ञात कीजिए।

(c) माँग और पूर्ति फलन क्रमशः $p_d = (6 - x)^2$ तथा $p_s = 14 + x$ हैं। एकाधिकार बाजार स्थिति में उपभोक्ता अधिशेष ज्ञात कीजिए ताकि लाभ में अधिकतमता लगाई जाए जबकि पूर्ति फलन और सीमांत लागत फलन समान हैं।

अथवा

एक एकाधिकारी माँग नियम है $p_d = (6 - x)^2$ तथा सीमांत लागत $p_s = 14 + x$ है। उत्पादक अधिशेष ज्ञात कीजिए।

उत्तर— (a) दिया गया माँग फलन है $p = e^{-x}$

जब, $p = 0.5$ तब $0.5 = e^{-x}$ अथवा $\frac{1}{2} = e^{-x}$

दोनों ओर log लेते हुए हम पाते हैं–

$\log_e e^{-x} = \log_e \frac{1}{2}$ अथवा $-x\log_e e = \log_e 1 - \log_e 2 \Rightarrow -x\log_e e = -\log_e 2$

अथवा $x = \log_e 2$

यहाँ, उपभोक्ता अधिशेष C.S.

$$= \int_0^{\log_e 2} e^{-x}dx - \frac{1}{2}\log_e 2 = \left[-e^{-x}\right]_0^{\log_e 2} - \frac{1}{2}\log_e 2$$

$$= -\left[e^{-\log_e 2} - e^0\right] - \frac{1}{2}\log_e 2 = -\left[e^{\log_e 2^{-1}} - 1\right] - \frac{1}{2}\log_e 2$$

$$= -\left[2^{-1} - 1\right] - \frac{1}{2}\log_e 2 \qquad (\because e^{\log_e^t} = t)$$

$$= -\left[\frac{1}{2} - 1\right] - \frac{1}{2}\log_e 2 = \frac{1}{2}\left[1 - \log_e 2\right] \text{ इकाइयाँ}$$

(b) $p = \sqrt{9+7} = 4$ इकाइयाँ जब, $x = 7$

यहाँ, उत्पादक अधिशेष $p_s = 4 \times 7 - \int$ पूर्ति फलन dx

$$= 28 - \int_0^7 (9+x)^{1/2}dx = 28 - \frac{2}{3}\left[(9+x)^{3/2}\right]_0^7$$

$$= 28 - \frac{2}{3}\left[4^3 - 3^3\right] = 28 - \frac{74}{3} = \frac{10}{3} \text{ इकाइयाँ}$$

(c) दिया हुआ माँग फलन है–

माँग फलन $p_d = (6-x)^2 = 36 - 12x + x^2$ तथा पूर्ति फलन $p_s = 14 + x$

$\therefore R = p_d \times x = 36x - 12x^2 + x^3$

अतः सीमांत आय MR $= \int Rdx = 3x^2 - 24x + 36$

एकाधिकार के समय सीमांत आय MR = सीमांत लागत MC (समन्वय स्थिति)

(पूर्ति फलन p_s = MC सीमांत लागत)

$\therefore 3x^2 - 24x + 36 = 14 + x \Rightarrow 3x^2 - 25x + 22 = 0$

$\rightarrow 3x^2 - 3x - 22x + 22 = 0 \Rightarrow 3x(x-1) - 22(x-1) = 0$

$\therefore x = 1$ तथा $x = \frac{22}{3}$

पर्याप्त की स्थिति के लिए– $\frac{d}{dx}(MR - MC) = \frac{d}{dx}\left(3x^2 - 25x + 22\right) = 6x - 25$

यहाँ, $x = 1$ पर $\frac{d}{dx}(MR - MC) < 0$

अतः $x = 1$ पर दोनों स्थितियों की तुष्टि होती है।

तथा $x = \frac{22}{3}$ पर, $6x - 25 = 6 \times \frac{22}{3} - 25 = 19 > 0$

अतः केवल जब $x = 1$ हो तो अधिकतम लाभ संभव हैं।

जब $x = 1$, माँग फलन $p_d = (6 - x)^2 = (5)^2 = 25$

अब, उपभोक्ता अधिशेष C.S. = $\int$ माँग फलन $dx - p \times x$

$$= \int_0^1 (6-x)^2 dx - 25 \times 1 = \left[\frac{(6-x)^3}{-3}\right]_0^1 - 25 = -\frac{1}{3}[125 - 216] - 25$$

$$= \frac{91}{3} - 25 = \frac{91 - 75}{3} = \frac{16}{3} \text{ इकाइयाँ}$$

प्रश्न 66. यदि निवेश प्रवाह $I_t = 5t^{1/4}$ है तथा $t = 0$ पर पूँजी का खजाना k_0 है। पूँजी k का समय मार्ग फलन ज्ञात कीजिए तथा t समय में पूँजी गठन (capital formation) भी ज्ञात कीजिए।

उत्तर– यहाँ, $I_t = \frac{dk}{dt} =$ पूँजी खजाने की परिवर्तन दर

$\therefore \frac{dk}{dt} = 5t^{1/4}$

यहाँ, $\int dk = 5\int t^{1/4} dt$

$\therefore k = 5.\frac{t^{5/4}}{5/4} + c$

जब, $t = 0$ तब $k = k_0$

$\therefore k_0 = c$

अतः $k_t = 4t^{5/4} + k_0$

अब, पूँजी गठन $= k_t - k_{t-1} = 4\,[t^{5/4} - (t-1)^{5/4}]$.

प्रश्न 67. एक उपभोक्ता का माँग फलन है : $p = 80 - q$ तथा उसके समक्ष कीमत : $p = 60$ है। इस उपभोक्ता का अतिरेक ज्ञात करें।

उत्तर– दिया है,

माँग फलन, $p = 80 - q$

जब $p = 60$ तब $60 = 80 - q \Rightarrow q = 20$

$\therefore$ उपभोक्ता अभिशेष (C.S.) $= \int_0^{20}$ माँग फलन $- p \times q$

$= \int_0^{20} (80-q)dq - p \times q = \int_0^{20} (80-q)dq - 20 \times 60$

$= \left[80q - \dfrac{q^2}{2}\right]_0^{20} - 1200 = 80 \times 20 - \dfrac{20 \times 20}{2} - 1200$

$= 1600 - 200 - 1200 = 200$ इकाइयाँ

प्रश्न 68. यदि उत्पाद फलन $Q = A(t) K^\alpha L^\beta$ हो और $A(t)$ समय 't' का वृद्धिमान फलन हो एवं $K = K_0 + a^t$ तथा $L = L_0 + b^t$ तो समयानुकूल उत्पादन परिवर्तन की दर का आकलन करें।

उत्तर— समयानुकूल उत्पादन परिवर्तन की दर $= \dfrac{dQ}{dt} = \dfrac{\partial Q}{\partial K} \cdot \dfrac{\partial K}{\partial t} + \dfrac{\partial Q}{\partial L} \cdot \dfrac{\partial L}{\partial t} + \dfrac{\partial Q}{\partial t}$

$\Rightarrow Q'(K) \dfrac{\partial K}{\partial t} + Q'(L) \dfrac{\partial L}{\partial t} + \dfrac{\partial Q}{\partial t}$

जहाँ, $\dfrac{\partial Q}{\partial K} = \dfrac{\alpha A(t) L^\beta}{K^\alpha}, \dfrac{\partial Q}{\partial L} = \dfrac{\beta A(t) K^\alpha}{L^\beta}, \dfrac{\partial Q}{\partial t} = A'(t) K^\alpha L^\beta, \dfrac{\partial K}{\partial t} = a^t \log a$

और $\dfrac{\partial L}{\partial t} = b^t \log b$.

अतः $\dfrac{dQ}{dt} = \dfrac{\alpha A(t) L^\beta}{K^\alpha} \cdot a^t \log a + \dfrac{\beta A(t) K^\alpha}{L^\beta} \cdot b^t \log b + A'(t) K^\alpha L^\beta$.

Feedback is the breakfast of Champions.

Ken Blanchard

You can Help other students.
"Inform any error or mistake in this book."

We and Universe
will reward you for Your Kind act.

Email at : feedback@gullybaba.com
or
WhatsApp on 9350849407

अंतर समीकरण
(Difference Equations)

भूमिका

किसी अंतर समीकरण को हल करने में हम किसी दी गई आरंभिक स्थिति से एक समय–पथ ज्ञात करते हैं। किसी अंतर समीकरण का हल समय के एक सुस्पष्ट फलन के रूप में संगत चर हेतु एक व्यंजन देता है। दूसरे शब्दों में, चर का एक समय–पथ प्राप्त होता है। प्रथम–क्रम समीकरण के किसी हल के समय–पथ की प्रकृति जाँचने के लिए हम $a \neq 1$ हेतु हल लिखते हैं।

एक अंतर समीकरण आश्रित चर मूल्य तथा एक पश्चतित (lagged) स्वतंत्र चर मूल्य अथवा (चर मूल्यों) में ऐसे संबंध व्यक्त करता है जो असतत (discrete) समय अंतरालों में बदलते हैं, उदाहरणतः $I_t = f(Y_{t-1})$ जहाँ I तथा Y दोनों को हर वर्षांत मापा (measured) जाता है। अंतर समीकरण की कोटि, वृहत्तम समयों के हुए विलम्ब द्वारा निर्धारित होती है। प्रथम कोटि का अंतर समीकरण एक अवधि के समय अंतराल को व्यक्त करता है, दूसरी कोटि का अंतर समीकरण दो समय अवधियों के समय अंतरालों को, इत्यादि। अंतर समीकरण का प्रयोग x के विभिन्न असतत मानों के लिए किसी अज्ञात फलन y(x) के मानों को हल करने के लिए किया जाता है।

6.1 अंतर समीकरण की अवधारणा–एक अंतर समीकरण वह समीकरण है जिसके अंतर्गत आश्रित चर मूल्य और समय अंतर स्वतंत्र चर मूल्य के बीच एक संबंध स्थापित होता है। समय अंतर चर मूल्य की धारणा को हम एक उदाहरण द्वारा स्पष्ट कर सकते हैं। प्रो. केंज (J.M. Keynes) यह मानकर चले थे कि एक अर्थव्यवस्था में वर्तमान उपभोग, अर्थव्यवस्था की वर्तमान आय पर निर्भर करता है जबकि वास्तविक जीवन में आय प्राप्ति और उपभोग व्यय के बीच समय अंतर रहता है। उदाहरण के लिए किसी व्यक्ति को जुलाई मास में कार्य करने का पारिश्रामिक अगस्त में प्राप्त होगा अर्थात् अगस्त का व्यय, जुलाई की आय पर निर्भर करता है, इस समय अंतर को लेकर जो संबंध चर मूल्यों के बीच स्थापित किया जाता है, उसे हम अंतर समीकरण कहते हैं जैसे $c_t = f(y_{t-1})$.

एक अंतर समीकरण आश्रित चर मूल्य तथा एक पश्चतित (lagged) स्वतंत्र चर मूल्य अथवा (चर मूल्यों) में ऐसे संबंध व्यक्त करता है जो असतत (discrete) समय अंतरालों में बदलते हैं, उदाहरणतः $I_t = f(Y_{t-1})$ जहाँ I तथा Y दोनों को हर वर्षांत मापा (measured) जाता है। अंतर समीकरण की कोटि, वृहत्तम समयों के हुए विलम्ब द्वारा निर्धारित होती है। प्रथम कोटि का अंतर समीकरण एक अवधि के समय अंतराल को व्यक्त करता है, दूसरी कोटि का अंतर समीकरण दो समय अवधियों के समय अंतरालों को, इत्यादि। जैसे समय t से t + 1 में परिवर्तन Y में परिवर्तन के साथ होता है, Y का प्रथम कोटि समय अंतर तब निम्न प्रकार से लिखा जाता है $\frac{\Delta Y}{\Delta t} = Y_{t+1} - Y_t$.

जहाँ $\Delta, \frac{d}{dt}$ को प्रतिस्थापित (replacing) करने वाला सकारक (operator) है जो कि अवकलन समीकरणों में सतत परिवर्तन के माप के लिए प्रयोग में लाया जाता है। अंतर समीकरण (difference equation) का हल Y को t की हर कीमत के लिए परिभाषित करता है तथा इसमें अंतर अभिव्यंजना (difference expression) अंतर्विष्ट नहीं है।

अंतर समीकरण का प्रयोग x के विभिन्न असतत मानों के लिए किसी अज्ञात फलन y(x) के मानों को हल करने के लिए किया जाता है। हम किसी फलन y(x) को इस प्रकार प्राप्त करते हैं कि यह x के सभी मानों के लिए समीकरण को संतुष्ट करे।

अर्थशास्त्र में अंतर समीकरण को निम्न उदाहरण द्वारा समझाया जा सकता है–माना किसी देश विशेष की राष्ट्रीय आय y किसी आधार वर्ष से आरंभ कर (माना) दस वर्ष की अवधि में एक अचर दर g पर बढ़ती रही है। किसी अवधि t पर y की वृद्धि दर को $\left(\frac{y_t - y_{t-1}}{y_{t-1}}\right)$ के रूप में दर्शाया जा सकता है। यह वही अभिव्यक्ति है जो किसी समय–बिंदु विशेष पर y की वृद्धि दर देता है। तुलनीय रूप से, हम अभिव्यक्ति $\frac{dy(t)/dt}{y}$ देख चुके हैं

जब y को एक सतत चर के रूप में लिया गया था। y को असतत के रूप में लेकर हम सन्निकट पूर्ववर्ती काल (अवधि $t-1$) में अर्जित स्तर पर वर्तमान अवधि (अवधि t) में आय की वृद्धि के रूप में अंश ज्ञात करते हैं। इसका पूर्व अवधि की आय y_{t-1} से अनुपात वृद्धि की वर्तमान दर देता है। चूँकि आय की वृद्धि दर, g, दस वर्ष के अंतराल पर अचर है (यथा, t से स्वतंत्र), तब इसे इस प्रकार लिखा जा सकता है–

$$\frac{y_t - y_{t-1}}{y_{t-1}} = g, \; t = 1,2,3,4,...,10$$

अथवा, $y_t = (1 + g)\, y_{t-1},\; t = 1, 2, \ldots ,10$ ...(1)

समीकरण (1) दी गई भिन्न अवधियों t और $(t-1)$ में चर y के मानों से संबंध रखता है। यह एक अंतर समीकरण का उदाहरण है।

संगत चर (y_t और y_{t-1}) के मानों में एक एकावधि विलम्ब है। इसलिए, यह एक प्रथम–क्रम अंतर समीकरण का उदाहरण है। किसी अंतर समीकरण का क्रम विलम्बित अवधियों की अधिकतम संख्या द्वारा निर्धारित किया जाता है। अंतर समीकरणों के कुछ उदाहरण इंगित क्रमों के साथ नीचे दिए गए हैं–

$y_{t-3} - 3y_{t-4} = 0$ क्रम 4.

$y_t = a\,(y_{t-1} - y_{t-2}) + 10$ क्रम 2.

$\log y_{t+9} - y_{t+7}\,(y_{t+6})^3 + 6y_t = 0$ क्रम 9.

$18y_{t+4} - y_t = 2^t - 5^{5+1}$ क्रम 4.

$y_{t+3} + ay_{t+1} = by_{t-1} + c$ क्रम 3.

निम्नलिखित स्वरूप के किसी अंतर समीकरण पर विचार कीजिए–

$y = a_1 y_{t-1} + a_2\, y_{t-2} + \ldots + a_n y_{t-n} + b$

जहाँ $a_1, a_2, \ldots, a_n$ और b अचर हैं।

इसे nवाँ क्रम रेखीय अचर गुणांक अंतर समीकरण कहते हैं ($a_n \neq 0$ मानते हुए, अन्यथा क्रम n से कम होगा)। यह रेखीय है क्योंकि आश्रित चर y किसी भी घात तक नहीं बढ़ा है और यहाँ कोई गुणनखंड पद नहीं हैं, अचर गुणांक क्योंकि $a_1, \ldots, a_n$ अचर हैं और t के साथ नहीं बदलते हैं। यह समीकरण सजातीय होगा यदि $b = 0$ यदि $b \neq 0$, तो यह विजातीय होगा।

6.2 प्रथम–क्रम (एक–घातीय) अंतर समीकरण–किसी अंतर समीकरण को हल करने में हम किसी दी गई आरंभिक स्थिति से एक समय–पथ ज्ञात करते हैं। प्रथम–क्रम अंतर समीकरण यह रूप लेता है–

सभी t के लिए $y_t = f(t, y_{t-1})$

हम इस प्रकार का कोई भी समीकरण दिए गए अनुसार y का आरंभिक मान (माना y_0) लेकर उत्तरोत्तर फल से हल कर सकते हैं, जिसे पुनर्प्रवाही विधि भी कहा जाता है।

इस प्रकार, $y_1 = F(1, y_0)$

$y_2 = F(2, y_1) = f(2, f(1, y_0))$ इत्यादि।

यहाँ यदि कोई मान y_0 दिया हो, तो एक अनन्य हल पथ $y_1, y_2, ...$ होता है।

तथापि, इस प्रकार की विधि से हल का प्रयोग करना हमें इस हल के गुणधर्मों के विषय में काफी कुछ बताता है। हमें एक सामान्य सूत्र अपनाना चाहिए, जो कि तब सामने आता है जब f का स्वरूप सरल हो।

माना की अचर गुणांक वाले एक प्रथम–क्रम रेखीय अंतर समीकरण निम्न है–

$y_t = ay_{t-1} + b_t$, जहाँ $t = 1, ...$ के लिए b_t अचर है।

जब पुनर्प्रवाही विधि का प्रयोग किया जाता है तब हम एक अभिरचना निम्नवत् देखेंगे–

$$y_t = ay_0 + \sum_{k=1}^{t} a^{t-k} b_k \qquad ...(1)$$

और इस प्रकार के समीकरण का एक अनन्य हल पथ होता है। यह जाँच करने के लिए कि क्या हमें उपर्युक्त सूत्रण से अनन्य हल मिल रहा है, हम यह सत्यापित करेंगे कि यह मूल समीकरण को संतुष्ट करता है। चूँकि हमारे पास है–

$$ay_{t-1} + b_t = a\left(a^{t-1}y_0 + \sum_{k=1}^{t-1} a^{t-k} b_k\right) + b_t = a^t y_0 + \sum_{k=1}^{t-1} a^{t-k} b_k + b_t$$

$$= a^t y_0 + \sum_{k=1}^{t} a^{t-k} b_k = y_t$$

अतः प्राप्त हुआ हल सही है।

समीकरण (1) लेकर हम निम्नलिखित की विशेष स्थिति की जाँच कर सकते हैं–

सभी $k = 1 ...$ के लिए $b_k = b$

हमें प्राप्त होता है– $y_t = a^t y_0 + b\sum_{j=0}^{t-1} a^{t-1}$

ज्यामितीय शृंखला संकलन के परिणाम का प्रयोग कर पद $\sum_{j=0}^{t-1} a^{t-1}$ को $1 + a + a^2 + ... + a^{t-1}$ के रूप में विस्तारित किया जा सकता है ताकि प्राप्त हो–

$1 + a + a^2 + ... + a^{n-1} = (1 - a^n)/(1- a)$

यदि $a \neq 1$ इस प्रकार, हमें प्राप्त होता है $y_t = a^t y_0 + b(1 - a^t)/(1 - a)$

यदि $a \neq 1$

किसी भी दिए गए मान y_0 के लिए, अंतर समीकरण $y_t = ay_{t-1} + b$, का अनन्य हल होगा $y_t = a^t (y_0 - b/(1 - a)) + b/(1 - a)$ यहाँ $a \neq 1$ है।

साम्य या स्थिर मान–किसी दिए गए मान y_0 के लिए y_t का मान t के साथ बदलता है। परंतु y_0 का कोई मान ऐसा हो सकता जिसके लिए y_t बदलता नहीं है। तब इस प्रकार का हल होता है $y^* = b/(1 - a)$

और y_t अचर, $b/(1-a)$ के बराबर है।

y^* को हम y का साम्य या स्थिर मान कहते हैं और हल पुनः इस प्रकार लिखते हैं—

$y_t = a^t(y_0 - y^*) + y^*$

उदाहरण—हल करें— $y_{t+1} = \alpha y_t + \beta$ ...(2)

जहाँ α और β अचर हैं।

कालांतर में y_t के किसी स्थिर अथवा साम्य मान को खोजें जिसे उपर्युक्त समीकरण को संगत रूप से संतुष्ट करते हुए किसी भी t के लिए पुनः लिखा जा सकता हो। संभवतः हम $\bar{y}$ को y_t तथा y_{t+1} के लिए साम्य मान के रूप में लेंगे, जैसे—

$\bar{y} = \alpha \bar{y} + \beta$ अथवा, $\bar{y} = \dfrac{\beta}{1-\alpha}$

उपर्युक्त समीकरण को समझने के लिए हमें परिवर्तनशील गुणक को याद रखने की आवश्यकता है।

$C_t = \alpha Y_{t-1} + \beta$ ...(3)

मान लीजिए, प्रत्येक t के लिए निवेश को $\bar{I}$ पर नियत किया जाए ताकि हमें प्राप्त हो—

$Y_t = C_t + I_t = C_t + \bar{I}$

$= \alpha Y_{t-1} + (\beta + \bar{I})$

$= \alpha Y_{t-1} + \beta'$ जहाँ $\beta' = \beta + \bar{I}$

उपर्युक्त संबंध में (3) का प्रयोग कर हमें प्राप्त होता है—$Y_{t+1} = \alpha Y_t + \beta'$

यदि कोई साम्य हमें $\bar{Y}$ प्राप्त होती है तो हल इस प्रकार लिखा जा सकता है—

$\bar{Y} = \alpha \bar{Y} + \beta'$

$= \dfrac{\beta'}{1-\alpha} = \dfrac{\beta + \bar{I}}{1-\alpha}$

यहाँ $\dfrac{1}{1-\alpha}$ कीन्सी गुणक (Keynesian Multiplier) है।

यहाँ हमने y_t के स्थिर स्तर, यथा $\bar{y}$ के लिए समीकरण (2) को हल किया है। किंतु यह जरूरी नहीं कि y का यथार्थ पथ $\bar{y}$ की ओर अभिसरित हो। यदि y_t किसी स्थिति में $\bar{y}$ तक पहुँचता है तो $(y_t - \bar{y}) \to 0$.

यदि y_t और y_{t+1} के ये मान जारी रहें तो हम लिख सकते हैं—

$g_t = y_t - \bar{y}$ ...(4)

चूँकि y_t और $\bar{y}$ समीकरण (2) को संतुष्ट करते हैं, हमें प्राप्त होते हैं—

$y_{t+1} = \alpha y_t + \beta$ और $\bar{y} = \alpha \bar{y} + \beta$

इस प्रकार, $y_{t+1} - \overline{y} = \alpha(y_t - \overline{y})$.

समीकरण (4) से, $g_t = y_t - \overline{y}$

अथवा $g_{t+1} = y_{t+1} - \overline{y}$

अथवा, $g_{t+1} = \alpha g_t$ ...(5)

चूँकि $g_{t+1} = \alpha g_t$

$g_t = \alpha g_{t-1}$

.

.

.

.

$g_1 = \alpha g_0$

वापस प्रतिस्थापित करके,

$g_{t+1} = \alpha^2 g_{t-1} = g_1 = \alpha^3 g_{t-2} \ldots \ldots \ldots \ldots \ldots$

हमें प्राप्त होता है $g_{t+1} = \alpha^{t-1} g_0$

$g_1 = \alpha^1 g_0$ और $t = 0, 1, 2 \ldots \ldots \ldots \ldots \ldots$

इस प्रकार, रूप $y_t = \alpha y_{t-1}$ के किसी भी अंतर समीकरण में एक हल $y_t = \alpha^t y_0$, होता है, जहाँ y_0 किसी चुने गए आरंभिक बिंदु पर y का मान है।

सामान्य हल—मान लीजिए, हम इस समीकरण को हल करना चाहते हैं—

$y_{t+1} + ay_t = C$ ...(6)

इसके सामान्य हल में विशिष्ट हल (y_p) और अनुपूरक फलन (y_c) होंगे, यथा $y_g = y_p + y_c$. इस उपागम में y_p घटक y का अंतःस्थायी साम्य स्तर दर्शाता है जबकि y_c का घटक उस साम्यावस्था से समय–पथ में विचलन दर्शाता है। इस हल को एक यादृच्छिक अचर की विद्यमानता के कारण सामान्य हल कहा जाता है। एक निश्चित हल प्राप्त करने के लिए हमें एक आरंभिक स्थिति की आवश्यकता होती है।

पहले हम इसे अनुपूरक फलन से हल करेंगे। समीकरण (6) से, हम इसका लघुकृत रूप प्राप्त कर सकते हैं, जैसे—

$y_{t+1} + ay_t = 0$ ...(7)

उपर्युक्त से यह देखा जाता है कि $y_t = \alpha^t y_0$ अंतर समीकरण का एक हल है। उस स्थिति में हमें $y_{t+1} = a^{t+1} y_0$ भी प्राप्त होता है। हम इसे परिवर्तित कर इस प्रकार लिखते हैं—

$y_t = Ab^t$ और $y_{t+1} = Ab^{t+1}$

इनके समीकरण (7) में प्रतिस्थापन से हमें प्राप्त होता है—

$Ab^{t+1} + aAb^t = 0$

अथवा, $Ab^t(b + a) = 0$

अथवा, $(b + a) = 0$

अथवा, $b = -a$

यहाँ हमें जाँच हल में b = –a इस प्रकार रखना चाहिए कि अनुपूरक हल निम्नवत् लिखा जा सके $y_c = Ab^t = A(-a)^t$

अब हम विशिष्ट हल को इस प्रकार पुनः आकलित करेंगे कि यह सामान्य हल के संगत हो। अब y के सरलतम मान पर विचार कीजिए। यदि y_t इस प्रकार कोई साम्य मान k रखे कि यह कालांतर में अचर रहे, हमें $y_t = k$ तथा $y_{t+1} = k$ प्राप्त होते हैं। जाँच हल में इन मानों का प्रतिस्थापन हमें देता है– $k + ak = C$ अथवा, $k = \dfrac{C}{1+a}$

चूँकि मान, k, समीकरण को संतुष्ट करता है, विशिष्ट हल को निम्नवत् लिखा जा सकता है– a ≠ 0 के लिए $y_p = k = \dfrac{C}{1+a}$

a = –1 की स्थिति में, तथापि, विशिष्ट हल परिभाषित नहीं है और समीकरण (6) का कोई अन्य हल तलाशना होगा।

k को (6) में प्रतिस्थापित करने से हमें प्राप्त होता है–
$k + 1 + ak = C \Rightarrow k(a+1) + 1 = C$

अथवा, $k = \dfrac{C-1}{a+1} = C_t$ और $y_p = C_t$

सामान्य हल को निम्नलिखित में से किसी एक रूप में लिखा जा सकता है–

$y_t = A(-a)^t + \dfrac{C}{1+a}$ यदि a ≠ –1

अथवा, $y_t = A(-a)^t + C_t = A + C_t$ यदि a = –1

यहाँ उपर्युक्त हल अब भी अनिश्चायक रहता है। ऐसा यादृच्छिक अचर A की विद्यमानता की वजह से है। इसके निराकरण के लिए हमें आरंभिक स्थिति ($y_t = y_0$) की सहायता लेनी पड़ती है। तद्नुसार, t = 0 लेकर, हमें प्राप्त होता है–

$y_0 = A + \dfrac{C}{1+a}$ $A = y_0 - \dfrac{C}{1+a}$

निश्चित हल, इसी कारण, हो जाता है–

a ≠ –1 के लिए $y_t = \left(y_0 - \dfrac{C}{1+a}\right)(-a)^t + \dfrac{C}{1+a}$

अथवा, a = –1 के लिए $y_t = y_0 + C_t$

6.3 द्वितीय-क्रम (द्विघातीय) अंतर समीकरण

एक सामान्य द्वितीय-क्रम अंतर समीकरण, निम्नलिखित रूप ले लेता है–

$y_{t+2} = f(t, y_t, y_{t+1})$

ठीक जैसा कि प्रथम-क्रम समीकरण के उदाहरण में होता है, किसी द्वितीय-क्रम समीकरण में भी एक अनन्य हल प्राप्त होगा, जो कि उत्तरोत्तर (पुनर्प्रवाही) फलन द्वारा निकाला जा सकता है। यदि y_0 और y_1 दिया हो तो सभी $t \geq 2$ के लिए y_t का एक अनन्य रूप से निर्धारित मान आता है। यहाँ एक द्वितीय-क्रम समीकरण के लिए हमें प्रथम-क्रम प्रतिस्थानी में लिए गए मान के स्थान पर दो आरंभिक मानों, y_0 और y_1 की आवश्यकता होती है।

सजातीय समीकरण—निम्नलिखित द्वितीय-क्रम अचर गुणांक समीकरण पर विचार कीजिए—

$$y_{t+2} + ay_{t+1} + by_t = 0 \qquad ...(1)$$

उपर्युक्त समीकरण के हमें दो हल प्राप्त करने की आवश्यकता है।

यदि हम अनुमान लगाएँ कि हल यह रूप लेगा—$u_t = m^t$ इसलिए ताकि u_t एक हल हो, हमें प्राप्त होना चाहिए $m^t(m^2 + am + b) = 0$

अथवा, यदि $m \neq 0$

$m^2 + am + b = 0$

इसको अंतर समीकरण का विशिष्ट (अथवा सहायक) समीकरण कहा जाता है और इसके हल हैं— $-(1/2)a \pm \sqrt{((1/4)a^2 - b)}$

सजातीय समीकरणों के हलों का व्यवहार—घटक $\sqrt{((1/4)a^2 - b)}$ पर दृष्टिपात कर हम तीन उदाहरणों की पहचान करते हैं—

- **सुस्पष्ट यथार्थ मूल**—यदि $a^2 > 4b$, तो विशिष्ट समीकरण सुस्पष्ट यथार्थ मूल रखता है, और इस सजातीय समीकरण का सामान्य हल होता है— $Am_1^t + Bm_2^t$, जहाँ m_1 और m_2 दो मूल हैं।
- **पुनरावृत्त मूल**—यदि $a^2 = 4b$, तो विशिष्ट समीकरण एक मात्र मूल रखता है, और इस सजातीय समीकरण का सामान्य हल होता है—$(A + Bt)m^t$, जहाँ $m = -(1/2)a$ ही मूल है।
- **सम्मिश्रित मूल**—यदि $a^2 < 4b$, तो इस विशिष्ट समीकरण में बहुचर मूल हैं, और इस सजातीय समीकरण का सामान्य हल होगा—

$Ar^t \cos(\theta t + \omega)$, जहाँ A और ω अचर हैं, $r = \sqrt{b}$ और $\cos\theta = -a/(2\sqrt{b})$, अथवा विकल्पतः, $C_1 r^t \cos(\theta t) + C_2 r^t \sin(\theta t)$, जहाँ $C_1 = A \cos \omega$ और $C_2 = -A \sin \omega$ [इस सूत्र के प्रयोग से कि $\cos(x + y) = (\cos x)(\cos y) - (\sin x)(\sin y)$]।

जब विशिष्ट समीकरण में बहुचर मूल होता है तो वह दोलायमान होता है। समय t पर Ar^t आयाम है (जो आरंभिक स्थितियों पर निर्भर करता है) और r वृद्धि कारक है। $\theta/2\pi$ दोलनों की प्रायिकता है और ω प्रावस्था है (यह भी आरंभिक स्थितियों पर निर्भर करती है)।

यदि $|r| < 1$, तो दोलन मंद हैं; यदि $|r| > 1$ तो वे विस्फोटक हैं।

स्थिरता—हम अवकल समीकरणों के किसी सिद्धांत को स्थिर कहते हैं यदि उसका दूरगामी व्यवहार आरंभिक स्थितियों के प्रति संवेदनशील न हो।

इस द्वितीय-क्रम समीकरण पर विचार कीजिए—$y_{t+2} + ay_{t+1} + by_t = c_t$

सामान्य हल इस प्रकार लिखें— $y_t = Au_t + Bv_t + u_t^*$

जहाँ A और B आरंभिक स्थितियों द्वारा निर्धारित होते हैं।

यह हल स्थिर होगा यदि A और B के सभी मानों के लिए प्रथम दो पद 0 तक $t \to \infty$, के रूप में पहुँचते हैं। इस दशा में, किन्हीं भी आरंभिक स्थितियों के लिए, समीकरण का हल विशिष्ट हल u_t^* तक पहुँचता है। यदि सभी A और B के लिए प्रथम दो पद शून्य पर पहुँचते हैं, तो u_t और v_t अवश्य ही शून्य तक पहुँचने चाहिए। यह निश्चित करने के लिए कि u_t शून्य पर पहुँचे, हम A = 1 और B = 0 ले सकते हैं। दूसरी ओर, यह निश्चित करने के लिए कि v_t शून्य पर पहुँचे, हम A = 0 और B = 1 ले सकते हैं। ऐसा होने के लिए इसकी एक अनिवार्य एवं यथेष्ट स्थिति यह है कि विशिष्ट समीकरण के मूलों के मापांक दोनों 1 से कम हों। यहाँ किसी मिश्रित संख्या $\alpha + \beta i$ का मापांक $+\sqrt{(\alpha^2 + \beta^2)}$ होता है, जो कि संख्या का अचर मान होगा यदि संख्या वास्तविक है।

दो प्रकार की स्थितियाँ देखी जाती हैं—

- यदि विशिष्ट समीकरण बहुचर मूल रखता है तो प्रत्येक मूल का मापांक $\sqrt{b}$ होगा (मूल हैं— $\alpha \pm \beta i$, जहाँ $\alpha = -a/2$ और $\beta = \sqrt{(b - (1/4)a^2)}$)।
अतः स्थिरता के लिए हमें b < 1 चाहिए।

- यदि विशिष्ट समीकरण वास्तविक मूल रखता है तो प्रत्येक मूल का मापांक उसका अचर मान होगा। अतः स्थिरता के लिए हमें चाहिए कि प्रत्येक मूल के अचर मान 1 से कम हों, अथवा $\left| -a/2 + \sqrt{a^2/4 - b} \right| < 1$ और $\left| -a/2 - \sqrt{a^2/4 - b} \right| < 1$

विजातीय समीकरण—मूल समीकरण $y_{t+2} + ay_{t+1} + by_t = c_t$ का सामान्य हल ज्ञात करने के लिए हमें उसके हलों में से एक को ज्ञात करना होगा।

मान लीजिए कि b ≠ 0

किसी हल का रूप c_t पर निर्भर करता है।

मान लीजिए कि सभी t के लिए $c_t = c$ तब $y_t = C$ एक हल होगा यदि—
C = c/(1 + a + b) और यदि 1 + a + b ≠ 0;

यदि 1 + a + b = 0 तो $y_t = C_t$ की जाँच करें; यदि वह कोई हल नहीं देता है तो हमें $y_t = Ct^2$ लेकर जाँच करनी होगी।

6.4 अंतर समीकरणों का अर्थशास्त्र में अनुप्रयोग—

6.4.1 कॉबवेब प्रतिमान (The Cobweb Model)

—इस निदर्शन का अनिवार्य अभिलक्षण यह है कि उत्पादन या आपूर्ति किसी एकावधि विलम्ब के साथ मूल्य के अनुकूल होती है। इस प्रकार की विलम्बित आपूर्ति अनुक्रिया प्रायः कृषिगत उत्पादों के लिए अनुपालित (observed) की जाती है।

हम मानकर चलते हैं कि—(1) बाजार माँग एवं आपूर्ति फलन रेखीय हैं और समय के साथ नहीं बदलते, (2) किसी अवधि t में माँग उसी अवधि में प्रचलित मूल्य के प्रति अनुक्रिया दर्शाती है, परंतु t में आपूर्ति उस मूल्य पर निर्भर करती है जो गत अवधि, (t – 1) में प्रचलित रहा; तथा (3) बाजार इस अर्थ में प्रतियोगी होता है कि मूल्य जो प्रत्येक अवधि में प्रचलित रही, वही मूल्य होता है जो माँग एवं आपूर्ति में समीकृत होता हो। इस प्रकार, इस निदर्शन को निम्नलिखित समीकरणों को रखने वाले के रूप में निर्धारित किया जा सकता है—

$$D_t = a - b\, P_t;\ a, b > 0 \qquad \ldots(1)$$

$$S_t = -\alpha + \beta\, P_{t-1};\ \alpha, \beta > 0, \alpha < a \qquad \ldots(2)$$

सभी t के लिए $D_t = S_t$ ...(3)

प्रथम समीकरण हमें अवधि t में सरल माँग वक्र देता है। द्वितीय आपूर्ति में विलम्ब दर्शाता है। t में आपूर्ति, S_t, सन्निकट पूर्वावधि, P_{t-1}, के मूल्यों द्वारा निर्धारित की जाती है। अंतिम समीकरण प्रत्येक अवधि में बाजार में लाभ कमाने की स्थिति है। ये तीनों समीकरण मिलकर मूल्य में एक प्रथम–क्रम अचर गुणांक विजातीय अंतर समीकरण को जन्म देते हैं।

$$a - bP_t = -\alpha + \beta P_{t-1}$$

$$\Rightarrow -bP_t = -\alpha - a + \beta P_{t-1}$$

$$\Rightarrow P_t = \left(\frac{-\beta}{b}\right) P_{t-1} + \frac{a+\alpha}{b} \qquad \ldots(4)$$

ज्ञात a, b, α और β के साथ, आरंभिक मूल्य P_0 का विशिष्टीकरण हमें समीकरण को हल करने में मदद करता है, जैसे—

$$P_t = \left(P_0 - \frac{a+\alpha}{b+\beta}\right)\left(-\frac{\beta}{b}\right)^t + \frac{a+\alpha}{b+\beta} \qquad \ldots(5)$$

यहाँ स्पष्ट है कि कालांतर में P का व्यवहार $\left(-\frac{\beta}{b}\right)$ पर निर्णायक रूप से निर्भर करता है।

चूँकि यह पद ऋणात्मक है $(b, \beta > 0)$, समय–पथ हमेशा दोलायमान रहेगा।

अब हम P* द्वारा अचर $\frac{a+\alpha}{b+\beta}$ को इंगित करेंगे।

तब, $\left(\frac{\beta}{b}\right) > 1$ मूल्य अपसरण करता है।

$\left(\frac{\beta}{b}\right) = 1$ मूल्य समान रूप से दोलायमान अर्थात् घटता–बढ़ता है।

$\left(\frac{\beta}{b}\right) < 1$ मूल्य P* की ओर अभिसारित होता है।

केवल अंतिम स्थिति में ही (जैसे–जैसे t बढ़ता है, P_t चलकर P* पर पहुँचता है), सिद्धांत स्थिर है। इस प्रकार, स्थिरता हेतु स्थिति है $\left(\frac{\beta}{b}\right) < 1$. इस प्रतिमान को **मक्कड़ जाल प्रतिमान** (Cobweb Model) के नाम से जाना जाता है क्योंकि जब हम बाद के समय में मूल्य और मात्रा का पता लगाते हैं तब माँग और पूर्ति के वक्रों में एक जाल सा बुनने लगता है।

6.4.2 सैम्युलसन गुणक त्वरण परस्पर प्रभाव प्रतिमान (Samuelson Multiplier-Accelerator Interaction Model)—दिए गए समष्टि अर्थशास्त्रीय समीकरण पर विचार कीजिए—

$C_t = C_0 + cY_{t-1}, 0 < c < 1.$

$I_t = I_0 + v(C_t - C_{t-1}); v > 0.$

$Y_t = C_t + I_t$

संकेत Y, C और I क्रमशः राष्ट्रीय आय, उपभोग एवं निवेश को इंगित करते हैं। यह गुणक और त्वरक के बीच अंतर्क्रिया संबंधी सैमुएल्सन का निदर्शन है। प्रथम समीकरण किसी एकावधि विलम्ब वाला उपभोग फलन है, द्वितीय त्वरक प्रकार का निवेश फलन है। $C_0 + I_0$ स्वायत्त उपभोग और निवेश के स्तर हैं। उपभोग हेतु प्रवणता, c और त्वरक गुणांक, v को अचर मान लिया जाता है। अंतिम समीकरण समष्टि–संतुलन की अवस्था है। तीनों समीकरण मिलकर Y में निम्नलिखित अंतर समीकरण को जन्म देते हैं—

$$Y_t - c(1 + v)Y_{t-1} + cvY_{t-2} = C_0 + I_0 \quad ...(6)$$

सजातीय भाग हेतु विशिष्ट समीकरण हैं—

$m^2 - c(1 + v)m + cv = 0$

मूल हैं, $m_1, m_2 = \frac{1}{2}\left(c(1+v) \pm \sqrt{c^2(1+v)^2 - 4cv}\right) \quad ...(7)$

m_1 और m_2 दोनों धनात्मक हैं क्योंकि द्विघात समीकरणों के सिद्धांत से हम जानते हैं कि $m_1 + m_2 = c(1 + v) > 0$ और $m_1m_2 = cv > 0$. चूँकि $c(1+v) - cv \neq 1$, तब विशिष्ट हल है $\frac{C_0 + I_0}{1-c}$. c और v के मानों पर निर्भर करते हुए तीन प्रकार के हल संभव हैं—

- $c^2(1 + v)^2 > 4cv$ अथवा $c(1 + v)^2 > 4v$, मूल वास्तविक और सुस्पष्ट है।

  $Y_t = A_1m_1^t + A_2m_2^t + \frac{C_0 + I_0}{1-c}; A_1, A_2 \neq 0$ एवं अचर।

- $c(1+v)^2 = 4v$, मूल वास्तविक और मान $\frac{1}{2}c(1+v)$ के बराबर हैं।

  इस स्थिति में– $Y_t = (A_t + A_2 t)\left(\frac{c(1+v)^2}{2}\right) + \frac{C_0 + I_0}{1-c}$;

- $c(1+v)^2 < 4v$, मूल बहुचर हैं। समीकरण (7) से हम देखते हैं कि मूल निम्न समीकरण के साथ रूप $(a \pm ib)$ वाले हैं–

  $$a = \frac{1}{2}c(1+v)$$

  $$b = \frac{1}{2}\sqrt{4cv - c^2(1+v)^2}$$

  $$\left(\because \sqrt{c^2(1+v)^2 - 4cv} = \sqrt{i^2\left(4cv - c^2(1+v)^2\right)} = i\sqrt{4cv - c^2(1+v)^2} = ib\right)$$

मूलों का मापांक $r = \sqrt{a^2 + b^2} = \sqrt{cv}$

यहाँ हल है– $Y_t = \left(\sqrt{cv}\right)^2 \left(A_1 \cos(t\theta) + A_2 \sin(t\theta)\right) + \frac{C_0 + I_0}{1-c}$

जहाँ $\theta = \tan^{-1}\left(\frac{\sqrt{4cv - c^2(1+v)^2}}{c(1+v)}\right)$

इस स्थिति में, हमें राष्ट्रीय आय Y का एक चक्रीय समय–पथ मिलता है। यदि $\sqrt{cv} < 1$, तो जैसे–जैसे t बढ़ेगा $\left(\sqrt{cv}\right)^t$ शून्य होने लगेगा तथा Y_t मान $\frac{C_0 + I_0}{1-c}$ तक पहुँच जाएगा।

इस प्रकार, स्थिरता हेतु स्थिति (Y में मंद दोलन) $\sqrt{cv} < 1$ है, यथा उपभोग हेतु सीमांत प्रवणता तथा त्वरक गुणांक का गुणनफल इकाई से कम होना चाहिए।

6.5 प्रावस्था आरेख और गुणात्मक विश्लेषण (Phase Diagram and Qualitative Analysis)–प्रावस्था आरेखों को समझने के लिए हम एक अंतर समीकरण $x_{t+1} = f(x_t)^*$, जहाँ $t = 0, 1, 2, 3...$ पर विचार करते हैं।

स्थिति $1 - 0 < f'(x) < 1$ और $f''(x) < 0$ है

हम पहले इस अरैखिक अंतर समीकरण का प्रावस्था आरेख यह मानते हुए ज्ञात करते हैं

कि फलन f(x) एक वर्धमान फलन है अर्थात् $f'(x) > 0$ है तथा जैसे–जैसे x बढ़ता है फलन समतल /सपाट होने लगता है अर्थात् $f''(x) < 0$ है।

यदि हम इस वक्र का आरेख बनाएँ जिसमें x_{t+1} ऊर्ध्व तथा x_t क्षैतिज अक्ष पर लिया जाए, तो हमें चित्र 6.1 जैसा एक चित्र प्राप्त होगा। आइए हम इस वक्र को (जिसे प्रावस्था रेखा कहते हैं)

$$x_{t+1} = f_a(x_t) \qquad ...(1)$$

से व्यक्त करें। हमने चित्र 6.1 में हमने 45° रेखा भी बनाई है। वक्र f_a का 45° रेखा के साथ उभयनिष्ठ होना बिंदु $x_{t+1} = x_t$ पर एक संतुलन बिंदु को चिह्नित करता है। यदि x_0 क्षैतिज अक्ष पर दिया हुआ एक प्रारंभिक मान है, तो समीकरण (1) से हम एक ऊर्ध्व–निर्देशांक मान x_1 जहाँ $x_1 = f_a(x_o)$ है, प्राप्त करते हैं। यही चित्र 6.1 में प्रावस्था रेखा f_a प्रतिचित्रित करती है। दूसरे दृष्टिकोण से देखें तो, क्षैतिज अक्ष पर स्थित x_0 को यदि हम सीधे प्रावस्था रेखा तक ले जाएँ तो, बिंदु A, x_1 का मान दर्शाता है। इसके पश्चात् हम अगला युग्म x_1 और x_2 का लेते हैं जहाँ $x_2 = f_a(x_1)$ है। ध्यान दें कि x_1 को ऊर्ध्वाधर अक्ष से क्षैतिज अक्ष पर पुनः, 45° रेखा (जिसकी ढाल 1 है) की सहायता से, आरेखित किया जा सकता है। आने वाले युग्मों के लिए यही विधि बार–बार अपनायी जाती है। यह प्रक्रिया आवर्ती विधि कहलाती है।

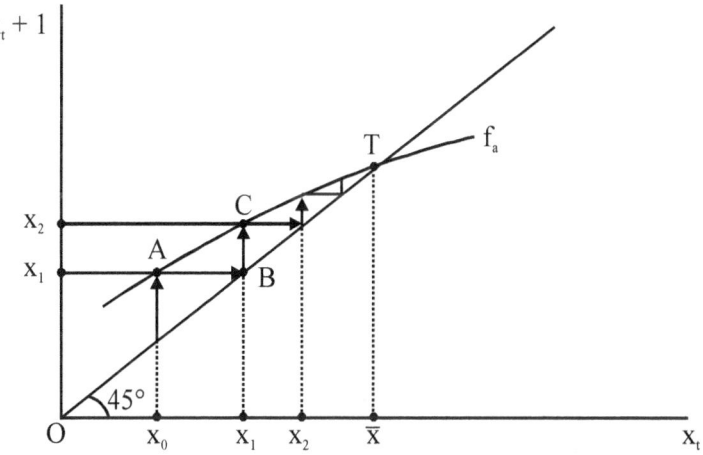

चित्र 6.1

इसी तरह नीचे दो तीनों स्थितियों में भी, ऊपर वर्णित आरेखीय विधि लगाई जा सकती है–

स्थिति 2–$f'(x) > 1$ तथा $f''(x) < 0$ है

मान लीजिए प्रावस्था रेखा $x_{t+1} = f_b(x_t)$ है।

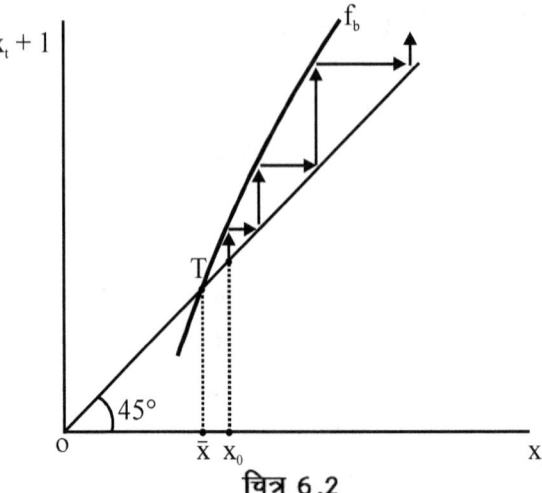

चित्र 6.2

स्थिति 3 — $-1 < f'(x) < 0$

मान लीजिए प्रावस्था रेखा $x_{t+1} = f_c(x_t)$ है।

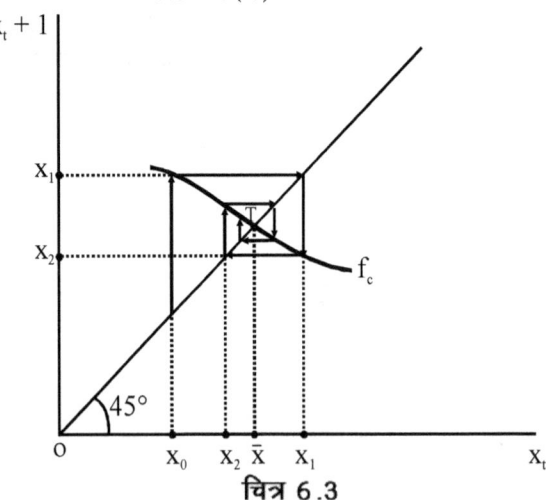

चित्र 6.3

स्थिति 4 — $f'(x) < -1$

मान लीजिए प्रावस्था रेखा $x_{t+1} = f_d(x_t)$ है।

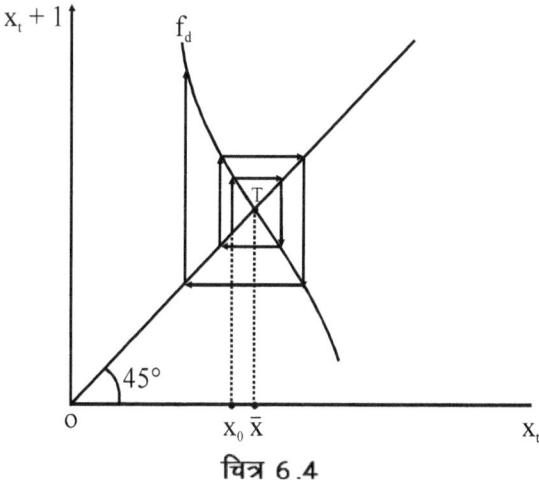

चित्र 6.4

ऊपर दी गई चार स्थितियाँ, प्रावस्था रेखा के चार आधारभूत प्रकार दर्शाती है। इनमें से प्रत्येक एक भिन्न समय पथ को दर्शाती है। प्रत्येक चित्र में x का अंतर्कालिक संतुलन मान, जिसे $\bar{x}$ से व्यक्त किया जाता है, चित्र में दी हुई प्रावस्था रेखा और उस से संबद्ध 45° रेखा के उभयनिष्ठता बिंदु से प्राप्त होता। प्रत्येक चित्र में उसे T से दर्शाया गया है। बिंदु T पर $x_{t+1} = x_t$ होता है।

एक प्रश्न यह उठता है कि यदि एक प्रारंभिक मान $x_0 \neq \bar{x}$ दिया है, तो क्या प्रावस्था रेखा द्वारा निर्दिष्ट परिवर्तन का प्रतिरूप हमें अविरूद्ध रूप से $\bar{x}$ की ओर ले जाएगा या इस से दूर। यदि यह हमें $\bar{x}$ की ओर ले जाता है तो यह अभिसरण की स्थिति कहलाती है, नहीं तो अपसरण की। ऊपर ली गई स्थिति 1 में प्रावस्था रेखा f_a हमें सुस्थिर पथ से, x_0 से $\bar{x}$ की ओर ले जाती है बिना किसी दोलन के। यदि x_0, $\bar{x}$ की दाईं ओर स्थित हो तो भी, $\bar{x}$ की ओर का पथ स्थिर और बाईं दिशा में रहता है। इसे संतुलन का अभिसरण कहा जाता है। स्थिति II में प्रावस्था रेखा f_b जिसकी ढाल 1 से बड़ी है, एक अपसारी पथ दर्शाती है। इस स्थिति में यदि हम $\bar{x}$ से बड़े प्रारंभिक मान x_0 से प्रारंभ करें तो हम निरंतर संतुलन मान से दूर, x के बड़े और अधिक बड़े मानों की ओर जाते हैं। इसी प्रकार यदि हम प्रारंभिक मान से छोटा लें, तो हम पाते हैं कि $\bar{x}$ के मान विपरीत दिशा में अपसारी गति दर्शाते हैं। स्थिति III और IV में वक्र संतुलन बिंदु से आगे निकल जाता है तथा हमें सुस्थिर दोलनी गति प्राप्त होती है। प्रावस्था रेखा f_c की निरपेक्ष ढाल 1 से कम है। इस स्थिति में $x, \bar{x}$ से जिस सीमा तक आगे निकल गया है, उसी के अंदर रहते हुए, प्रत्येक क्रमिक समय अंतराल में कम होता हुआ $\bar{x}$ की ओर अभिसरित होता है, अर्थात् x_0 से यह x_1 तक जाता है जो कि $\bar{x}$ से अधिक है, इसके पश्चात् यह x_1 से x_2 तक जाता है जो कि $\bar{x}$ से कम होता है। प्रावस्था रेखा f_d की निरपेक्ष ढाल 1 से अधिक है और हमारे समक्ष एक अपसारी समय पथ का विपरीत दृश्य उपस्थित होता है।

इस प्रकार हमें दो मूलभूत नियम प्राप्त होते हैं–

- एक प्रथम–कोटि, स्वायत, अरैखिक अंतर समीकरण का एक स्थिर स्थायी/अपरिवर्ती–दशा संतुलन बिंदु (stable steady-state equilibrium point) $\bar{x}$ होगा, यदि अवकलज (जो और कुछ नहीं, प्रावस्था रेखा की ढाल ही है) का निरपेक्ष मान $f'(\bar{x})$, 1 से कम है, और यह संतुलन बिंदु अस्थिर होगा यदि अवकलज का $\bar{x}$ पर निरपेक्ष मान 1 से अधिक है।
- एक प्रथम–कोटि, स्वायत्त, अरैखिक अंतर समीकरण से हमें x_t में प्रदोलन प्राप्त होता है यदि $f'(x)$, प्रत्येक $x_t > 0$ के लिए ऋणात्मक है जबकि x_t की गति एकदिष्ट होगी यदि $f'(x)$, प्रत्येक $x_t > 0$ के लिए धनात्मक है।

6.6 अरैखिक अंतर समीकरणों का रेखीयकरण (Linearising Non-linear Difference Equation)–अरैखिक समीकरणों के लिए, हम संतुलन बिंदुओं की जाँच केवल उनके आस–पास के एक छोटे/लघु प्रतिवेश में कर सकते हैं। ऐसा करने के लिए, अरैखिक फलन का संतुलन बिंदु पर रैखिक बनाया जाता है और उसके पश्चात् इस रैखिक सन्निकटन की ढाल की जाँच की जाती है।

अब हम $f(x)$ अर्थात् अपने अरैखिक अंतर फलन को रैखिक बनाने का प्रयास करते हैं। इसके लिए हमें इस फलन का संतुलन बिंदु पर प्रथम–कोटि टेलर श्रेणी प्रसार ज्ञात करना पड़ेगा। यद्यपि एक प्रथम–कोटि टेलर श्रेणी प्रसार से हमें एक अरैखिक फलन का रैखिक सन्निकटन प्राप्त होता है, समस्या यह है कि यह सन्निकटन प्रसार बिंदु के आस–पास एक सीमित परिसर में ही सही मान देता है। साथ ही मूल फलन की वक्रता जितनी अधिक होगी, यह परिसर उतना ही छोटा होगा। निश्चित रूप से यह जरूरी नहीं कि हम इस प्रसार को प्रथम–कोटि तक ही सीमित रखें, हम इस प्रकार को जिस कोटि तक चाहें ले जा सकते हैं। यदि हमारे वक्र की वक्रता बहुत अधिक है तो हमें इसका अच्छा सन्निकटन प्राप्त करने के लिए उच्च–कोटि के प्रसार की आवश्यकता पड़ेगी परंतु उच्च–कोटि के प्रसारों में अरैखिक पद/तत्त्व आ जाते हैं और हमारा लक्ष्य एक रैखिक प्रसार प्राप्त करना है। इसलिए हम प्रथम–कोटि अर्थात् रैखिक प्रसार पर ही रूक जाते हैं।

किसी दिए हुए व्यापक फलन $f(x)$ का प्रथम–कोटि टेलर श्रेणी सन्निकटन ज्ञात करने के लिए, हम सर्वप्रथम x का वह मान निर्धारित करते हैं, जिस पर हमें अपने अरैखिक फलन का रैखिक सन्निकटन ज्ञात करना है। आइए हम x के इस मान को x^* से ज्ञात करें। इसका अर्थ है कि सन्निकटन बिंदु पर $f(x)$ का मान $f(x^*)$ होगा। फलन $f(x)$ का किसी भी बिंदु x^* पर सन्निकटन हम निम्न प्रकार से ज्ञात कर सकते हैं–

$$f(x) \approx f(x^*) + \frac{df(x^*)}{dx}(x - x^*)$$

इस समीकरण के दाएँ पक्ष में उपस्थित अवकलज का मान भी x^* पर ही ज्ञात किया जाएगा। x, x^* के जितना निकट होगा, सन्निकटन का मान उतना ही बेहतर होगा।

अब हम इस सन्निकटन विधि का प्रयोग एक प्रथम–कोटि अंतर समीकरण पर करते हैं। स्मरण रहे कि हम नीचे दी गई प्रथम–कोटि अंतर समीकरण का सन्निकटन ज्ञात करने का प्रयास कर रहे हें, और x^* या $\bar{x}$ को तंत्र के एक संतुलन बिंदु को दर्शाने के लिए प्रयोग कर रहे हैं

$$x_{t+1} = f(x_t)$$

x^* इस अंतर समीकरण का एक संतुलन बिंदु है। इस संतुलन बिंदु के निकट, फलन का सन्निकटन करने पर हम प्राप्त करते हैं–

$$x_{t+1} = f(x_t) = f(x^*) + \frac{df(x^*)}{dx}(x_t - x^*) \qquad .....(1)$$

ध्यान दें कि x^* एक संतुलन बिंदु है। अतः हम इस समीकरण को इस प्रकार भी लिख सकते हैं–

$$x_{t+1} = x^* + \frac{df(x^*)}{dx}(x_t - x^*) \qquad ....(2)$$

आइए हम एक नया चर x^D परिभाषित करें जो कि x के वर्तमान मान से संतुलन मान x^* के विचलन को व्यक्त करता है। अतः, ${x^D}_t = x_t - x^*$ और ${x^D}_{t+1} = x_{t+1} - x^*$ है। इस प्रकार हम समीकरण (2) को निम्न रूप में लिख सकते हैं–

$$x^D_{t+1} = \frac{df(x^*)}{dx} x^D_t \qquad ....(3)$$

समीकरण (3) की व्याख्या करते हुए, हमें यह ध्यान रखना चाहिए कि हमने प्रथम अवकलज $\frac{df(x^*)}{dx}$ का मान एक बिंदु x^* (जो यहाँ पर संतुलन बिंदु है) पर ज्ञात किया है, अतः यह एक अचर है। इस तथ्य के प्रकाश में यह स्थिर गुणांक वाला एक समघात समीकरण बन जाता है। अर्थात् हमें एक प्रथम–कोटि समघात अंतर समीकरण प्राप्त होता है। क्योंकि यह एक समघात समीकरण है, इसका संतुलन $x^D = 0$ पर होगा। परंतु x^D मूल चर का संतुलन बिंदु से विचलन है, इसलिए $x^D = 0$ का अर्थ है $x = x^*$ । अतः यदि समीकरण 2 स्थिर है जबकि x^D इसके संतुलन बिंदु की ओर अभिसरण करता है, तो x भी अपने संतुलन बिंदु की ओर अभिसरण करेगा।

6.7 अरैखिक अंतर समीकरणों के अनुप्रयोग–

6.7.1 सोलो प्रतिमान (Solow Growth Model)–एक उत्पादन फलन पर विचार करें– $q = f(K, L)$

जहाँ q = उत्पादन, K = पूँजी और L = श्रम है। यह निर्दिष्ट है कि उत्पादन फलन $q = AL^{\alpha}K^{1-\alpha}$ का रूप ले ले, जहाँ A का धनात्मक अचर है और $0 < \alpha < 1$. उत्पादन के

एक अचर खंड s को "बचा" लिया जाता है (0 < s < 1 के साथ) और जमा पूँजी बढ़ाने में प्रयोग किया जाता है। इस प्रकार, जमा पूँजी इस अवकल समीकरण के अनुसार बदलती है—

$$K'(t) = sAL(t)^\alpha K(t)^{1-\alpha}$$ और $t = 0$ पर मान K_0 ले लेती है। श्रमिक बल $t = 0$ पर $L_0 > 0$ है और एक अचर दर λ पर बढ़ता है, जिससे $\dfrac{L'(t)}{L(t)} = \lambda$

हम इस उदाहरण को L के लिए हल कर सकते हैं। फिर इस प्राप्त मान को K प्राप्त करने के लिए K'(t) हेतु समीकरण में प्रतिस्थापित करेंगे।

यहाँ L हेतु समीकरण पृथक्करणीय है और हम लिख सकते हैं— $\dfrac{dL}{L} = \lambda dt$.

समाकलन करके हमें प्राप्त होता है— $\log L = \lambda t + C$ अथवा $L = Ce^{\lambda t}$
आरंभिक स्थिति दी हो तो हमें प्राप्त होता है $C = L_0$.

इस परिणाम को K'(t) हेतु समीकरण में प्रतिस्थापित करके प्राप्त होता है—

$$K'(t) = sA(K(t))^{1-\alpha}(L_0 e^{\lambda t})^\alpha = sA(L_0)^\alpha e^{\alpha \lambda t}(K(t))^{1-\alpha}$$

यह समीकरण पृथक्करणीय है और इस प्रकार लिखा जा सकता है—

$$K^{\alpha-1}dK = sA(L_0)^\alpha e^{\alpha \lambda t} dt.$$

दोनों ओर समाकलन करके हमें प्राप्त होता है—

$$\frac{K^\alpha}{\alpha} = sA(L_0)^\alpha \frac{e^{\alpha \lambda t}}{\alpha \lambda} + C$$

ताकि $K(t) = \left(sA(L_0)^\alpha \dfrac{e^{\alpha \lambda t}}{\lambda} + C \right)^{\frac{1}{\alpha}}$

दिया है $K(0) = K_0$, हम निष्कर्ष निकाल सकते हैं कि $C = (K_0)^\alpha - \dfrac{sA(L_0)}{\lambda}$

इस प्रकार, $K(t) = \left[sA(L_0)^\alpha \dfrac{e^{\alpha \lambda t} - 1}{\lambda} + (K_0)^\alpha \right]^{\frac{1}{\alpha}}$ सभी t के लिए।

इस उदाहरण का एक रोचक अभिलक्षण है—पूँजी–श्रम अनुपात का निर्गमन।

हमें प्राप्त होता है— $\dfrac{K(t)}{L(t)} = \dfrac{\left[sA(L_0)^\alpha \dfrac{e^{\alpha \lambda t} - 1}{\lambda} + (K_0)^\alpha \right]^{\frac{1}{\alpha}}}{L_0 e^{\lambda t}}$ सभी t के लिए।

अंतर समीकरण

चूँकि $t \to \infty, \dfrac{K(t)}{L(t)}$ अब $\left(\dfrac{sA}{\lambda}\right)^{\frac{1}{\alpha}}$ में बदल जाता है।

6.7.2 आवर्तन तथा अनावर्तन (Cycles and Chaos)

प्रावस्था आरेख में $x_t + 1$ के सापेक्ष x_t का आलेख, या तो एक दिष्ट वर्धमान अथवा एकदिष्ट ह्रासमान होता है परंतु कभी भी पर्वत के आकार का (उल्टे U के आकार का) या घाटी के आकार का (U के आकार का नहीं होता)। यहाँ हम उन अरैखिक अंतर समीकरणों पर विचार करते हैं जो प्रावस्था आरेख में पर्वत के आकार के वक्रों को उत्पन्न करते हैं। इस प्रकार के अंतर समीकरणों में रोचक गत्यात्मक व्यवहार देखने को मिलता है जैसे कि चक्र, जो प्रत्येक दो या तीन समय अवधियों में स्वयं को दोहराते हैं या फिर ऐसे गत्यात्मक प्रक्रम जिनमें x_t के व्यवहार में अनियमितता होती है। इस प्रकार के अनियमित प्रक्रम को अनावर्तन (Chaos) कहते हैं।

नीचे दिए प्रथम-कोटि, अरैखिक, स्वायत अंतर समीकरण पर विचार कीजिए—

$x_{t+1} = A x_t (1 - x_t),$ where $t = 0, 1, 2, \ldots$ ....(1)

संतुलन $\bar{x}$ मान निम्नलिखित समीकरणों को हल करने से प्राप्त होते हैं—

$\bar{x} - A\bar{x}(1 - \bar{x}) = 0 \Rightarrow A\bar{x}^2 - A\bar{x} + \bar{x} = 0$

$\Rightarrow A\bar{x}^2 + \bar{x}(1 - A) = 0 \Rightarrow \bar{x}^2 + \bar{x}\dfrac{(1-A)}{A} = 0$

इस प्रकार हम पाते हैं—

$\bar{x}\left[\left(\dfrac{1-A}{A}\right) + \bar{x}\right] = 0$

हमें दो संतुलन बिंदु $\bar{x} = 0$ तथा $\bar{x} = \left(\dfrac{A-1}{A}\right)$ प्राप्त होते हैं। दूसरे संतुलन बिंदु के आधार पर हम यह निष्कर्ष निकाल सकते हैं कि स्थायी-अवस्था संतुलन केवल तभी प्राप्त होता है जब $A > 1$ हो। यदि $A \leq 1$ हो, तो स्थायी-अवस्थाएँ शून्य या ऋणात्मक होती हैं। हमने प्रावस्था आरेखों पर चर्चा करते हुए पाया था कि किसी प्रथम-कोटि, स्वायत्त, अरैखिक अंतर समीकरण का स्थायी-अवस्था संतुलन बिंदु स्थानीय रूप से स्थिर होता है यदि इसकी ढाल का निरपेक्ष मान, अर्थात् संतुलन बिंदु पर इसका अवकलन 1 से कम हो। समीकरण (1) में प्राप्त दो स्थायी बिंदुओं $\bar{x} = 0$ तथा $\bar{x} = \left(\dfrac{A-1}{A}\right)$ पर अवकलज के मान इस प्रकार हैं—

$\dfrac{dx_{t+1}}{dx_t} = A - 2Ax_t$

$\bar{x}=0$ पर $\frac{d\,x_{t+1}}{dx_t}=A$ है और $\bar{x}=\frac{A-1}{A}$ पर $\frac{dx_{t+1}}{dx_t}=2-A$ है।

ऊपर प्राप्त परिणाम यह दर्शाते हैं कि स्थायी बिंदु $\bar{x}=0$ अस्थिर है क्योंकि हमने $A>1$ माना है। बिंदु $\bar{x}=\frac{A-1}{A}$ स्थानीय रूप से केवल तभी स्थायी होगा यदि 2 –A का निरपेक्ष मान अर्थात् $|2-A|<1$ हो, अर्थात् यदि $1<A<3$ हो।

क्योंकि ऊपर लिया गया समीकरण एक प्रथम–कोटि अरैखिक अंतर समीकरण है, हम इसके लिए एक प्रावस्था आरेख बना सकते हैं। प्रावस्था रेखा का 45° रेखा का प्रतिच्छेदन समीकरण के स्थायी बिंदुओं पर, अर्थात्, 0 और $\left(\frac{A-1}{A}\right)$ पर प्राप्त होगा। आलेख का अधिकतम मान $x=\frac{1}{2}$ पर होगा, जहाँ ढाल $\frac{dx_{t+1}}{dx_t}=0$ होगी। फलन का दूसरा अवकलज $\frac{d^2x_{t+1}}{dx_t^{\,2}}=-2A$ है, जो कि ऋणात्मक है। यह दर्शाता है कि फलन का आलेख उल्टे U के आकार का होगा (चित्र 6.5 देखें)।

प्रावस्था रेखा का 45° रेखा के साथ प्रतिच्छेदन, अधिकतम मान बिंदु के बाईं ओर होगा यदि $1<A<2$ है। इसका अर्थ है कि स्थिर स्थायी बिंदु $\bar{x}=\frac{A-1}{A}$ पर ढाल धनात्मक है। जबकि, यदि $2<A<3$ तो प्रतिच्छेदन स्थिर स्थायी बिंदु के दाहिनी ओर होगा।

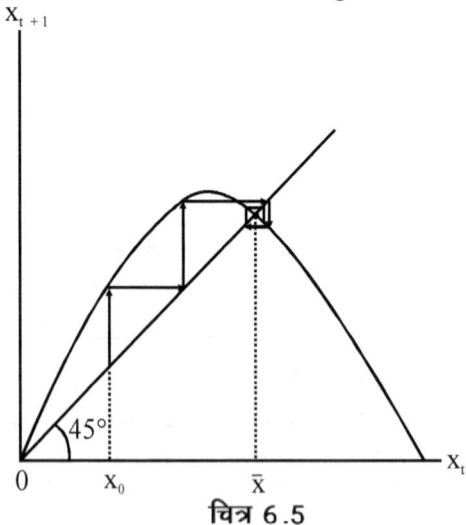

चित्र 6.5

यह स्थानीय स्थिरता के प्रतिबंध को संतुष्ट करता है क्योंकि स्थिर स्थायी बिंदु पर प्रावस्था रेखा की ढाल ऋणात्मक होगी।

1 से कम निरपेक्ष मान वाली ऋणात्मक ढाल का अर्थ है कि $x_t, \bar{x}$ के एक प्रतिवेश के अंदर रहते हुए $\bar{x}$ की ओर किसी भी दिशा से अभिसरित होगा परंतु $\bar{x}$ की ओर जाने का पथ दोलनी होगा। x_0 से प्रारंभ होकर जहाँ ढाल धनात्मक है, x_t पहली कुछ समय अवधियों एक दिष्ट रूप से बढ़ता है। लेकिन जब $x_t, \bar{x}$ के प्रतिवेश में पहुँचता है, ढाल ऋणात्मक हो जाता है तथा x_t की गति प्रतिवेश में दोलनी हो जाती है और अंततः स्थायी अवस्था की ओर अभिसरित होता है।

सर्वप्रथम, $\bar{x} = \dfrac{A-1}{A}$ अब स्थिर स्थायी अवस्था नहीं रहेगी, बल्कि अस्थिर हो जाएगी। दूसरे, पर्वत के आकार की प्रावस्था रेखा का एक विशिष्ट गुण है जो कि एक एकदिष्ट प्रावस्था आरेख के लिए सत्य नहीं होगा– अर्थात्, x_t अंतहीन रूप से 0 या अनंतता की ओर नहीं जाता बल्कि एक सीमित परिसर में दोलन करेगा यद्यपि यह स्थायी अवस्था की ओर अभिसरित नहीं होगा। परंतु यह नियमित आवर्ती व्यवहार दर्शाएगा।

जब एक अरैखिक अंतर समीकरण का इस प्रकार का उल्टे U के आकार का प्रावस्था आरेख प्राप्त होता है, फलन के व्यवहार में एक प्रभावसीमा उत्पन्न होती है। अर्थात् A के मान में छोटे से परिवर्तन से भी x के व्यवहार में और इसके प्रक्षेप–पथ में नाटकीय परिवर्तन होते हैं। उदाहरण के लिए, ऊपर दिए गए उदाहरण में, यदि A का मान 2 और 3 के बीच में हो, तो x प्रत्यावर्ती मान लेता है परंतु अभिसरण की ओर जाता है। जैसे ही A का मान 3 या उससे अधिक होता है, प्रक्षेप पथ अत्याधिक जटिल हो जाता है। 3 और 4 के बीच कुछ मानों के लिए, x_t आवर्ती प्रत्यावर्तन में स्थिर होता है। इसे सीमा चक्र भी कहते हैं। मूलतः इसका अर्थ है कि x केवल एक विशिष्ट परिसर में मान लेता है और इसी परिसर के अंदर मानों का प्रत्यावर्तन (अदल–बदल) करता है। यह दर्शाया जा सकता है कि जब A का मान 3.2 है, यदि गतिक तंत्र लंबे समय तक चलता है, तो यह एक ऐसे प्रतिरूप में स्थिर होगा जिसे आवर्त 2 का चक्र कहते हैं, यह मानों 0.519 और 0.799 के बीच प्रत्यावर्तित होता रहता है। यह एक सीमित चक्र में प्रत्यावर्तन का एक उदाहरण है। सीमित चक्र दोलन को जन्म देते हैं परंतु यह केवल उच्च–कोटि के अंतर समीकरणों में होता है। प्रत्यावर्तन सीमा चक्र का मूल–तत्त्व है। यह एक स्थिर सीमा चक्र का एक उदाहरण है।

फिर भी, ऐसी स्थितियाँ भी हो सकती हैं जब सीमा चक्र अस्थायी हो। इन चक्रों के मूलभूत गुणधर्म वही होते हैं जो कि एक अस्थिर संतुलन के होते हैं। इनकी मूल विशिष्टता यह है कि यदि हम सीमा चक्र में एक मान से प्रारंभ करें, तो हम सदा उसी चक्रीय पथ में रहेंगे, न अभिसरण होगा, न अपसरण, यदि हम चक्र के बाहर किसी भी ओर एक मान से प्रारंभ करें तो हम चक्र से दूर अपसरण करेंगे।

यदि हम A का मान सुस्थिर रूप से बढ़ाएँ, विभिन्न परिणाम निकल कर आते हैं। यदि A = 3.4 हो, तो वह अंतराल जिसमें x का मान स्थित होगा बड़ा होगा परंतु फिर भी यह दो मानों के बीच रहेगा। यदि A = 3.5 हो, तंत्र एक आवर्त 4 के चक्र में रहता है, जो कि

$x = 0.382$ से $x = 0.327$ फिर $x = 0.501$ तक और फिर $x = 0.875$ तक जाएगा। परंतु यदि A का मान थोड़ा अधिक जैसे कि $A = 3.84$ हो, तंत्र वापिस आवर्त 3 के चक्र में आ जाता है।

A के मानों के बारे में एक रोचक तथ्य यह है कि इसके प्रत्यार्पण की आवर्ती सदैव एकसार नहीं होती। यहीं अव्यवस्था की स्थिति पैदा होती है। यदि हम $A = 3.85$ लें तो हम पाएँगे कि तंत्र एक ऊँचे/ऊपरी संतुलन बिंदु के आस–पास एकांतरित होता हैं, परंतु कभी अपने आपको दोहराता नहीं। यह ऐसा कोई प्रतिरूप नहीं दर्शाता जो बार–बार अपने को दोहराता हो। यह अनावर्ती हो जाता है। दूसरे शब्दों में, तंत्र अव्यवस्थित हो जाता है।

संख्यात्मक प्रश्न

प्रश्न 1. दिया गया है $Y_0 = 4$, तब $3Y_t = 12 - 2Y_{t-1}$, अंतर समीकरण को हल कीजिए।

उत्तर– यहाँ, $Y_t = 4 - \frac{2}{3} Y_{t-1}$

अब $a = -\frac{2}{3}, b = 4$

तब सूत्र द्वारा, $Y_t = a^t \left[Y_0 - \frac{b}{1-a} \right] + \frac{b}{1-a}$

$$\Rightarrow Y_t = \left(-\frac{2}{3}\right)^t \left\{ 4 - \frac{4}{1+\frac{2}{3}} \right\} + \frac{4}{1+\frac{2}{3}} \Rightarrow Y_t = \left(-\frac{2}{3}\right)^t \left\{ 4 - \frac{12}{5} \right\} + \frac{12}{5}$$

$$\Rightarrow Y_t = \left(-\frac{2}{3}\right)^t \left\{\frac{8}{5}\right\} + \frac{12}{5}.$$

प्रश्न 2. एक अर्थव्यवस्था t वर्षों में आय Y_t उत्पन्न करती है। अर्थव्यवस्था बद्ध है तथा $Y_t = C_t + I_t$ जहाँ C_t, tवें वर्ष का उपभोग तथा I_t, tवें वर्ष का निवेश है। ऐसा विश्वास किया जाता है कि हर वर्ष का $\frac{2}{3}$ वाँ हिस्से का उपभोग किया जाता है और $t + 1$वें वर्ष में आय tवें वर्ष के निवेश की समानुपातिक है अर्थात् $Y_{t+1} = k I_t$ जहाँ k एक अचर है।

(क) निवेश I_t के लिए अंतर समीकरण प्राप्त करें। समीकरण को हल करते हुए वह स्थिति k ज्ञात करें जिसके लिए निवेश (आय) वर्ष प्रतिवर्ष बढ़ेगी।

(ख) यदि $k = 3.1, I_0 = 10$, तो I_t के लिए कीमतें जब $t = 0, 1, 2 \ldots$ हों ज्ञात करें।

उत्तर– दिया है, $Y_t = C_t + I_t$

$C_t = \frac{2}{3} Y_t$ तथा $Y_{t+1} = kI_t$

$\therefore Y_t = \frac{2}{3} Y_t + I_t \Rightarrow \frac{1}{3} Y_t = I_t \Rightarrow Y_t = 3I_t$

अथवा $Y_{t+1} = 3I_{t+1}$

क्योंकि $Y_{t+1} = kI_t$

$\therefore 3I_{t+1} = kI_t \Rightarrow I_{t+1} = \frac{k}{3} I_t$

यहाँ, $a = \frac{k}{3}, b = 0$

$\therefore I_t = \left(\frac{k}{3}\right)^t [I_0] \Rightarrow I_t = \left(\frac{k}{3}\right)^t [10]$

यदि $k = 3.1$, तब $I_t = \left(\frac{3.1}{3}\right)^t [10]$

जब $t = 0, I_t = 10$

$t = 1, I_t = 10 \left[\frac{3.1}{3}\right] = 10.33$

$t = 2, I_t = 10 \left[\frac{3.1}{3}\right]^2 = 10.68$

.
.
.

प्रश्न 3. कोई उपभोक्ता धनराशि P का R% वार्षिक ब्याज दर जो कि हर बाद वाले वर्ष के अंत में भुगतान की जाती है, बाद वाले बचत खाते में निवेश करती है। वह हर वर्ष एक निश्चित धनराशि I को वर्ष के अंत में अगले तीस वर्षों तक निकालती है। अंतर समीकरण ज्ञात कीजिए जब Y_t धन की वह मात्रा है जो खाते में प्रारंभिक निवेश के t वर्षों के उपरांत पड़ी है तथा समीकरण को हल कीजिए।

उत्तर– माना Y_t धन की वह मात्रा है जो प्रारंभिक निवेश $Y_0 = P$ के t वर्षों के बाद बचत खाते में पड़ी है।

यहाँ, $Y_t = (1+r)Y_{t-1} - I$

जहाँ, $r = \dfrac{R}{100}$, $a = 1+r$, $b = -I$

समीकरण का हल $Y_t = a^t \left\{ Y_0 - \dfrac{b}{1-a} \right\} + \dfrac{b}{1-a}$

$\therefore Y_t = (1+r)^t \left\{ P - \dfrac{(-I)}{1-1-r} \right\} + \dfrac{(-I)}{1-(1+r)}$ $Y_t = (1+r)^t \left[P - \dfrac{I}{r} \right] + \dfrac{I}{r}$.

प्रश्न 4. समीकरण का हल ज्ञात कीजिए।

$Y_t = 5Y_{t-1} + 6$

जहाँ दिया गया है कि $Y_0 = \dfrac{5}{2}$

उत्तर— $Y_t = 5Y_{t-1} + 6$

यहाँ, $a = 5$, $b = 6$

हल करने के लिए नियम $Y_t = a^t \left\{ Y_0 - \dfrac{b}{1-a} \right\} + \dfrac{b}{1-a}$

$\therefore Y_t = (5)^t \left[\dfrac{5}{2} - \dfrac{6}{1-5} \right] + \dfrac{6}{1-5}$ $\left\{ \because Y_0 = \dfrac{5}{2} \right\}$

$= 5^t \left[\dfrac{10+6}{4} \right] - \dfrac{6}{4} = 5^t(4) - \dfrac{3}{2} = -\dfrac{3}{2} + 4(5)^t$.

प्रश्न 5. समीकरण हल कीजिए—

$Y_{x+2} - 4Y_{x+1} + 3Y_x = 5^x$

उत्तर— $Y_{x+2} - 4Y_{x+1} + 3Y_x = 5^x$

व्यापक हल के लिए, पहले हम कोटि पूरक फलन ज्ञात कर रहे हैं।

$Y_{x+2} - 4Y_{x+1} + 3Y_x = 0$

$\Rightarrow \beta^x (\beta^2 - 4\beta + 3) = 0$ $\left[Y_x = \beta^x \text{ करते हुए} \right]$

$\Rightarrow \beta^x (\beta - 3)(\beta - 1) = 0$

अंतर समीकरण 219

तब $\beta = 3, \beta = 1$

$\therefore$ कोटि पूरक फलन, $CF, Y_x = C_1(1)^x + C_2(3)^x$

$\therefore Y_x = C_1 + C_2(3)^x$

विशिष्ट फलन ज्ञात करने के लिए $Y_x = C5^x$

$\therefore C5^{x+2} - 4C5^{x+1} + 3C5^x = 5^x$

$\Rightarrow 25C5^x - 20C5^x + 3C5^x = 5^x$

$\Rightarrow 25C - 20C + 3C = 1$

$\Rightarrow 8C = 1$

तब $C = \dfrac{1}{8}$

$\therefore$ विशिष्ट हल $Y_x = \dfrac{1}{8}5^x$

अत: पूर्ण हल = कोटि पूरक फलन (CF) + विशिष्ट हल (Particular solution)

$$= C_1 + C_2(3)^x + \dfrac{1}{8}(5)^x.$$

प्रश्न 6. यदि $Y_t = C_t + I_t$

$C_t = 10 + .5Y_{t-1}$

$I_t = 20 + 2(Y_t - Y_{t-1})$

अंतर समीकरण को रूप देते हुए तथा हल करते हुए Y द्वारा बनाया गया समय पथ ज्ञात कीजिए।

उत्तर— यहाँ, $Y_t = C_t + I_t$

तब, $Y_t = 10 + .5Y_{t-1} + 20 + 2(Y_t - Y_{t-1})$

$\Rightarrow Y_t = 10 + .5Y_{t-1} + 20 + 2Y_t - 2Y_{t-1}$

$\Rightarrow Y_t - 2Y_t = -1.5Y_{t-1} + 30$

$\Rightarrow -Y_t = -\dfrac{3}{2}Y_{t-1} + 30$

$\Rightarrow Y_t = \dfrac{3}{2}Y_{t-1} - 30$

यहाँ, $a = \dfrac{3}{2}$, $b = -30$

हल के लिए नियम है – $Y_t = a^t \left[Y_0 - \dfrac{b}{1-a} \right] + \dfrac{b}{1-a}$

तब, $Y_t = \left(\dfrac{3}{2}\right)^t \left\{ Y_0 + \dfrac{30}{1-\dfrac{3}{2}} \right\} + \dfrac{(-30)}{1-\dfrac{3}{2}}$

$\Rightarrow Y_t = \left(\dfrac{3}{2}\right)^t [Y_0 - 60] + 60 \Rightarrow Y_t = \left(\dfrac{3}{2}\right)^t Y_0 + 60 \left[1 - \left(\dfrac{3}{2}\right)^t \right]$

जब $t = 0$ तब $Y_t = Y_0$

तथा जब, $t = 1$ तब $Y_t = \dfrac{3}{2} Y_0 - 30$.

प्रश्न 7. कॉबवेब मॉडल के लिए माँग और आपूर्ति, निम्न प्रकार है। संतुलन कीमत का पता लगाइए और निर्धारण कीजिए कि क्या संतुलन स्थिर है या नहीं –

(a) $Q_{dt} = 18 - 3P_t$ $Q_{st} = -3 + 4P_{t-1}$

उत्तर – पहले तो हम प्रत्येक समय अवधि के लिए यह मानेंगे कि

$Q_{dt} = Q_{st}$ ...(1)

$\therefore 18 - 3P_t = -3 + 4P_{t-1} \Rightarrow 3P_t + 4P_{t-1} = 21$ ...(2)

माना कि समीकरण (2) में $t \to t+1$, तब हम पाते हैं –

$3P_{t+1} + 4P_t = 21$ अथवा $P_{t+1} + \dfrac{4}{3} P_t = 7$ ...(3)

यह $\alpha = \dfrac{4}{3}$ तथा $c = 7$ के साथ प्रथम क्रम स्थिति का अंतर समीकरण है जिसका हल होगा $P_t = A(-\alpha)^t + \dfrac{c}{1+\alpha}$ यथा $P_t = A\left(-\dfrac{4}{3}\right)^t + 3$ ...(4)

यहाँ $t = 0$ पर $P_0 = A + 3 \Rightarrow A = P_0 - 3$ ...(5)

समीकरण (4) और (5) से हम पाते हैं $P_t = (P_0 - 3)\left(-\dfrac{4}{3}\right)^t + 3$ ...(6)

अब हम संतुलन कीमत का पता लगाने के लिए माँग और आपूर्ति फलन में $P_t = P_{t-1} = \overline{P}$ रखेंगे तथा बराबर रखने पर हम पाते हैं कि $18 - 3\overline{P} = -3 + 4\overline{P} \Rightarrow \overline{P} = 3$

अतः, $\overline{P} = 3$ अपेक्षित संतुलन कीमत है। अब यह निर्धारण करने के लिए कि क्या संतुलन स्थिर है या नहीं हम समीकरण (6) से पाते हैं कि $b = -\frac{4}{3} < 0$ और क्योंकि

$$|b| = \left|-\frac{4}{3}\right| = \frac{4}{3} > 1$$

अतः समय पथ विभिन्न तथा दोलन विस्फोटक है।

(b) $\mathbf{Q_{dt} = 19 - 6P_t \qquad Q_{st} = 6P_{t-1} - 5}$

उत्तर– पहले तो हम प्रत्येक समय अवधि के लिए यह मानेंगे कि

$$Q_{dt} = Q_{st} \qquad ...(7)$$

$$\therefore 19 - 6P_t = 6P_{t-1} - 5 \Rightarrow P_t + P_{t-1} = 4 \qquad ...(8)$$

माना कि समीकरण (8) में $t \to t+1$, तब हम पाते हैं, $P_{t+1} + P_t = 4$ ...(9)

यह $\alpha = 1,\ c = 4$ के साथ प्रथम क्रम स्थिति का अंतर समीकरण है जिसका हल होगा

$$P_t = A(-\alpha)^t + \frac{c}{1+\alpha} \Rightarrow P_t = A(-1)^t + 2 \qquad ...(10)$$

यहाँ $t = 0$ पर $P_0 = A + 2 \Rightarrow A = P_0 - 2$ ...(11)

समीकरण (1 0) और (1 1) से हम पाते हैं $P_t = (P_0 - 2)(-1)^t + 2$ ...(12)

अब हम संतुलन कीमत का पता लगाने के लिए माँग और आपूर्ति फलन में $P_t = P_{t-1} = \overline{P}$ रखेंगे तथा बराबर रखने पर हम पाते हैं कि $19 - 6\overline{P} = 6\overline{P} - 5 \Rightarrow \overline{P} = 2$

अतः $\overline{P} = 2$ अपेक्षित संतुलन कीमत है। अब यह निर्धारण करने के लिए कि क्या संतुलन स्थिर है या नहीं हम समीकरण (1 2) से पाते हैं कि $b = -1 < 0$ और क्योंकि $|b| = 1 = 1$ अतः समय पथ विभिन्न और दोलन स्थिर है।

□□

Must Read　　　　　　　　　　　　　　अवश्य पढ़ें

GULLYBABA PUBLISHING HOUSE PVT. LTD.

New Syllabus Based

100% Guidance for IGNOU EXAM

IGNOU HELP BOOKS

B.A., B.COM, B.A. FOUNDATION, M.A., M.COM., BCA, B.ED., M.ED., AND OTHER SUBJECTS

IAS, PCS, UGC & All University Examinations

Chapter wise Researched
QUESTIONS & ANSWERS
Solved papers & very helpful for your assignments preparation के लिए रामबाण

Hindi & English Medium

GULLYBABA PUBLISHING HOUSE PVT. LTD.

2525/193, 1st Floor, Onkar Nagar-A, Tri Nagar, Delhi-110035, (From Kanhaiya Nagar Metro Station Towards Old Bus Stand)

Email : Info@gullybaba.com
Web : www.gullybaba.com

Join us on Facebook at IGNOU Helpbooks

For any Guidance & Assistance Call:

9350849407

प्रश्न पत्र

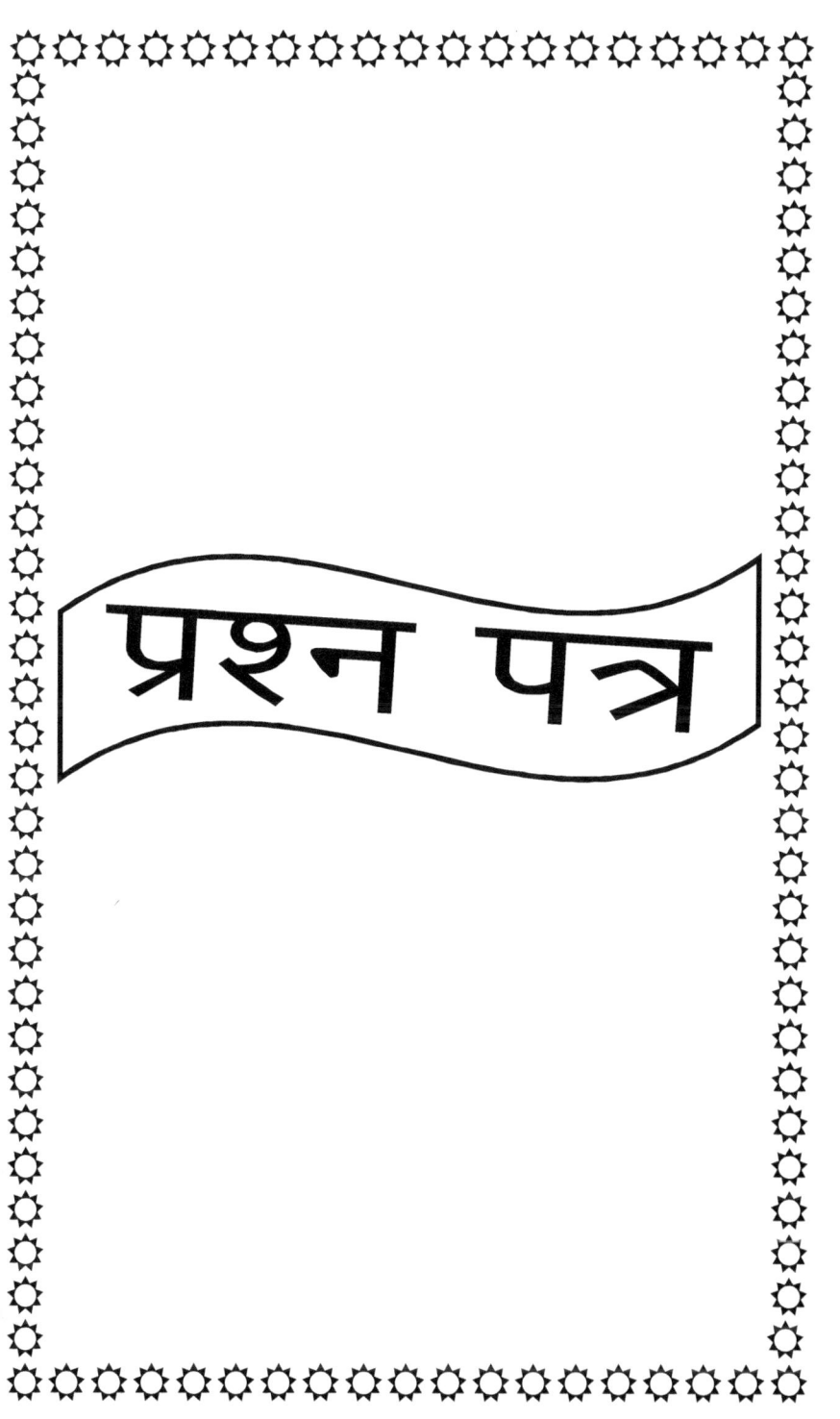

अर्थशास्त्र में प्रारंभिक गणितीय विधियाँ–I : बी.ई.सी.सी.–102
सैम्पल पेपर 1

नोट– प्रत्येक भाग से निर्देशानुसार प्रश्नों के उत्तर दीजिए।

भाग–क

इस भाग से किन्हीं दो प्रश्नों के उत्तर दीजिए।

प्रश्न 1. एक सरकारी कार्यालय में 400 कर्मचारी हैं जिनमें से 150 पुरुष, 276 विश्वविद्यालय स्नातक, 212 विवाहित हैं, 94 पुरुष विश्वविद्यालय स्नातक, 151 विवाहित विश्वविद्यालय स्नातक, 119 विवाहित पुरुष, 72 विवाहित पुरुष विश्वविद्यालय स्नातक हैं। उन अविवाहित महिलाओं की संख्या ज्ञात कीजिए जो विश्वविद्यालय स्नातक नहीं हैं।

उत्तर– देखें अध्याय 1, प्रश्न 1 (संख्यात्मक प्रश्न)

प्रश्न 2. प्रदर्शित करें कि $y = \dfrac{x^2 - 1}{x - 1}$, $x = 1$ पर असतत है। यह भी प्रदर्शित करें कि $x = 1$ निर्विष्ट होने पर यदि y की कीमत 2 हो तो यह सतत फलन बन जाता है।

उत्तर– देखें अध्याय 3, प्रश्न 9 (संख्यात्मक प्रश्न)

प्रश्न 3. निम्नलिखित की अन्तय (extreme) कीमतें ज्ञात कीजिए।
(i) $u = x^3 + x^2 - xy + y^2 + 4$.
(ii) $f(x, y) = x^3 + y^3 - 3x - 27y + 24$.

उत्तर– देखें अध्याय 4, प्रश्न 7 (संख्यात्मक प्रश्न)

प्रश्न 4. एक कार 80,000 रुपए में खरीदी गई। यदि पहले तीन वर्षों के लिए मूल्यह्रास 5% प्रतिवर्ष की दर से तथा अगले तीन वर्ष के लिए यह 10% प्रति वर्ष की दर से परिकलित किया जाता है, तो 6 वर्ष के पश्चात् कार का आर्थिक मान ज्ञात कीजिए।

उत्तर– देखें अध्याय 2, प्रश्न 17 (संख्यात्मक प्रश्न)

भाग–ख

इस भाग से किन्हीं चार प्रश्नों के उत्तर दीजिए।

प्रश्न 5. सीमा के परिकलन के विभिन्न नियम बताइए।
उत्तर– देखें अध्याय 3, अनुक्रम 3.3

प्रश्न 6. 'उपभोक्ता की बचत' क्या है? संक्षेप में स्पष्ट कीजिए।
उत्तर– देखें अध्याय 5, अनुक्रम 5.6

प्रश्न 7. उत्तलता और अवतलता के अर्थशास्त्र में अनुप्रयोग का वर्णन कीजिए।
उत्तर– देखें अध्याय 4, अनुक्रम 4.4

प्रश्न 8. 'फलन की ढाल' पर संक्षेप में नोट लिखिए।
उत्तर– देखें अध्याय 4, अनुक्रम 4.5

प्रश्न 9. अर्थशास्त्र में अवकलजों के अनुप्रयोगों का उल्लेख कीजिए।
उत्तर– देखें अध्याय 3, अनुक्रम 3.12

प्रश्न 10. दर्शाइए कि समीकरण $x^2 + y^2 - 2x + 6y - 6 = 0$ का आलेख एक वृत्त है। इसके केंद्र तथा त्रिज्या का आंकलन भी करें।
उत्तर– देखें अध्याय 2, प्रश्न 8 (संख्यात्मक प्रश्न)

भाग–ग

इस भाग से किन्हीं दो प्रश्नों के उत्तर दीजिए।

प्रश्न 11. निम्नलिखित पर संक्षिप्त टिप्पणी लिखिए—
(1) रिक्त समुच्चय
उत्तर– देखें अध्याय 1, अनुक्रम 1.1
(2) समांतर श्रेढ़ी
उत्तर– देखें अध्याय 2, अनुक्रम 2.16

प्रश्न 12. फलन $f(x) = \dfrac{x^2 + 3x + 5}{x^2 - 5x + 4}$ का प्रांत ज्ञात कीजिए।
उत्तर– देखें अध्याय 1, प्रश्न 15 (संख्यात्मक प्रश्न)

प्रश्न 13. समाकलन के अर्थशास्त्र में विभिन्न अनुप्रयोग बताइए।
उत्तर– देखें अध्याय 5, अनुक्रम 5.3

अर्थशास्त्र में प्रारंभिक गणितीय विधियाँ–I : बी.ई.सी.सी.–102
सैम्पल पेपर 2

नोट– प्रत्येक भाग से निर्देशानुसार प्रश्नों के उत्तर दीजिए।

भाग–क

इस भाग से किन्हीं दो प्रश्नों के उत्तर दीजिए।

प्रश्न 1. माना कि एक वस्तु का बाजार पूर्ति फलन q = 160 + 8p है। जहाँ q पूर्ति की मात्रा तथा p बाजार कीमत को द्योतित करते हैं। प्रति इकाई उत्पादन कीमत ₹4 है। ऐसा अनुभव किया जा रहा है कि कुल लाभ ₹500 है। इतना लाभ पाने के लिए क्या बाजार कीमत निश्चित की जाए?
उत्तर– देखें अध्याय 1, प्रश्न 9 (संख्यात्मक प्रश्न)

प्रश्न 2. एक कंपनी को अपने उत्पादन की 200 इकाइयों का आदेश मिला है और वह अपने दोनों संयंत्रों से मिलाकर इस आदेश की आपूर्ति करना चाहती है। उसकी दोनों संयंत्रों का संयुक्त लागत फलन इस प्रकार है–

$C = f(x_1, x_2) = 2x_1^2 + x_1 x_2 + x_2^2 + 500$, जहाँ x_1 तथा x_2 क्रमशः पहले व दूसरे संयंत्र के उत्पादन हैं। फर्म का उद्देश्य लागत को न्यूनतम करना है। शर्त यही है कि दोनों संयंत्रों से मिलाकर 200 इकाइयों की आपूर्ति हो। दोनों संयंत्रों के उत्पादन x_1 और x_2 का आकलन करें।
उत्तर– देखें अध्याय 4, प्रश्न 9 (संख्यात्मक प्रश्न)

प्रश्न 3. एक अर्थव्यवस्था t वर्षों में आय Y_t उत्पन्न करती है। अर्थव्यवस्था बद्ध है तथा $Y_t = C_t + I_t$ जहाँ C_t, t वें वर्ष का उपभोग तथा I_t, t वें वर्ष का निवेश है। ऐसा विश्वास किया जाता है कि हर वर्ष का $\frac{2}{3}$ वाँ हिस्से का उपभोग किया जाता है और t + 1वें वर्ष में आय t वें वर्ष के निवेश की समानुपातिक है अर्थात् $Y_{t+1} = k\, I_t$ जहाँ k एक अचर है।
(क) निवेश I_t के लिए अंतर समीकरण प्राप्त करें। समीकरण को हल करते हुए वह स्थिति k ज्ञात करें जिसके लिए निवेश (आय) वर्ष प्रतिवर्ष बढ़ेगी।

(ख) यदि $k = 3.1$, $I_0 = 10$, तो I_t के लिए कीमतें जब $t = 0, 1, 2 \ldots$ हों ज्ञात करें।
उत्तर— देखें अध्याय 6, प्रश्न 2 (संख्यात्मक प्रश्न)

प्रश्न 4. XYZ मार्केटिंग कंपनी एक नए उपभोक्ता उत्पाद के विज्ञापन अभियान की व्यवस्था करती है। घर-घर जाकर होने वाले इस विज्ञापन अभियान पर होने वाले खर्च तथा नए उत्पाद की प्रारंभिक बिक्री में रैखिक संबंध पाया गया। यदि विज्ञापन पर रुपए 500/- खर्च करने पर उत्पाद की 100 इकाइयों की बिक्री होती है तथा रुपए 1200/- खर्च करने पर 240 इकाइयों की तो, रुपए 750/- खर्च करने पर उत्पाद की कितनी इकाइयों की बिक्री होगी।
उत्तर— देखें अध्याय 2, प्रश्न 6 (संख्यात्मक प्रश्न)

भाग-ख

इस भाग से किन्हीं चार प्रश्नों के उत्तर दीजिए।

प्रश्न 5. परिमित तथा अपरिमित सीमाओं के मध्य अंतर स्पष्ट कीजिए।
उत्तर— देखें अध्याय 3, अनुक्रम 3.3

प्रश्न 6. समाकलन की विभिन्न विधियों को संक्षेप में वर्णित कीजिए।
उत्तर— देखें अध्याय 5, अनुक्रम 5.2

प्रश्न 7. अंतर समीकरण की अवधारणा की संक्षेप में विवेचना कीजिए।
उत्तर— देखें अध्याय 6, अनुक्रम 6.1

प्रश्न 8. अवतल और उत्तल फलन के विभिन्न गुणधर्म बताइए।
उत्तर— देखें अध्याय 4, अनुक्रम 4.2

प्रश्न 9. सांतत्य को उदाहरण सहित समझाइए।
उत्तर— देखें अध्याय 3, अनुक्रम 3.4

प्रश्न 10. सिद्ध कीजिए कि $y^2 + 4x = -8$ एक परवलय है।
उत्तर— देखें अध्याय 2, प्रश्न 10 (संख्यात्मक प्रश्न)

भाग-ग

इस भाग से किन्हीं दो प्रश्नों के उत्तर दीजिए।
प्रश्न 11. निम्नलिखित पर संक्षिप्त टिप्पणी लिखिए—

(1) उप-समुच्चय
उत्तर— देखें अध्याय 1, अनुक्रम 1.2

(2) वास्तविक वितान तथा बिंदु-समुच्चय
उत्तर— देखें अध्याय 1, अनुक्रम 1.7

प्रश्न 12. दिया गया है $Y_0 = 4$, तब $3Y_t = 12 - 2Y_{t-1}$, अंतर समीकरण को हल कीजिए।
उत्तर— देखें अध्याय 6, प्रश्न 1 (संख्यात्मक प्रश्न)

प्रश्न 13. कॉबवेब प्रतिमान का संक्षेप में विवेचन कीजिए।
उत्तर— देखें अध्याय 6, अनुक्रम 6.4

गलतियां हमेशा क्षमा की जा सकती हैं,
यदि आपके पास उन्हें
स्वीकारने का साहस हो।

अर्थशास्त्र में प्रारंभिक गणितीय विधियाँ–I : बी.ई.सी.सी.–102
गेस पेपर 1

नोट– प्रत्येक भाग से निर्देशानुसार प्रश्नों के उत्तर दीजिए।

भाग–क

इस भाग से किन्हीं दो प्रश्नों के उत्तर दीजिए।

प्रश्न 1. एक फर्म एकाधिकारी बाजार में कार्यरत है, यह दो वस्तुओं Q_1 तथा Q_2 का उत्पादन करती है। यह निम्नलिखित माँग वक्रों का सामना करती है :

$Q_1 = 40 - 2P_1 + P_2$
$Q_2 = 15 + P_1 - P_2$

इसका कुल लागत फलन है:

$C = Q_1^2 + Q_1 Q_2 + Q_2^2$

P_1, P_2, Q_1 तथा Q_2 के उन स्तरों को ज्ञात कीजिए जिससे लाभ अधिकतम हो। यह भी पुष्टि कीजिए कि ये स्तर वास्तव में लाभ का अधिकतमीकरण करते हैं।

प्रश्न 2. एक कंपनी को अपने उत्पादन की 200 इकाइयों का आदेश मिला है और वह अपने दोनों संयंत्रों से मिलाकर इस आदेश की आपूर्ति करना चाहती है। उसकी दोनों संयंत्रों का संयुक्त लागत फलन इस प्रकार है—

$C = f(x_1, x_2) = 2x_1^2 + x_1 x_2 + x_2^2 + 500$, जहाँ x_1 तथा x_2 क्रमशः पहले व दूसरे संयंत्र के उत्पादन हैं। फर्म का उद्देश्य लागत को न्यूनतम करना है। शर्त यही है कि दोनों संयंत्रों से मिलाकर 200 इकाइयों की आपूर्ति हो। दोनों संयंत्रों के उत्पादन x_1 और x_2 का आकलन करें।

प्रश्न 3. उपयोगिता फलन इस प्रकार है: $u = (x + 2)(y + 1)$ जहाँ x और y दो वस्तुओं की उपयुक्त मात्राएँ हैं। x की कीमत $P_x = 4$ और y की कीमत $P_y = 6$ और उपभोक्ता की आय $m = 130$.

(a) x तथा y की इष्टतम उपयोग मात्राएँ बताएँ।
(b) लैग्रेंजियन गुणक का इष्टतम मान बताएँ।

प्रश्न 4. आपको उत्पादन फलन दिया गया है, $y = K^{\alpha}, L^{\beta}$ तथा लागत फलन है $c = rK + wL$, तो न्यूनतम लागत को उत्पादन स्तर तथा कारक कीमतों के फलन के रूप में ज्ञात करें। इस फलन के स्वरूप पर भी टिप्पणी करें।

भाग–ख

इस भाग से किन्हीं चार प्रश्नों के उत्तर दीजिए।

प्रश्न 5. असांतत्य के विभिन्न प्रकार बताइए।

प्रश्न 6. ज्ञात कीजिए—

(i) $\lim_{x \to 4} \dfrac{x^2 - 16}{4\sqrt{x} - 8}$

(ii) $\lim_{x \to 2} \dfrac{x^4 - 4x^3 + 5x^2 - 4x + 4}{x^3 - 2x^2 - 4x + 8}$

प्रश्न 7. सारणिक क्या है? क्या हर आव्यूह का सारणिक होता है? कारण बताइए।

प्रश्न 8. अवकल समीकरण क्या है? समझाइए।

प्रश्न 9. सैमुल्सन गुणक–त्वरक अंतःक्रिया मॉडल का वर्णन कीजिए।

प्रश्न 10. सिद्ध कीजिए— $\lim_{x \to 1} \dfrac{x^3 - 1}{x - 1} = 3$.

भाग–ग

इस भाग से किन्हीं दो प्रश्नों के उत्तर दीजिए।

प्रश्न 11. निम्नलिखित पर संक्षिप्त टिप्पणी लिखिए—
(1) संबंध
(2) द्विघात फलन

प्रश्न 12. किसी फलन की सीमा ज्ञात करने की विधियाँ बताइए।

प्रश्न 13. एक समांतर श्रेढ़ी का तीसरा पद तथा ग्यारहवाँ पद क्रमशः 21 और 85 है। श्रेढ़ी के पहले पाँच पद लिखिए।

अर्थशास्त्र में प्रारंभिक गणितीय विधियाँ–I : बी.ई.सी.सी.–102
गेस पेपर 2

नोट– प्रत्येक भाग से निर्देशानुसार प्रश्नों के उत्तर दीजिए।

भाग–क

इस भाग से किन्हीं दो प्रश्नों के उत्तर दीजिए।

प्रश्न 1. (a) एक द्वि–उत्पाद फर्म, निम्नलिखित माँग और लागत फलनों का सामना करती हैं:

$Q_1 = 40 - 2P_1 - P_2$

$Q_2 = 35 - P_1 - P_2$

$C = Q_1^2 + 2Q_2^2 + 10$

(i) लाभ अधिकतमीकरण उत्पादन स्तर ज्ञात कीजिए।

(ii) उच्चिष्ठ लाभ क्या है?

(b) उच्चतम $z = xy$ जब प्रतिबंध हो $x + 2y = 2$

प्रश्न 2. (a) इस अवकल समीकरण को हल करें–

$\frac{dx}{dt} = B(x-a)(x-b)$ जहाँ $a \neq b$.

(b) एक उपभोक्ता का माँग फलन है : $p = 80 - q$ तथा उसके समक्ष कीमत : $p = 60$ है। इस उपभोक्ता का अतिरेक ज्ञात करें।

प्रश्न 3. कॉबवेब मॉडल के लिए माँग और आपूर्ति, निम्न प्रकार है। संतुलन कीमत का पता लगाइए और निर्धारण कीजिए कि क्या संतुलन स्थिर है या नहीं–

(a) $Q_{dt} = 18 - 3P_t$ $\quad Q_{st} = -3 + 4P_{t-1}$

(b) $Q_{dt} = 19 - 6P_t$ $\quad Q_{st} = 6P_{t-1} - 5$

प्रश्न 4. रैखिक समीकरणों की निम्नलिखित प्रणाली को लें:

$x + y + z = b$

$2x + 3y - z = 6$

$5x - y + az = 10$

जहाँ x, y, z अज्ञात हैं तथा a, b अचर हैं।

ज्ञात करें उन शर्तों को जिसके चलते क्रेमर नियम से एकल समाधान प्राप्त हो।

भाग–ख

इस भाग से किन्हीं चार प्रश्नों के उत्तर दीजिए।

प्रश्न 5. संबंधों के विभिन्न गुणधर्म बताइए।

प्रश्न 6. सोलो प्रतिमान क्या है? समझाइए।

प्रश्न 7. सीमा ज्ञात कीजिए जब $x \to 0$

$$\frac{(1+x)^6 - 1}{(1+x)^2 - 1}$$

ऊपर दिए गए फलन के सांतत्य के लिए परीक्षण भी कीजिए।

प्रश्न 8. संपूर्ण अवकलज की संकल्पना की परिभाषा दीजिए।

प्रश्न 9. नीचे दिए गए आव्यूहों का प्रतिलोम ज्ञात करें:

(a) $\begin{bmatrix} 2 & 3 \\ 3 & 2 \end{bmatrix}$ (b) $\begin{bmatrix} 2 & 3 \\ 4 & 8 \end{bmatrix}$

प्रश्न 10. कॉबवेब मॉडल के लिए माँग और आपूर्ति, निम्न प्रकार है। संतुलन कीमत का पता लगाइए और निर्धारण कीजिए कि क्या संतुलन स्थिर है या नहीं–

(a) $Q_{dt} = 18 - 3P_t \qquad Q_{st} = -3 + 4P_{t-1}$

(b) $Q_{dt} = 19 - 6P_t \qquad Q_{st} = 6P_{t-1} - 5$

भाग–ग

इस भाग से किन्हीं दो प्रश्नों के उत्तर दीजिए।

प्रश्न 11. निम्नलिखित पर संक्षिप्त टिप्पणी लिखिए–

(1) क्रमित युग्म तथा कार्तिक गुणन

(2) गुणोत्तर श्रेढ़ी

प्रश्न 12. फलनों के विभिन्न प्रकारों की विवेचना कीजिए।

प्रश्न 13. $\dfrac{dy}{dx}$ मालूम करें, जब—

(1) $y = \sqrt{\dfrac{1-x}{1+x}}$

(2) $y = \sqrt{\dfrac{1-2x}{1+2x}}$

शिक्षा सबसे शक्तिशाली हथियार है जिसे आप दुनिया को बदलने के लिए उपयोग कर सकते हैं।

-नेल्सन मंडेला

अर्थशास्त्र में प्रारंभिक गणितीय विधियाँ–I : बी.ई.सी.सी.–102

फरवरी, 2021

नोट– प्रत्येक भाग से प्रश्नों के उत्तर निर्देशानुसार दीजिए।

भाग क

इस भाग से किन्हीं दो प्रश्नों के उत्तर दीजिए–

प्रश्न 1. किसी मृदु पेय की माँग $Q = 100 - 2P$ समीकरण से दी गई है। जहाँ P है एक बोतल की कीमत तथा Q है माँगी जाने वाली बोतलों की संख्या।

(क) कुल राजस्व (total revenue), सीमांत राजस्व तथा औसत राजस्व के लिए समीकरण लिखिए।

(ख) वह कीमत तथा परिमाण ज्ञात कीजिए जहाँ राजस्व अधिकतम (maximum) है।

(ग) माँग की कीमत लोच ज्ञात कीजिए।

(घ) दर्शाइए कि कुल राजस्व अधिकतम होगा तथा सीमांत राजस्व शून्य होगा जब माँग की कीमत लोच का मूल्य –1 है।

उत्तर– देखें अध्याय–3, प्रश्न सं.–17, 18

प्रश्न 2. निम्नलिखित माँग तथा आपूर्ति फलन दिए गए हैं। संतुलन कीमत ज्ञात कीजिए–

(क) $Q_{dt} = 18 - 3P_t$

$Q_{st} = -3 + 4P_{t-1}$

(ख) $Q_{dt} = 19 - 6P_t$

$Q_{st} = 6P_{t-1} - 5$

उत्तर– देखें अध्याय–6, संख्यात्मक प्रश्न सं.–7

प्रश्न 3. (क) बिंदु $(at_1^2, 2at_1)$ तथा $(at_2^2, 2at_2)$ के बीच दूरी ज्ञात कीजिए, जहाँ a, t_1 तथा t_2 अचर हैं।

उत्तर– $(at_1^2, 2at_1)(at_2^2, 2at_2)$

$x_1 = at_1^2 \qquad x_2 = at_2^2$

$y_1 = 2at_1 \qquad y_2 = 2at_2$

सूत्र. "$d = \sqrt{(x_2 - x_1)^2 + (y_2 - y_1)^2}$" से

$$= \sqrt{\left(at_2^2 - at_1^2\right)^2 + \left(2at_2 - 2at_1\right)^2}$$

$$= \sqrt{a^2\left(t_2^2 - t_1^2\right)^2 + 4a^2\left(t_2 - t_1\right)^2}$$

$$= \sqrt{a^2\{(t_2 + t_1)(t_2 - t_1)\}^2 + 4a^2(t_2 - t_1)^2}$$

$$= \sqrt{a^2\left(t_1 + t_2\right)^2\left(t_2 - t_1\right)^2 4a^2\left(t_2 - t_1\right)^2}$$

$$= \sqrt{a^2\left(t_2 - t_1\right)^2\left[\left(t_1 - t_2\right)^2 + 4\right]}$$

$= a(t_2 - t_1)\sqrt{(t_1 + t_2)^2 + 4}$ इकाई

(ख) बिंदु (1 , 2) तथा (–2 , 1) के बीच की दूरी ज्ञात कीजिए तथा इन बिंदुओं के बीच मध्य–बिंदु के निर्देशांक ज्ञात कीजिए।

उत्तर– $\quad x_1\ y_1 \quad (1, 2) \qquad x_2\ y_2 \quad (2, -1)$

दो बिंदुओं के बीच की दूरी $= \sqrt{\left(x_2 - x_1\right)^2 + \left(y_2 - y_1\right)^2}$

$$= \sqrt{(2-1)^2 + (-1-2)^2} = \sqrt{1+9} = \sqrt{10}$$

मध्य बिंदु के निर्देशांक $= \left[\dfrac{x_1 + x_2}{2}, \dfrac{y_1 + y_2}{2}\right] = \left[\dfrac{1+2}{2}, \dfrac{2+1}{2}\right] = \left(\dfrac{3}{2}, \dfrac{1}{2}\right)$

प्रश्न 4. (क) किसी उत्पाद का माँग फलन है

$\mathbf{q_d = p^2 - 70p + 1225}$

(i) यदि ₹20 कीमत है, तो कितनी इकाइयाँ माँग की जाएँगी?

(ii) q_d अंतःखंड (intercept) ज्ञात कीजिए तथा उसके अर्थ की व्याख्या कीजिए।

(iii) p अंतःखंड या अंतःखंडों को ज्ञात कीजिए तथा अर्थ की व्याख्या कीजिए।

उत्तर– माँग फलन

$q_d = p^2 - 70p + 1225$

(i) यदि ₹20 कीमत है, तो

$q_d = (20)^2 - 70 \times 20 + 1225$

$= 400 - 1400 + 1225$

$= 255$ इकाइयाँ

(ii) माना, $p = 0, \quad q_d = p^2 - 70p + 1225$

$= (0)^2 - 70 \times 0 + 1225 = 1225$

(iii) $q_d = p^2 - 70p + 1225$

$= (p - 35)^2$ [पूर्ण वर्ग]

अतः p अंतः खंड 3 5 है।

(ख) यदि $p = \frac{-b + \sqrt{b^2 - 4ac}}{2a}$ तथा $q = \frac{-b - \sqrt{b^2 - 4ac}}{2a}$ तो दर्शाइए कि $pq = c/a$.

उत्तर– यदि $p = \frac{-b + \sqrt{b^2 - 4ac}}{2a}$

और, $q = \frac{-b - \sqrt{b^2 - 4ac}}{2a}$

$$p_q = \left(\frac{-b + \sqrt{b^2 - 4ac}}{2a}\right) \times \left(\frac{-b - \sqrt{b^2 - 4ac}}{2a}\right)$$

$$= \left(\frac{-b + \sqrt{b^2 - 4ac}}{2a}\right) \times \frac{-(b + \sqrt{b^2 - 4ac})}{2a}$$

$$= \frac{-\left[\left(\sqrt{b^2 - 4ac}\right)^2 - (b)^2\right]}{4a^2} = \frac{-\left[\left(b^2 - 4ac\right) - b^2\right]}{4a^2}$$

$$= \frac{-\left[b^2 - 4ac - b^2\right]}{4a^2}$$

$$p_q = \frac{4ac}{4a^2} \qquad \boxed{p_q = \frac{c}{a}}$$

भाग ख

इस भाग से किन्हीं चार प्रश्नों के उत्तर दीजिए।

प्रश्न 5. मान लीजिए कि किसी फर्म का उत्पादन Q श्रम आगत L से जिस उत्पादन फलन द्वारा संबंधित है, वह है $Q = L^{2/5}$ । आगे यह भी मान लीजिए L दिया

गया है। रैखिक फलन L = 4 + 3t द्वारा। ज्ञात कीजिए Q में किस तरह परिवर्तन होता है t के समक्ष।

उत्तर— $Q = L^{2/5}$

$L = 4 + 3t$

$Q = (4 + 3t)^{2/5}$

Q में t के सापेक्ष परिवर्तन के लिए, $\frac{2}{5} - 1$

$\frac{dQ}{dt} = \frac{2}{5}(4 + 3t) \quad (0 + 3 \times 1)$

$\frac{dQ}{dt} = \frac{6}{5}(4 + 3t)^{-3/5}$

$\frac{dQ}{dt} = \frac{6}{5(4 + 3t)^{3/5}}$

प्रश्न 6. (क) घात समुच्चय (Power Set) की संकल्पना से आप क्या समझते हैं?
उत्तर— देखें अध्याय-1, अनुक्रम 1.2

(ख) तुल्यता संबंध (equivalence relation) से आप क्या समझते हैं?
उत्तर— वह संबंध जो सममित, स्वतुल्य और संक्रमक हो तुल्यता संबंध (Equivalence relation) कहलाता है।

अर्थात् समुच्चय A में
(i) $xRy \Rightarrow yRx, x, y \in A$
(ii) $xRx, \forall x \in A$
(iii) xRy और $yRz \Rightarrow xRz, x, y, z \in A$

(ग) आच्छादी फलन (Surjective function) क्या है?
उत्तर— देखें अध्याय-1, अनुक्रम 1.6

प्रश्न 7. (क) निम्नलिखित के लिए सत्यमान तालिकाएँ बनाइए—
(i) निषेधन (p और q)
(ii) (निषेधन p) या (निषेधन q)
उत्तर— देखें अध्याय-1, अनुक्रम 1.9.3, 1.9.4

(ख) स्वयंसिद्ध कथन (axiom), उपक्षेप (साध्य) (proposition) तथा उपप्रमेय (corollary) संकल्पना को समझाइए।
उत्तर— देखें अध्याय-1, अनुक्रम 1.12

प्रश्न 8. (क) निम्नलिखित किसी गुणोत्तर श्रेढ़ी का 11 वाँ पद तथा पहले 20 पदों का योगफल ज्ञात कीजिए—

4, 8, 16, 32, 64, ...

उत्तर— 4, 8, 16, 32, 64, ...

प्रथम पद $= a$
$\qquad = 4$

सार्वअनुपात, $r = \dfrac{8}{4}$
$\qquad r = 2$

$T_n = ar^{n-1} \quad T_{11} = 4(2)^{11-1}$

$= 4 \times 2^{10} = 2^2 \times 2^{10} = 2^{12} = 4096$

पहले 20 पदों का योगफल $= \dfrac{a(r^n - 1)}{r - 1}$

$= \dfrac{4(2^{20} - 1)}{2 - 1} = 4(2^{20} - 1) = 4(1,048,576 - 1)$

$= 4 \times 1,048,575 = 4,194,300$

(ख) किसी अनुक्रम की सीमा से आप क्या समझते हैं?

उत्तर— देखें अध्याय–1, अनुक्रम 3.1

प्रश्न 9. उत्तल संयोजन से आप क्या समझते हैं? उत्तल फलन का उत्तल समुच्चय से क्या संबंध है?

उत्तर— देखें अध्याय–4, अनुक्रम 4.1.1

प्रश्न 10. निम्नलिखित के अधिकतम मान ज्ञात कीजिए—

(क) $y = x^3 - 3x^2 + 2$

उत्तर— $y = x^3 - 3x^2 + 2$

x के सापेक्ष अवकलन करने पर,

$\dfrac{dy}{dx} = 3x^2 - 6x + 0$

$\dfrac{dy}{dx} = 3x^2 - 6x$

पुनः अवकलन करने पर,

$\dfrac{d^2y}{dx^2} = 6x - 6$

y के अधिकतम या निम्नतम मान के लिए,

$\dfrac{dy}{dx} = 0$

$\Rightarrow 3x^2 - 6x = 0 \quad \Rightarrow x^2 - 2x = 0$
$\Rightarrow x(x-2) = 0 \quad \Rightarrow x = 0, x = 2$

$x = 0$ पर $\dfrac{d^2y}{dx^2} = 6 \times 0 - 6$

$= -6$ (ऋणात्मक)

$\therefore x = 0$ पर 'y' अधिकतम है।

अतः अधिकतम मान $= (0)^3 - 3(0)^2 + 2 = 2$

(ख) $y = 3x^4 - 4x^3 - 12x^2 + 2$

उत्तर— देखें फरवरी, 2021, प्रश्न सं.—10(क) की तरह।

भाग ग

इस भाग से सभी प्रश्नों के उत्तर दीजिए।

प्रश्न 11. (क) श्रेणी की परिभाषा बताइए। श्रेणी तथा अनुक्रम में क्या संबंध है?

उत्तर— देखें अध्याय—2, अनुक्रम—2.15

(ख) रैखिक तथा अरैखिक अंतर समीकरण के बीच अंतर बताइए।

उत्तर— एक रैखिक अंतर समीकरण एक अरैखिक अंतर समीकरण का विशेष रूप होता है। एक अंतर समीकरण एक ऐसा समीकरण है जो एक अवधि अरैखिक में किसी चर के मान को, उसी चर के किसी अतीत अवधि वाले मान से संबंधित करता है जहाँ समीकरण को दर्शाने वाले फलन का आकार कुछ विशिष्ट आकार तक सीमित नहीं है।

एक रैखिक अंतर समीकरण का एक साम्य बिंदु होता है जबकि एक अरैखिक अंतर समीकरण के कई साम्य होते हैं।

प्रश्न 12. हल कीजिए—

(क) $\displaystyle\int_0^1 x e^{x^2} dx$

उत्तर— $\displaystyle\int_0^1 x e^{x^2} dx$

$\displaystyle\int x e^{x^2} dx$

$x^2 = t$ रखने पर

$\therefore 2x\,dx = dt$

$\Rightarrow x\,dx = \dfrac{dt}{2} \Rightarrow \int xe^{x^2}dx = \int e^t \cdot \dfrac{dt}{2}$

$= \dfrac{1}{2}e^t = \dfrac{1}{2}e^{x^2}$

अब, $\int_0^1 xe^{x^2}dx = \left[\dfrac{1}{2}e^{x^2}\right]_0^1$

$= \dfrac{1}{2}\left[e^{x^2}\right]_0^1 = \dfrac{1}{2}\left[e^1 - e^0\right] = \dfrac{1}{2}\left[e - 1\right]$

(ख) $\int_{-5}^{5}(x+2)dx$

उत्तर— $\int_{-5}^{5}(x+2)dx$

$= \left[\dfrac{x^2}{2} + 2x\right]_{-5}^{5}$

$\left[\left\{\dfrac{(5)^2}{2} + 2 \times 5\right\} - \left\{\dfrac{(-5)^2}{2} - 2 \times 5\right\}\right]$

$= \dfrac{25}{2} + 10 - \dfrac{25}{2} + 10 = 20$

NOTES